# 自发、理性、平民化：中国民意在对外政策中的特点分析

## （1999—2009）

赵海滨/著

世界知识出版社

**图书在版编目(CIP)数据**

自发、理性、平民化：中国民意在对外政策中的特点分析：1999~2009 / 赵海滨著. —北京：世界知识出版社，2015.11

ISBN 978-7-5012-5081-3

Ⅰ.①自… Ⅱ.①赵… Ⅲ.①对外政策—政策分析—中国 Ⅳ.①D820

中国版本图书馆CIP数据核字（2015）第263898号

| 策划编辑 | 贾丽红 |
|---|---|
| 责任编辑 | 贾丽红 |
| 责任出版 | 赵 玥 |

| 书　　名 | **自发、理性、平民化：中国民意在对外政策中的特点分析（1999—2009）**<br>Zifa Lixing Pingminhua: Zhongguo Minyi Zai Duiwai Zhengce Zhong De Tedian Fenxi (1999–2009) |
|---|---|
| 作　　者 | 赵海滨 |
| 出版发行 | 世界知识出版社 |
| 地址邮编 | 北京市东城区干面胡同51号（100010） |
| 网　　址 | www.ishizhi.cn |
| 电　　话 | 010-65265923（发行）　010-85119023（邮购） |
| 经　　销 | 新华书店 |
| 印　　刷 | 北京京科印刷有限公司 |
| 开本印张 | 880×1230毫米　1/32　8¼印张 |
| 字　　数 | 193千字 |
| 版次印次 | 2015年11月第1版　2015年11月第1次印刷 |
| 标准书号 | ISBN 978-7-5012-5081-3 |
| 定　　价 | 48.00元 |

# 目 录

# 绪　论

## 第一节　选题意义和研究现状

### 一、选题意义

一直以来，人们总是习惯于从国家政府的层面去理解与探讨国际关系，认为国家是国际关系体系中最主要的行为体，政府代表国家行使权力，是开展外交活动的主体。这种理解不能说不对，但是不够完整和准确，因为它只看到了国际关系的政府层面，而忽视了国际关系的民间层面。应该明确的是，理论上，国家间的事务不仅仅发生在政府之间，而且还发生在民众之间，发生在民众与政府之间。然而，事实上，在对外交往中，作为国际关系行为主体的民众，其应有的作用与影响远未得到足够的重视和充分的发挥。

马克思主义认为，人民群众是历史的创造者。毛泽东曾说，"人民，只有人民才是创造世界历史的动力"，"我们自己往往是幼稚可笑的"。邓小平认为，改革开放中许许多多的东西都是由群众在实践中提出来的，是群众的智慧。江泽民说，好办法不是从天上掉下来的，也不是我们头脑里固有的，归根到底来自于人民群众创造历史的实践。胡锦涛强调："尊重人民实践、从人民的伟大创造中汲取思想营养并上升为理论，是我们党进行理论创新的不竭源泉。"① 习近平指出，人民是历史的创造者，群众是真正的英雄。人民群众是我们力量的源泉。不难发现，以上经典论述都认为历史是人民创造的，人民是推动历史进步的根本力量，从这个意义上讲，人民不仅是国内政治生活的行为主体，而且在国际政治舞台上也应扮演着不容忽视的重要角色。那么，在国际政治实践中，人民的重要地位和作用是如何体现的呢？本书希望就此问题进行初步的研究和回答，以此引起学界同仁对该问题的更多关注和思考。

20世纪末21世纪初是当代中国外交史上的重要调整时期。由于冷战结束后国内外形势发生了巨大变化，中国加快了融入国际体系的步伐，并"已经开始形成负责任大国的外交风范"②。在这一重要时期，中国民众的外交观念有什么变化？中国民意③如何参与了外交活动？其外交影响和作用如何？怎样更好发挥民意对中外关系的建设性作用？本书将1999年到2009年中国民意影响中外关系的整体态势设为研究的核心问题，希望通过纵向的历史研究和横向的系统研究，发现并总结中国民意影响中外关系的某些规律性或模式化的东西。笔者认为，这一研究具有重要的现实意义和学术意义。

首先，研究中国民意对中外关系的影响，具有重要的现实意义。虽然政府仍然处于中国外交体系的核心位置，是中外关系演变的主导力量，但是，随着全球化、信息化的深入发展以

---

① 齐建华：《影响中国外交决策的五大因素》，北京：中央编译出版社，2010年版，第250页。

② 叶自成、李红杰：《中国大外交：折冲樽俎60年》，北京：当代世界出版社，2009年版，第18页。

③ "民意"（public opinion）在英文中也可以被翻译为"公众舆论"，西方学界包括中国学界的部分学者习惯用"公众舆论"一词来指称民意。

及中国的和平崛起，中国民意已经逐步走向了中外关系的前台。从民意主体看，参与中外关系的民意主体展现出了自发、理性和平民化的发展趋势；从民意影响方式看，网络抗议和示威游行已成为中国民意影响中外关系的主要方式；从民意影响程度看，中国民意不但能够支持和助推中国政府外交，或对其形成压力和限制，而且能够逾越国家地理界线，对对象国政府及其民众产生影响。因而，面对已然崛起的中国民意，全方位、多层面揭示其对中外关系的影响和作用，对于明确民意在中外关系中的战略价值和意义，对于进一步引导和塑造中国民意，使之成为中国外交战略目标实现和良好的中外关系维系的推动力量和建设力量，都具有重要的现实意义。

其次，研究中国民意对中外关系的影响，具有重要的学术意义。中国民意对中外关系的影响已愈益明显，但相关学术研究却存在明显的不足。目前，学界对中国民意对中外关系的影响尚无系统性的研究，相关研究或者是从内政外交的视角简要论及中国公民关注和参与中国外交的种种情况，或者是从民族主义的视角论证其消极影响，但是对于影响中外关系的民意主体、民意影响方式、民意影响程度等一系列问题，学界的研究还相当薄弱。因而，笔者希望将这些问题纳入历史的研究视野，通过对1999年到2009年中国民意走向中外关系前台的历史进程以及期间三个重大案例（"炸馆"事件、反日"入常"事件、"抵制家乐福"事件）的观察和分析，对中国民意影响中外关系的某些规律和模式进行归纳、总结，这一历史的、系统的、全方位的研究对于弥补学界在该问题研究上的不足具有重要的意义和价值。

## 二、研究现状

20世纪90年代以来，随着中国民意的崛起及其对中外关系的影响和作用的增强，国内外学术界的相关研究也在逐步增多并不断深入。目前，学界主要从民族主义和内政外交两个视角对中国民意与中外关系进行研究和分析，并且在这两个研究方向上均取得了一些较为重要的研究成果。

（一）关于中国民族主义与中外关系的研究

中国民族主义一直是国内外学术界研究的热点问题，对于20世纪90年代中期以来重新崛起的中国民族主义，国内外学界从其兴起的原因、特征、类型、性质、影响等多个方面进行了分析和探讨。考虑到与本研究的相关性，本书只着重介绍海内外对中国民族主义的影响的研究。

许多海外学者认为，20世纪90年代中期以来重新崛起的中国民族主义已成为国际社会不安定的一个重要根源，是国际社会和平与稳定的破坏性力量，因而他们对于中国民族主义的发展表达了严重的关切和忧虑。塞缪尔·亨廷顿就对中国意图"洗涤长达一个世纪之久屈服于西方和日本的耻辱"感到担忧。理查德·伯恩斯坦（Richard Bernstein）和罗斯·门罗（Ross Munro）认为，"在民族主义者的情绪鼓动下，（中国）产生了一股从过去耻辱中恢复过来的渴望；并在单纯渴求国际影响力的鼓动下，中国正谋求在亚洲替代美国而成为该地区主导力量。"甚至爱德华·弗里德曼（Edward Friedman），这位老资格的中国问题专家也不无忧虑地表示，"中国新的、毛之后的民族主义不仅对台湾的自治发出了挑战，并可能危及亚太地区的和平"。[①]

但是也有海外学者提出了不同的观点。郑永年认为，人们误解了中国的民族主义，改革开放使中国民族主义的基础发生了很大的变化。重新崛起的中国民族主义对现存国际秩序并不具有破坏性，因为就国内而言，中国的领导者是将官方民族主义的重建作为其加强政治合法性的手段，就国外而言，中国的领导者也并非想颠覆现存的国际秩序，而是寻求国际社会中主要大国对其实力地位的承认，他们虽然倡导民族主义，但却将民族主义引向建设强大国家的方向，并且他们认为只有积极地融入现存国际体系，才能完成他们的既定目标。所以，中国民族主义并不是某种挑战性力量，并不可怕。

赵穗生则从中国领导者对中国民族主义的应对和控制来观察中国民族主义的国际影响。他认为民族主义是一把双刃剑，既可以作为加强政治合法性的手段，也可能产生严重的反作用，将面临国内外双重挑战的政府置于一种危险境地。所以，为了均衡其积极意义和消极作用，中国领导者对民族主义一向持一种小心谨慎的态度。中国政府对民族主义从来没有公开地表示过支持。描述中国民众情感的用词不是民族主义，而是用爱国主义取而代之。因为在中国共产主义者看来，民族主义通常用来指称民族中的狭隘和反动的附属物，更象是一个贬义词。因此在中国，一个尤其令人关注的现象出现了。那就是务实的共产主义领导者为了对抗西方国家所谓的对华"分化"和"西化"策略，一方面在国内有意识地将民族主义培育为团结民众的胶粘剂，但是另一方面，在外交事务中，中国政

---

① 《理解中国外交政策：以民族主义为线索》，2004年12月3日，http://www.aisixiang.com/data/4816.html。

府口头阐明的是强硬的民族主义辞令，实际施行的却往往是谨慎的政策行动。① 赵穗生认为，这种行为模式在中国处理与美国关系时表现得尤其明显。务实的中国领导者努力确保中美关系不被民族主义的辞令所支配。在"炸馆"事件和"撞机"事件期间对反美民族主义表达的控制就是这种务实的外交政策在实践中的成功案例。因此，尽管务实的民族主义在国际取向上是武断的，当中国的国家利益或领土完整受到挑战时表现得尤其强烈，但是它并没有使得中国的国际行为变得具有明显的侵略性。②

国内学者很少将中国民族主义与中外关系联系起来探讨中国民族主义对中外关系的影响，只有少数学者在其文章中谈到了中国民族主义的对外影响问题。这方面较有代表性的学者是萧功秦和任丙强。萧功秦在《科索沃危机与后冷战时代中国的民族主义》一文中探讨了中国政府、民众与知识分子在1999年"炸馆"事件中的民族主义的反应，分析了这种新的民族主义的特点与发展趋势。他认为，政府虽然可以运用民族主义资源，抵制西方对中国的威胁，但是民族主义一旦膨胀则会对政府关注的政治稳定构成威胁。虽然目前政府还能有效掌控民族主义，但是由于外部因素的刺激，"由于中国历史、文化与种种因素的结合，这种民族主义存在着走向极端化的极大可

---

① Suisheng Zhao, "Chinese Nationalism and Pragmatic Foreign Policy Behavior"; Chinese Foreign Policy: Pragmatism and Strategic Behavior, edited by Suisheng Zhao, New York: M.E.Sharpe, Inc., 2004, p.79.

② Suisheng Zhao, "Chinese Nationalism and Pragmatic Foreign Policy Behavior"; Chinese Foreign Policy: Pragmatism and Strategic Behavior, edited by Suisheng Zhao, New York: M.E.Sharpe, Inc., 2004, p.84.

能。一旦出现那样情况，其结果将比此次事件严重得多。"① 他预测，极端民族主义与美国的反华强硬派会出现恶性互动，其结果不但破坏两国的合作友好关系，而且持续不断的恶性互动，还会将双方推入新的冷战深渊，中美关系将走向极端与战争边缘。

任丙强在《中国民族主义的重新兴起：原因、特征及其影响》一文中认为，90年代的中国民族主义带有某种扩张性特点，一旦进入政策层面，有可能导致严重的后果，"中国的民族主义如果进入政策层面，那么除了对周边国家产生威慑外，更会增加他们的不安全感和不信任感，从而加强军备，导致亚洲的军备竞赛。因此，中国民族主义政策可能造成了四面树敌，群强环视的危险国际环境。"② 所以，对当下的民族主义要认真对待，要将其导向和平、开放的民族主义，避免尚武、狭隘的民族主义。目前，中国民族主义虽然产生了一定的影响，但并不足以主导民众情绪，也不足以进入政策层面。然而，从长远看来，它的发展充满了不确定性。

（二）关于中国内政与外交相互关系的研究

西方早期的中国外交政策研究，大多从国际关系理论中传统现实主义学派的国家中心基本假设出发，将中国的外交政策视为一个理性、统一的整体，是不断克服外部环境中的各种制约因素力求实现国家利益最大化的产物。但是20世纪90年代以来，尤其是最近几年，随着中国社会的日益开放和多元，学者们认为，中国外交政策的制定不可避免地要面对国内各种压

---

① 《科索沃危机与后冷战时代中国的民族主义》，2004年9月29日，http://www.chinaelections.org/newsinfo.asp? newsid=61282。

② 任丙强：《中国民族主义的重新兴起：原因、特征及其影响》，《学海》，2004年第1期。

力和因素的影响，因而他们开始将目光投向长期以来被忽视的中国外交中的国内因素。大致而言，国外学者主要从以下三个方面展开研究：

1. 关注中国国内政治。这方面的代表作有西格尔（Gerald Segal）的《中国政治与外交政策变革》（Chinese Politics and Foreign Policy Reform）、史文（Michael D. Swaine）与亨利（Donald P. Henry）的《中国——国内变迁与外交政策》（China, Domestic Change and Foreign Policy）等。这些著作都将中国内政视作一个整体，探讨其内部变迁对中国外交政策制定的影响，但是不足之处在于没有把中国民意当作独立的因素进行专门研究。

2. 关注中国民意与外交政策的关系。改革开放以来，尤其是20世纪90年代以后，随着中国经济的飞速发展和中国社会变迁的加快，国外学者对中国外交的研究更加深入、更加细致。有的学者开始将研究视角伸向中国内政中的民意因素，兰普顿（David M. Lampton）在《改革年代中国外交与安全政策的制定，1978–2000》（The Making of Chinese Foreign and Security Policy in the Era of Reform, 1978–2000）一书的开篇序言中界定了民意对外交政策的作用，在该书中，费尔施密斯与罗森合写了《中国外交的内部因素：民意重要吗？》（The Domestic Context of Chinese Foreign Policy: Does "Public Opinion" Matter?）一章。在该文中，他们实证研究了1995年到2000年间的中国民意对中国外交的影响，论证了中国民意在中国外交政策制定中发挥的重要作用。这是美国学者较早就中国民意与中国外交问题所做的专题研究。

3. 对不同群体民众的民意考察。哈佛大学的江忆恩教授在2004年发表《中国中产阶级对国际事务的态度：初级的自由化》(Chinese Middle Class Attitudes Towards International Affairs: Nascent Liberalization?)一文，分析了北京地区的中产阶级对自由贸易、国际制度、军费支出、美国以及民族主义等问题的态度，他发现中产阶级通常比低收入群体显示出更高层次的初级自由主义倾向。通过数据分析，他得出了某些尝试性的结论：① 某些世界观在整个社会的分布是受阶级或收入地位影响的。② 确实存在某些可能性，即中国中产阶级的迅速发展，尤其是在对外政策态度上支持有限国际主义的那些中产阶级的发展，将使中国在国际关系问题上持有或多或少自由主义观点的人群更为壮大。③ 尽管政府希望在对外政策问题上应该有一套统一的观点，但数据明确显示，因为利益和偏好不同，人们对主要问题的观点具有明显的不同，而且这些不同存在于各利益群体中。④ 北京的民意对其他国家的行为非常敏感。⑤ 数据结论仅仅反映了北京城市居民的观点，对于北京以外的民意本文没有涉及。①

2006年，江忆恩与陆伯杉合编《中国外交研究的新方向》一书，其中江忆恩撰写《北京公众对美舆论的一致性研究，1998—2004》(the Correlates of Beijing Public Opinion toward the United States, 1998—2004)一章，他运用民意调查数据，分析了北京公众对美舆论的总体特点，但他仅仅考察了中国民众在对外事务上的态度，并没有进一步研究这些态度对中国外交政策制定的影响。

此外，谢淑丽在《中国：脆弱的超级大国》(China Fragile Superpower)一书中认为，民意在当今中国的重要性远大于过

---

① Alastair Iain Johnston, "Chinese Middle Class Attitudes Towards International Affairs: Nascent Liberalization?", *The China Quarterly*, No.179 (Sep., 2004), pp.603-628.

去，对领导人已经有了较大的制约作用。互联网已成为中国民众表达情绪的主要途径，对决策者制定政策产生了影响。

内政与外交的相互关系是我国外交学研究中的一个新课题。虽然"外交是内政的延续"被学界视为外交学的"公理"，但是，长期以来，学界很少关注二者的相互关系，作为改革开放后才开始起步的中国外交研究，更多的还是关注有关中国外交的较为表象的东西，只是在最近几年，外交与内政的相互关系才引起了中国学者的较多关注。这方面的研究动力主要来自于两个方面，"一是学术研究发展的需要。当我们的研究深入到对外政策制定的层面，特别是在考察一些大政策的形成时，便不能不分析种种国内因素的影响。二是现实的需要。改革开放二十多年来，我们真切地体验到，随着中国内部的发展和中国社会的变迁，内政对外交的影响越来越大；反之，对外关系的发展对内政的影响也越来越大。内政与外交之间的互动是十分明显的。"[①]

民意是内政的重要组成部分。近些年来，由于中国民众的外交参与热情和参与意识不断升温，对中国外交和中外关系的作用和影响逐步增强，国内学者对此开始有所关注，并进行了一些研究，但这些研究基本上是从宏观的社会变迁的视角，探讨中国社会的各种变化给中国外交带来的种种机遇与挑战，民意因素并没有被完全剥离出来加以系统、全面的分析和研究。

王缉思通过对中美外交决策的国内环境的对比，指出"在中国的新闻媒体中，国际报道所占的比重大大高于美国媒体，中国民众对国际形势和外交问题的关注程度，也大大高于美国民众。这是因为中国对外关系往往涉及到民族存亡。因此，中

---

① 章百家：《中国内政与外交：历史思考》，《国际政治研究》，2006年第1期。

国民众表达意见的方式和倾向性同美国差别很大。"① 就民意与政策的关系而言，他认为"新中国建国之后很长一段时间里，民意同政策是高度一致的。改革开放时期，随着信息渠道逐渐多元，民众对国际问题和外交问题的看法也出现了一定分化，开始形成同对外政策不尽一致的一些观点"。②

张沱生在分析当前中国社会变化的若干主要特征时，列举了民意因素的某些变化："民众对知情权和议政的要求增加、非政府组织得到较快发展、爱国主义／民族主义情绪高涨、公众舆论向多元化发展。"③ 他认为"公众舆论对外交决策机制和外交政策的影响明显上升，决策环境日趋复杂。民间舆论成为决策中考虑的重要因素，对制定和执行外交政策既可能是助力，也可能是阻力。由于社会矛盾增多，加之民族主义情绪高涨，外交问题、外交政策可能成为社会不满情绪爆发的导火索和宣泄口。其结果不仅可能对社会稳定带来不利影响，而且可能对外交政策的施行带来干扰。"④ 所以，他建议"更自觉地改进与完善外交决策、协调机制。做出制度性安排，逐步扩大公众对外交的知情权，加强对公众舆论的引导。"⑤

张清敏将公众参与意识的增强作为中国外交决策机制变化的一个重要内容，他认为"公众对外交的关注和参与意识增强，是与社会变迁中媒体的变化紧密相连的。首先，网络的广泛使用大大拓宽了人们获得信息的渠道。其次，网络和媒体还

---

① 王缉思：《中美外交决策的国内环境比较》，《国际政治研究》，2006年第1期。

② 同上。

③ 张沱生：《社会变迁带给中国外交的机遇与挑战》，《国际政治研究》，2006年第1期。

④ 同上。

⑤ 同上。

为中国公众表达自己在外交议题上的观点和要求，提供了更加安全和自由的途径。第三，这种参与意识突出地表现在事关中国切身利益的外交热点问题上，成为影响中国外交决策的一个因素。"[①]而从外交决策过程的变化来看，"公众对外交工作的参与意识，成为冷战结束后中国外交所不得不考虑的一个要素，中国领导人在制定政策时，越来越受到国内公民参与意识的限制。另一方面，也完全可以把公众情绪当作对外工作中'讨价还价'的杠杆，在对外采取强硬立场时更加理直气壮。"[②]

王存刚较为系统地回顾了1949年以来中国政治文明与外交的关系，他认为1978年到2003年这一时期，"由于国内政治文明的进步，民主制度的完善，特别是在中国因加入世贸组织、申奥成功而更深地融入外部世界之后，普通中国公民对国家外交活动的关注程度呈逐渐上升之势，参与意识不断增强，对中国外交的实际影响较以往有所增加。"[③]他指出，"普通中国公民参与和影响中国外交有两个值得注意的情况：第一，国内媒体对中国外交的关注和影响程度逐渐加深，并呈现出一些与以往不同的特点：媒体言论出现多样化；具有开放和便捷等特性的互联网，已成为普通中国公民获取国际事务和中国外交信息的重要渠道以及发表相关看法的大平台。第二，非政府组织（NGO）对外交的影响加深。"[④]他认为，"要发展社会主义政治文明，搞好中国外交，未来至少还必须做好以下几个方面的工作：培养公民健康的政治心态，提升公民的政治理性；重

---

① 张清敏：《社会变迁背景下的中国外交决策评析》，《国际政治研究》，2006年第1期。

② 同上。

③ 王存刚：《政治文明与中国外交》，《国际观察》，2004年第3期。

④ 同上。

视制度建构，进一步疏通和规范普通公民参与外交活动的渠道；充分发挥各种非政府组织（NGO）在中国总体外交中的作用。"①

王逸舟从公民社会的视角揭示了中国日渐兴起的公民社会与中国外交间的某些联系。产生于市场经济的公民社会，其成长壮大必然伴之以政治诉求以及政治影响力的提升，就中国外交而言，王逸舟认为："理论上讲，任何一项具体的外交政策，既有可能已经包容着来自民间的深厚根源和多种需求，同时也潜含着受到日益增大的民众制约和社会心理否决的可能。"②"公众日益强烈的呼声已经愈来愈多地传递到决策层那里，成为不容忽视的变革压力。"③但同时，他也认为"目前还不宜过高估计公民社会对中国外交决策过程的作用。中国外交仍然受到严格的政治过程控制，外交部以外的部门、更不用提个人和民间力量仅能起到边缘性的影响。……在判断公民社会对政府外交的影响时，必须看到各种影响因素的有限性和局限性，不能盲目地夸大前者对后者的作用。"④

此外，郝雨凡、林甦主编的《中国外交决策：开放与多元的社会因素分析》一书，对当前影响中国外交政策制定的各种社会因素首次进行了全面系统的分析和研究，尤其是以专门的章节分别论述了网络舆论和公民社会对中国外交决策的影响，反映了学者们对影响中国外交的舆论因素的特别关注和积极的

①　王存刚：《政治文明与中国外交》，《国际观察》，2004年第3期。

②　王逸舟：《公民社会与中国外交》，载于王缉思、牛军：《中国学者看世界·中国外交卷》，北京：新世界出版社，2007年版，第51页。

③　王逸舟：《公民社会与中国外交》，载于王缉思、牛军：《中国学者看世界·中国外交卷》，北京：新世界出版社，2007年版，第52页。

④　王逸舟：《公民社会与中国外交》，载于王缉思、牛军：《中国学者看世界·中国外交卷》，北京：新世界出版社，2007年版，第64页。

学术探索。齐建华所著《影响中国外交决策的五大因素》一书将大众传媒与民意因素作为影响中国外交决策的五大因素之一，以专门的章节论述了现阶段中国公众外交的凸显、中国外交决策的新实践以及发展公众外交的重要性和必要性，对于进一步系统、深入的研究提供了较为重要的参考和启示。

（三）对国内外中国民意与中外关系相关研究的评述

综上所述，学术界对中国民意与中外关系研究中亟需解决的某些问题从不同的视角进行了探讨和研究，并取得了一定的、较具启发性的研究成果，为后续的进一步研究提供了重要的参考和借鉴。但是，必须看到，学术界对中国民意与中外关系的研究成果是初步的、阶段性的，某些学术观点也失之偏颇、有失公允，因而，需要进一步深入探究和研讨。

1. 需要加强横向的系统性研究。虽然国内外的相关研究涉及到了中国民意对中外关系的影响，但对中国民意与中外关系的研究较为分散、缺乏系统性。据笔者了解，目前还没有以"中国民意与中外关系"为研究主题的文献，国内外学者或者将民意仅仅作为影响中国外交的内政因素之一简单提及，或者将民意一概贴上民族主义的标签，将其视为一种不稳定的消极力量，谈论中国政府是否能有效控制。这些研究虽然或多或少或从不同侧面涉及了中国民意与中外关系的部分内容，但总体而言，目前的研究尚呈现碎片化特征，对中国民意与中外关系的一系列问题，诸如影响中外关系的民意主体具有怎样的特点、民意影响方式是否发生变化、民意影响程度是否逐步加深等一系列问题，还缺乏全面、系统的研究，因而很难从中把握中国民意与中外关系的互动以及中国民意影响中外关系的整体面貌和态势，所以需要在现有研究基础上进一步探索和超越。

2. 需要加强纵向的历史性研究。纵向的历史性研究对于观察中国民意的成长历程以及中国民意对中外关系影响逐步加深的整体态势具有非常重要的意义，然而，目前国内外相关研究大多仅关注当下中国民意的表达及其外交作用的展现，尚缺乏一种历史的观察视角和研究路径，缺乏对中国民意对中外关系的影响进行纵向的、动态的研究，因而也就无法观察和理解中国民意崛起的历史进程，无法归纳和总结中国民意影响中外关系的某些规律和模式，无法把握和预测中国民意影响中外关系的未来趋势，所以有必要以某一具有标志性意义的时间节点比如1949年或1978年或1999年（"炸馆"事件）为起点延伸至今，进行纵向的历史性研究和分析。

3. 需要加强启示性、对策性研究。当前，随着中国经济社会的持续发展，中国民意对中外关系的发展产生着越来越重要的影响。这种影响关乎中国外交战略目标的实现，关乎社会主义现代化建设任务的完成，因而，如何限制和约束中国民意对中外关系的某些非理性冲击，如何鼓励和支持中国民意与中外关系良性互动的积极作用，如何构建和完善中国民意塑造和引导机制，对中国而言尤为必要和迫切。然而，目前学界对这些方面的关注明显不足，系统的启示性、对策性研究非常薄弱，这不仅使相关学术研究严重滞后于外交实践的发展，而且还由此导致了中国外交实践因缺少相关理论成果的支撑而出现种种难以预料的问题。鉴于此，学术研究应该在横向的系统研究和纵向的历史研究的基础上，针对中国民意的特点以及民意表达中的某些非理性极端因素，提出更为系统、更具操作性、更富前瞻性的建议或对策，积极推动中国民意在中外关系发展中发挥建设性、推动性作用。

## 第二节　研究问题和研究假设

本书研究的核心问题是1999年到2009年中国民意影响中外关系的整体态势，整体态势主要包括民意主体、民意影响方式、民意影响程度三个要素，即谁在影响、怎样影响、影响如何。围绕这一核心问题，本书设计了先案例分析后理论总结的研究框架，力图在详尽、扎实的案例分析基础上，进行科学、合理的理论概括和归纳总结。案例分析和理论总结主要分析和研究这样一些问题：影响中外关系的民意主体在十年间发生了怎样的变化？参与者的身份前后是否存在不同？其对中外关系的参与是具有政府背景的还是自发参与的？是理性的还是非理性的？民意影响中外关系的方式有哪些？民意主要通过哪些方式影响中外关系？民意影响中外关系的路径又是什么？民意影响中外关系的程度如何？民意与中国政府外交是否存在某种互动，互动的内容怎样？中国民意是否能对对象国政府及其民众产生影响？与对中国政府外交的影响相比，中国民意对对象国政府及其民众的影响程度如何？等等。

本书的研究假设是：

假设一：影响中外关系的民意主体经历了从政府背景到自发参与、从少数人参与到平民化发展、从非理性斗争到理性斗争的转变。

假设二：中国民众越来越习惯于采用网络抗议或／和示威游行的方式影响中外关系的发展。

假设三：中国民意与中国政府的互动虽未制度化但却日益频繁和增多，中国民意对中国政府的影响力要大于对对象国政府与民众的影响力。

　　假设四：中国民意对中外关系的影响尽管有限，但其影响力却日渐增强。

## 第三节　研究方法和主要内容

### 一、研究方法

1. 案例研究法

本书采用案例研究法对当代中外关系中有代表性的重大事件——1999年的"炸馆"事件、2005年的反日"入常"事件以及2008年的"抵制家乐福"事件进行了具体考察，通过案例研究，本书力图揭示中国民意对中美关系、中日关系以及中法关系的影响态势。

2. 分析归纳法

在案例研究的基础上，本书通过分析归纳总结出了中外关系视野中的中国民意的特点、中国民意的表达渠道以及中国民意在中外关系互动中的作用、影响路径和影响程度。

3. 宏观与微观相结合

在探讨中国民意对中外关系是否产生影响以及影响的程度时，本书采用了宏观比较和微观考察相结合的研究方法。从宏观来讲，主要看中国民意倾向是否与当时中外关系的变化结果相吻合；从微观来讲，主要看在中外关系变化过程中是否能找到受中国民意影响的蛛丝马迹。

本书研究的核心问题是1999年到2009年中国民意影响中外关系的整体态势，之所以截取1999年到2009年这十年作为观察和分析的时间范围，原因在于本书认为1999年"炸馆"事件中的中国民意表达具有里程碑式的意义，是中国民意勃兴的重要标志性事件，而1999年到2009年的十年是中国民意走向中外关系前台的十年，中国民意更频繁、更深刻地介入中外关系的互动，在中外关系演变中扮演了越来越不可忽视的重要角色。

必须指出的是，这十年间，中国民意对中外关系的影响并非只是因为某些中外关系中的重大事件而出现一波又一波看似相同或相似的抗议浪潮，其实，无论是从民意主体的变化、民意表达方式的变迁、还是民意影响力的显现来看，中国民意对中外关系的影响都呈现出某些阶段性的特点，因而本书将中国民意影响中外关系的十年划分为三个阶段，即"从万马齐暗到民意勃兴（1999—2003年）"阶段、"从官方背景到民间色彩（2003—2008年）"阶段、"从激情宣泄到理性反击（2008—2009年）"阶段。

本书以中国民意影响中外关系中的重大转折性事件作为阶段划分的依据，并以各阶段的典型特征来命名各个阶段，这样便于梳理并把握中国民意的成长轨迹以及中国民意影响中外关系的历史进程。在"从万马齐暗到民意勃兴（1999—2003年）"阶段，以1999年的"炸馆"事件为起点，主要突出了中国民意影响中外关系的"勃兴"；在"从官方背景到民间色彩（2003—2008年）"阶段，以2003年的"京沪高铁"事件为起点，主要强调了中国民意影响中外关系的"民间色彩"；在"从激情宣泄到理性反击（2008—2009年）"阶段，则以2008年的反藏独、迎圣火、抵制家乐福系列事件为起点，主要突显中国民意影响中外关系的"理性反击"。

在对中国民意影响中外关系的三个历史时段的研究中，本书分别探讨了中国民意对中美关系、中日关系以及中法关系的影响。之所以做这种结构安排，一是因为中外关系过于宽泛和复杂，一本著作难以担负全面而深入研究的重任，因而只能选择某些具有典型意义的中外关系进行研究；二是因为中国与美、日、法等西方国家的关系是中外关系中的重中之重，与这些国家关系的好坏将直接影响到中国重大国家利益的实现，并且随着中国和平崛起步伐的加快，中国在与这些国家密切交往的同时，矛盾和摩擦也层出不穷；三是因为基于历史和现实的种种原因，中国民众对中国与美、日、法等国的关系格外关注，并积极参与，因而也便于观察中国民意影响中外关系的具体状况。

本书选取"炸馆"事件、反日"入常"事件、"抵制家乐福"事件中的民意作用作为案例分析的对象，主要基于这样几个原因：

首先，从时间维度来看，这三个案例分别取自中国民意走向中外关系前台的三个阶段，这样便于我们从一个历史的角度观察中国民意走向中外关系前台的历史进程，并且也便于通过纵向的对比和分析，论证中国民意对中外关系产生的愈益明显而深刻的影响。其次，三个案例均选取中外关系中的重大事件。"炸馆"事件不仅给中国造成了严重的人员及财产损失，而且使刚刚因1997年和1998年中美元首互访而有所改观的中美关系再次出现严重倒退，中国民众对于美国在国际事务中的霸权主义、强权政治以及阻滞中国崛起的对华政策向来反感和痛恨，所以"炸馆"事件引发了美国霸权主义与中国民意的直接冲突。2005年日本"入常"政治诉求是以小泉近乎偏执地连年参拜靖国神社、日本右翼编撰歪曲历史、美化侵略的《新历史教科书》等事件为背景而提出的，在历史问题和现实问题上我行我素、咄咄逼人的日本，一旦"入常"成功，对中国国家利益的威胁和损害是不言自明的。2008年发生的一系列西方反华事件，包括西方媒体对拉萨3·14打砸抢烧事件的歪曲报道、奥运火炬传递巴黎受阻以及法国政要将奥运政治化的言论，等等，严重损害了中国的国际形象，将中国置于极其被动的地位，中国政府外交面临严峻的挑战。所以，上述三个重大事件均引起了中国民众的高度关注和积极参与，他们不仅利用网络平台进行抗议和声讨，而且还组织、发动了声势浩大的示威游行和抵制外货运动。可以说，在这三个重大事件中，中国民众参与无论是广度上还是深度上，都具有某些代表性和标本意义，因而，也就成为了研究中国民意影响中外关系的典型案例。

## 二、主要内容

绪论部分，开篇先是提出了研究的核心问题，即1999年到2009年中国民意影响中外关系的整体态势，概述了该研究的现实意义和学术意义。然后在对国内外相关研究进行介绍和评述的基础上，提出了本书的研究方法和创新之处。

第一章主要介绍西方国际关系理论界对民意与外交关系的理论争论以及对本书的两个核心概念，即"民意"与"中外关系"的重新界定。由于本书研究的问题与西方国际关系理论界有关民意与外交关系的理论阐释密切相关，其理论观点对于本书的研究有着重要的指导或启发意义，因而本书较为详尽地介绍了西方自由主义学派和现实主义学派围绕着三个问题展开的争论，即民意是否是理性的、稳定的，民意是否是积极的、有价值的，民意与外交应该是一种怎样的关系。本书对于"民意"和"中外关系"两个概念重新进行了定义。民意是指民众对相关重要议题的情绪、偏好、意见和愿望的综合。中外关系是指中国的对外关系，它是中外政府间关系、民间关系以及政府与民间关系的总称。

第二章、第三章和第四章主要是通过案例研究分析并说明1999年到2009年中国民意影响中外关系的整体态势。本书将中国民意影响中外关系的十年历程划分为三个阶段，即"从万马齐暗到民意勃兴（1999—2003年）"阶段、"从官方背景到民间色彩（2003—2008年）"阶段、"从激情宣泄到理性反击（2008—2009年）"阶段，并选择中美关系中的"炸馆"事件、中日关系中的反日"入常"事件以及中法关系中的"抵制家乐福"事件，进行深度研究和剖析。

第五章、第六章主要是对第二章、第三章、第四章案例研究部分的理论总结和概括。第五章认为中外关系视野中的中国民意具有五个特点：应激性、更加关注领土主权的完整和民族尊严的维护、对中外关系的深度参与、多元化倾向以及强硬性。中国民意的表达渠道主要有传统媒体、互联网、示威游行以及民意调查。中国民意之所以逐步走向中外关系前台主要在于中国政府对中国民意的尊重、媒体尤其是互联网在中国的大发展以及中国民意的崛起与西方反华行径之间矛盾的发展。第六章认为中国民意对中外关系的影响逐步显现，其作用主要表现为为中国政府外交提供支持、对中国政府外交施加压力、对对象国政府外交施加压力以及对对象国民众产生刺激。中国民意影响中外关系的路径大致可以划分为四个阶段：媒体对对象国辱华行为关注和报道的阶段、中国民意形成、表达阶段、对象国媒体对中国民意表达的报道阶段、中国民意影响力显现阶段。本章最后通过纵向的历史比较和横向的指标测量，论证了中国民意对中外关系的影响程度。

第七章突出强调了本书的研究结论。本书认为，中国民众对中外关系的参与体现了自发、理性、平民化的发展趋势，中国民意一旦形成就具有相当的稳定性，对于中外关系的影响也较为稳定和持久；中国民众主要通过互联网和示威游行（有时是网络内外联动）来影响中外关系；中国民意与中国政府的互动越来越经常化、稳定化，与对象国政府及其民众的互动则初露端倪；中国民意确实对中外关系产生了日益明显的影响，但其影响力总体而言不应被高估。针对本书研究中所发现的问题，最后提出了相应的政策建议。

## 第四节 研究的创新与不足

### 一、研究的创新之处

第一，从中国民意的视角研究中外关系的发展、变化。目前，关于中国民意的研究，尤其是中外关系的研究，学界已经形成了较多的成果积累。但是，从研究视角来看，关于中国民意的研究，大多是从国内民主政治建设的角度探讨民意的价值和意义，而关于中外关系的研究，则往往着眼于行政部门对外政策的利弊得失，所以本书将中国民意与中外关系联系起来、考察中国民意对中外关系的影响，对于中国民意研究和中外关系研究均具有重要的创新意义。

第二，科学的研究方法助力研究结论的客观、公允。本书将"理论来源于实践"的哲学思想贯彻于全书的研究思路和研究框架中，将全书分为案例分析和理论总结两大主体部分。案例分析部分主要是对1999年到2009年中国民意走向中外关系前台十年历史进程进行详尽回顾和对中国民意在"炸馆"事件、反日"入常"事件和"抵制家乐福"事件中的作用影响进行具体分析，在此基础上，理论总结部分再对中国民意影响中外关系的整体态势进行归纳总结，这样的研究方法有利于得出客观、公允的研究结论。

第三，对1999年到2009年中国民意影响中外关系的整体态势进行全面而深入的研究。本书研究的时间范围是从1999年到2009年，因而该项研究是一项纵向的、历史的研究。本书研究的整体态势则包括三个要素：民意主体、民意影响方式、民意影响程度。从民意主体看，要研究民意主体对中外关系的参与是自发的还是具有政府背景的，是少数人参与的还是体现出平民化、大众化发展倾向的；从民意影响方式看，要研究民众参与中外关系的方式有哪些，民众越来越倾向于、习惯于通过哪些方式影响中外关系；从民意影响程度看，则不只是要研究中国民意对中国政府外交具有怎样的影响，而且还要研究中国民意对对象国政府及其民众又有怎样的影响。所以该项研究又是一项横向的、系统的研究。

### 二、研究的不足之处

必须指出的是，由于种种原因，本书的研究还存在一些较为明显的不足和缺陷，以致影响了本书的研究质量。

第一，从研究对象来看，本书选取了中外冲突情境下的三个较具代表性的案例作为研究对象，但是对于非冲突情境下的中外关系，中国民意的作用和角色如何，由于时间和精力的限制，本书并未涉及，因此本书的研究并不能完全反映中国民意影响中外关系的概况和全貌。

第二，从研究所需资料来看，由于本人不懂日文和法文，因而相关案例研究只能借助已翻译成中文的二手资料，或借鉴中国学者和西方学者对相关问题的研究成果。另外，由于种种条件的局限，本人没有对三个重大事件中的当事人进行访谈，也更不可能就本研究所关注的问题在当事人中进行问卷调查，因而文中所用数据也是二手的调研数据。

第三，从研究方法来看，本书主要采用两种方法衡量中国民意对中外关系的影响，一是从结果上看，中外关系的变化是否与中国民意倾向相吻合，二是从过程上看，中国民意如何具体影响到中外关系的变化。在三个案例研究中，除了广泛使用第一种研究方法之外，由于种种原因相关的中外核心资料无法获取，因而中国民意影响中外关系的具体过程处于"暗箱"之中，本书只能通过中外政要的某些言论推断中国民意对中外政府决策的影响，所以这种局限可能会在某种程度上影响研究的科学性和合理性。

# 第一章
# 国际关系视野中的民意解析

## 第一节 民意与外交关系演变及
## 相关理论研究概述

民意和外交早已有之，但它们在一战前却是毫不相干的两件事。第一次世界大战之前，外交只是少数特权人物的权利和游戏，是达官贵人、显赫阶层的专利。各国元首和职业外交官通过秘密方式在各国间纵横捭阖，处理外交事宜，垄断着外交政策的制定和执行。对于各国的普通民众而言，外交是陌生而遥不可及的事情，因而他们不会了解，也不会关心国家间关系的变化、外交政策的制定和实施效果。但是一战的爆发深刻地改变了这种局面，一战对于民众参与外交产生了两方面的影响。其一，交战各国为了获取民众支持以赢得战争，纷纷将战前的外交秘密档案公之于世，树立自己的正义形象，并将战争责任推给交战国，各国民众由此开始关注外交问题。其二，一战是人类历史上的一场浩劫，其所造成的损失和消极影响是前所未有的、全方位的，它激起了各国民众对战争的强烈抨击和深度反思，人们认为一战前的秘密外交、秘密条约是导致战争的根本原因，因而一战后各国民众强烈呼吁废除秘密外交、外交公开化。此外，一战后，随着国家间交往和联系的加强，外交的成败不仅关系到国家的重大利益，而且越来越与民众的切身利益密切相关，因而民众对于外交的关注度逐步提升。

一战后，伴随西方各国民众要求外交公开化的强烈呼声，民意与外交的关系逐步进入西方国际关系学者的研究视野，大大促进了西方国际关系研究的发展。国际关系理论中的自由主义学派和现实主义学派均从不同的理论视角出发，对民意与外交的关系提出了各自的见解和主张，他们之间的理论交锋和论战，不仅丰富了国际关系理论研究的内容，而且对于外交实践发挥了重要的作用。其中，美国在这方面的研究一直处于世界领先的地位。"由于美国的国情和传统，美国政界和学术界对公众舆论与外交的关系问题的关注早于并胜于其他国家，这方面的理论和应用研究走在前面。"[①] 可以说，美国学者对这一问题的研究代表了西方学界的最高水平，因而成为各国学界争相学习和研究的典范。

纵观美国自由主义学派和现实主义学派在民意与外交问题上的论战，从一战爆发至今，双方的较量呈现出此消彼长、交替占优的局面：一战期间及战后自由主义占据优势地位，二战到越战现实主义独领风骚，越战至今自由主义回潮。其实，可以清晰地看到，两大学派的起落、消长是与各时段重大历史事件的发生密切相关的。一战的爆发及其造成的灾难性影响，使得痛定思痛的人们将抨击的矛头直指战前少数人参与的"秘密外交"，由此主张外交公开化、民主化的自由主义开始大行其道。而一战后迅速回归孤立主义状态的美国民意，不仅使得美国没有参加威尔逊所倡导的国际联盟，而且还在客观上助长了

---

① 袁小红:《公众舆论与美国对外政策》,《理论探索》,2005年第1期。

法西斯德国的侵略气焰，更为引人注目的是德、意、日法西斯都是在本国民众的支持下，走向战争道路的，自由主义因此走向尽头，而现实主义开始在美国国际关系理论界独占鳌头。越战又是一个导致现实主义与自由主义攻守易位的分水岭。"正如二战导致了对公众舆论作用的否定一样，20世纪60年代末70年代初，美国反越战情绪的高涨又引出了对外交政策国内因素的重新评价。"[①] 美国学者开始对"阿尔蒙德—李普曼共识"提出全面质疑和挑战，对民意与外交决策的关系重新进行研究，自由主义思潮再次兴起。

## 第二节 自由主义学派与现实主义学派

### 有关民意与外交关系的理论争论

作为国际关系理论的主流学派，自由主义和现实主义在其理论构建中都提到了影响外交决策的民意因素，但是由于理论视角不同，双方的观点和见解呈现较大的差异甚至对立。总体而言，双方的论战主要围绕三个问题展开：民意是否是理性的、稳定的，民意是否是积极的、有价值的，民意与外交应该是一种怎样的关系。

### 一、民意是否是理性的、稳定的

自由主义学派认为尽管由于受教育和信息获取能力的限制，民众对外交和国际关系了解不多，但他们是有自己的价值和信念结构的，所以民意是理性的、稳定的、是值得信赖的。

自由主义学派认为民众虽然对外交和国际关系不够关心、

---

① 王鸣鸣：《公众舆论与美国对外政策》，《世界经济与政治》，2002年第5期。

不够了解，但是民意仍然是理性的，因为对事实的记忆与判断能力并不一定是因果关系，政治理性和思辨能力与信息量并不一定成正比。[①] 卢瑟特曾说道："那些悲叹民众无知的人经常忘记强烈的民意与极端的政策取向具有很高的关联性，而强烈的民意又是与高信息量密切相关的。人们愿意接受的是他们喜欢的事物，不一定是认识复杂性意义上的'知识'。极端主义分子往往是简单做出判断、简单解决问题的人。因此，民主的倡导不一定需要在安全政策问题上掌握较多知识的民众，因为如果掌握较多知识就可能意味着强烈的、'极端的'民意。民主的倡导需要获取信息，但不一定要每个人都强烈地寻求它。"[②] 基于此，自由主义学派论述了民意的理性。穆勒认为公众对待外交事务的态度逐渐趋于理性，尤其是对战争的反应。公众对政策的评价也是基于调研和分析之上，而非不稳定的情绪所致。[③] 盖洛普在强调民意测验的重要性时，曾援引哲学家亚里士多德的论述："一个人可能不会作诗，但是当一首诗令他愉悦时，他能进行表达。他可能不会盖房子，但是当屋顶漏雨的时候，他能进行表达。他可能不会烹饪，但是对于是否喜欢为他准备的饭菜，他能进行表达。"盖洛普借此继续说道："民意倾向分析显示，一个人可能不能理解国会的拨款法案，但是对于是否赞同法案通过的目的，他能进行表达；一个人可能不能理解造成他失业的技术原因，但是他知道失业意味着什么，他的经历将有助于一般问题的解决；一个人可能不能领会外交

　　① 王鸣鸣：《公众舆论与美国对外政策》，《世界经济与政治》，2002年第5期。

　　② Bruce Russett, *Controlling the Sword:The Democratic Governance of National Security*, Cambridge, Massachusetts: Harvard University Press, 1990, p.91.

　　③ 谭笑、惠春琳：《公众舆论与外交政策——现实主义与自由主义的比较》，《太平洋学报》，2010年第9期。

的细节，但是对于国家对外政策的主要原则是否与他的判断标准相一致，他能进行表达。"[①] 塞缪尔·鲍金的研究结论也认为："选民中的大多数是有足够理性的，这是一种低信息量的理性，即以某种最经济的方式将以往经验、日常生活、媒体报道等信息进行综合形成判断的理性。"[②]

自由主义学派认为，民意不但是理性的，而且是稳定的、可靠的，民意变动不居、反复无常的观点没有事实依据。卡斯普利认为，美国的公众舆论在对待国际事务时具有一种稳定的、强有力的"宽许情绪"，而不像阿尔蒙德所说具有易变的特点。[③] 基认为公众舆论是"堤坝"，是稳定的，他说："在民主的领导阶层和平民大众的互动中，许多见识来自于公众舆论是堤坝的观念，堤坝引导公众行为或者限定政府决策或争论的范围，这种观念避免了将公众舆论视为发起动议和将其目的转化为政府行动的实体的错误。"[④] 佩捷和沙皮若以实证方法研究了民意特性，他们通过对1935—1990年民意测验中与外交政策有关的10000多个问题[⑤] 的研究分析，最终得出结论：事实上公众舆论在总体上十分理性，公众的态度并非所谓的不知所

---

①　George Gallup and Saul Forbes Rae, *The Pulse of Democracy: The Public-Opinion Poll and How it Works,* New York: Simon and Schuster, 1940, p.288.

②　转引自袁小红：《公众舆论与美国对华政策（1949—1971）》，长沙：湖南大学出版社，2008年版，第23页。Samuel Popkin, *The Reasoning Voter: Communication and Persuasion in Presidential Campaigns,* Chicago: University of Chicago Press, 1991, p.10.

③　谭笑、惠春琳：《公众舆论与外交政策——现实主义与自由主义的比较》，《太平洋学报》，2010年第9期。

④　V.O.Key, Jr. *Public Opinion and American Democracy,* New York: Alfred A. Knopf, Inc.1961, p.552.

⑤　王鸣鸣：《公众舆论与美国对外政策》，《世界经济与政治》，2002年第5期。

云、漫无目标的"无态度（non-attitude），恰恰相反，公众对政策的态度非常真实，并且总体而言具有相当的稳定性，很少发生大规模的改变并极少前后波动。这些态度之间并非自相矛盾而是具有连贯性和相互一致的特点，是公众的深层的价值观、理念以及可以得到的信息的综合反映。即使当公众舆论总体发生改变时，也是对变化的国际环境和国内的社会和经济变化作出的合理的反应，而且是以可以理解的并且的确是可以预见的方式进行的。①

现实主义学派认为公众对于外交和国际关系是不关心的、无知的，因而他们对于外交和国际关系的认识和判断是建立在非理性的基础之上的，同时，公众往往又是冲动的、情绪化的，他们对于外交和国际关系的态度和观点变幻不定、反复无常，因而民意也是缺乏连贯性、稳定性的。

李普曼认为："公众生活在一个看不到、弄不明，因而也无法指导的世界里，公众即使有兴趣，也没有能力获得准确的知识和信息去理解和分析国际关系。"②"战略和外交的决策需要专门的知识——更不要说需要经验和准确的判断——这种知识不是仅仅靠浏览一下报纸、听一听收音机零星片段的评论、看一看政治家在电视上的表演、偶尔听几场讲座和报告以及读几本书就可以获得的。那不足以使人有能力决定是否需要截肢，也不足以使人有足够的能力在诸如战争还是和平、武装

---

① 转引自袁小红：《公众舆论与美国对华政策（1949—1971）》，长沙：湖南大学出版社，2008年版，第24、25页。Benjamin I.Page & Robert Y.Shapiro, *The Rational Public: Fifty Years of Trends in Americans' Policy Preferences,* Chicago and London: The University of Chicago Press, 1992.

② 转引自谭笑、惠春琳：《公众舆论与外交政策——现实主义与自由主义的比较》，《太平洋学报》，2010年第9期。Walter Lippmann, *The Phantom Public*, New Brunswick (U.S.A) and London. (U.K.): Transaction Publishers, 1993, p.4.

还是不武装、干预还是撤出、继续对抗还是进行和谈等问题上作出正确的决断。"① 阿尔蒙德指出："现代社会的固有局限限制了公众理解问题和领会最重要的公共政策问题的意义的能力。这一点尤其体现在特别复杂和遥远的对外政策领域。"② 美国公众舆论在诸如对外政策等公共政策问题方面没有什么固定的看法，有的只是"情绪"的"变化"（shifts）和"波动"（fluctuations）。美国人普遍存在的对对外事务的冷漠缘自美国的传统文化和美国社会的结构，即美国人历来只关注在经济利益角逐中的个人抱负和美国社会与生俱来的权力和机会的不平等分配。故而对于复杂的、偏远的外交政策，只是根据自己的"情绪"做出不同的反应。③ 由于公众对国际事务缺乏知识和信息，他们对外交政策的态度和看法必然是肤浅的、不连贯的、缺乏知识和价值结构支撑的，因而公众舆论是捉摸不定和变化无常的。④

---

① 转引自袁小红：《公众舆论与美国对华政策（1949—1971）》，长沙：湖南大学出版社，2008年版，第17页。Walter Lippmann, *Essays in the Public Philosophy,* Boston: Little, Brown, 1955, pp.24—25.

② Gabriel A.Almond, *The American People and Foreign Policy,* New York and London:Frederick A.Praeger, 1960, p.5.

③ 转引自谭笑、惠春琳：《公众舆论与外交政策——现实主义与自由主义的比较》，《太平洋学报》，2010年第9期。Gabriel A. Almond, *The American People and Foreign Policy,* New York and London: Frederick A. Praeger, 1960, p.53.

④ 袁小红：《公众舆论与美国对华政策（1949—1971）》，长沙：湖南大学出版社，2008年版，第18页。

## 二、民意是否是积极的、有价值的

自由主义学派认为既然民意是理性的、稳定的，那么民意就是积极的、有价值的，民意理应成为一国外交政策的基础，在外交政策的制定和实施中占据重要的位置。

卢梭和康德对于对外政策和战争均秉持相似的观点，他们认为君主们可能以与他们的臣民的利益毫不相关的理由从事战争。相比之下，共和政体的对外政策就要和平得多，因为在限制决策者方面，公众至少能部分地发挥建设性的作用，对公众的义务也能约束领导者的任何战争倾向。康德将他的论证建立在共和政体和非共和政体对战争的约束方面，前者可能更加和平，因为承担大部分战争成本的民众在战争问题上应该是谨慎的，他说道："如果需要以公众的同意来决定是否从事战争，那么公众会很自然的在承诺从事冒险的游戏之前，考虑所有的战争灾难。"但是，从康德看来，这种情况在非共和政体下是完全不同的，因为"就这种政体而言，世界上最容易做的事情就是宣战。在这里，统治者不是一般的公民，而是国家的所有者，战争不会影响到他的餐桌、他的狩猎、他的娱乐场所、他的宫廷节日等等。这样，他就能以最没有意义的理由决定从事战争，似乎战争就是一场欢乐聚会，他把战争理由（需要适当的理由）的编造高兴地交予他的外交团队，而这些人总是准备着做这些事情。"①

美国威尔逊总统在1917年4月2日也曾说道："持久和平的维系只能依靠民主国家的合作。没人相信专制政府会保持

① Ole R. Holsti, *Public Opinion and American Foreign Policy,* University of Michigan Press, 2004, pp.4–5.

真诚或遵守条约。它必须是一个信用的联盟、一种民意的合作……只有自由的人民才能将他们的目的和他们的信用坚持到底，并且为了人类的共同利益而放弃任何狭隘的个人利益。"①威尔逊提出的十四点最后一点，即建立一个普遍性的国际组织，也有一个相似的目标，也就是将外交纳入世界民意的关注之中。在一战期间，威尔逊也曾说道："普通民众的建议比那些老于世故且仍然认为他们正在玩弄一场赌注高昂的权力游戏的外交人员的建议更简洁、更直接、也更一致，因此我断言这是一场人民的战争，不是一场政治家的战争。政治家必须跟随人民的清楚的共同的想法，否则就会被人民所背弃。"②

现实主义学派认为民意是非理性的、不稳定的，因而是没有任何意义和价值的。民意虽然具有影响力，但是这种影响力是消极性的、破坏性的，必须对民意持谨慎态度并严加提防。

托马斯·A.拜利在对民意进行描述时，认为民意是："一个无知和变化无常然而又拥有强大力量的巨人，并且这个巨人会使用它的这个力量，因而导致可怕的后果。"③卡尔认为："威尔逊所信任的代表人类共同利益的普通民众将自己引入一种暴乱状态，发出不协调的、无助的呐喊。无可置疑的是，在国际

---

① Ole R. Holsti, *Public Opinion and American Foreign Policy,* University of Michigan Press, 2004, p.9.

② Ole R. Holsti, *Public Opinion and American Foreign Policy,* University of Michigan Press, 2004, p.10.

③ 转引自谭笑、惠春琳:《公众舆论与外交政策——现实主义与自由主义的比较》,《太平洋学报》, 2010年第9期。Thomas A. Bailey, *The Man in the Street,* New York:Macmillan, 1948, p.1.

事务中民意总是迷失正确方向。"① 阿尔蒙德也认为："公众舆论常常在应该关心的时候却表现得冷淡，在应该安静的时候却表现得惊慌。"② 摩根索将政治家和普通民众的思想特点进行比较，认为民众是肤浅的、短视的，他说道："政治家思想中的特质并非总是可能在公众的思想中引起共鸣。政治家思考问题的角度必须是相对于其他国家而言的本国的国家利益。大众的思想不理会政治家思想的细微之处，而更多的是从绝对善恶的简单的道义或法律角度进行推理的。政治家必须放眼未来，缓慢和迂回地行进，以微小的损失换取巨大的利益；他必须能够顺应时势，作出妥协和等待时机。民众则希望快出结果；这将牺牲明天的真正利益以换取今天的表面好处。"③

## 三、民意与外交应该是一种怎样的关系

自由主义学派认为民意对于外交事务具有重要的积极作用，因而政府应该倾听民众的呼声，积极回应民众的诉求，同时民众也应更多地参与外交政策的制定和实施，对外交事务施加更大的影响。

边沁就主张将民意置于合法、有效的公共政策的核心位置，他把民意或"民意法庭"当做政府许多错误的"唯一补救

---

① 转引自王鸣鸣：《公众舆论与美国对外政策》，《世界经济与政治》，2002年第5期。Ole R. Holsti, *Public Opinion and American Foreign Policy,* University of Michigan Press, 1994, p.105.

② Gabeiel A. Almond, Public Opinion and National Security Policy, *Public Opinion Quarterly*, Summer 1956, No.2, p.376.

③ ［美］汉斯·摩根索：《国家间政治——权力斗争与和平》，北京：北京大学出版社，2006年版，第184页。

办法"。① 威尔逊认为，公众舆论对于精英的冒险行为可以起到一个刹车的作用，使政策制定者由于害怕失去大众支持而不去走极端。② 霍斯蒂指出："尽管公众并不十分知情，也能进行理性的分析，得出合理的观点，公众舆论对外交事务可以做出自认为正确的主张。公众对外交政策的大胆反应很重要，决策者对公众舆论的忽视是不明智的。"③ 宁契奇认为，大多公众对于外交事务持有理性的认识，公众舆论对外交政策的影响是稳定的、积极的、可靠的，外交政策的不尽人意不应该归咎于公众舆论。它是政治利润构成的结果，而政治利润构成恰恰是美国政策制定过程的特征。④

现实主义学派认为由民意自身的特点所决定，民意对外交政策的影响必然是消极的、破坏性的，所以应尽量限制和缩小民意在外交政策制定过程中的作用和影响。另一方面，在以无政府状态为特征的国际社会，国家利益的最大化是政府外交行为的终极目标，因而政府外交政策的制定要以国家利益为依据，一项外交政策正确与否的评判也是以国家利益为标准。

修昔底德就认为人的本性是贪婪和自私的，国家也是如此，没有永久的敌人或朋友，只有永久的利益，敌友关系是依

---

① Ole R. Holsti, *Public Opinion and American Foreign Policy,* University of Michigan Press, 2004, p.3.

② 转引自王鸣鸣:《公众舆论与美国对外政策》,《世界经济与政治》, 2002 年第 5 期。Herbert G.Nicholas, *Building on the Wilsonian Heritage,* in Arthur Link, ed, Woodrow wilson, New York: Hill & Wang, 1968, p.184.

③ 转引自谭笑、惠春琳:《公众舆论与外交政策——现实主义与自由主义的比较》,《太平洋学报》, 2010 年第 9 期。Ole Holsti, *Public Opinion and Foreign Policy,* International Studies Quarterly, December 1992, pp.439-466.

④ 谭笑、惠春琳:《公众舆论与外交政策——现实主义与自由主义的比较》,《太平洋学报》, 2010 年第 9 期。

国家利益的变化而变化的。而大众常把与别国的关系看做是目的本身，会妨碍决策者客观冷静、深思熟虑地追求国家利益最大化。[1] 李普曼也曾说道："不幸的事实表明，在重要历史关头，最广泛的民意常常具有破坏性。它们会使知道如何明智行事的政府瞻前顾后、优柔寡断，和平时期的政策过于和平、战争时期过于好战，要么姑息纵容、要么顽冥不化。"[2] 因而，他认为公众的功能（应）仅限于选举出他们认为可以管理国家的人，其他的事情应该完全交由选举出来的管理者来治理。即使这样，对公众而言要完成好这一项职能都已经足够，也许还多了。因此应该完全排除公众舆论对外交政策的影响。[3] 乔治·凯南则认为，领导人对民主的责任与外交政策所需要的理性从内在上是不一致的，他把民主比做一头恐龙——身体像房间一样大头脑却很小——对环境反应迟缓，一旦反应过来其惯性时间又太长。[4] 所以，他也主张对外政策要以国家利益为依归，应该排除公众舆论的影响，认为"历史不会因为我们的错误是出于国内政治的需要而原谅我们"[5]。

　　摩根索的观点更具代表性，他不但表达了对民意的不信

---

① 王鸣鸣：《公众舆论与美国对外政策》，《世界经济与政治》，2002年第5期。

② 转引自王鸣鸣：《公众舆论与美国对外政策》，《世界经济与政治》，2002年第5期。Walter Lippmann, *Essays in the Public Philosophy,* Boston: Little, Brown, 1955, p.20.

③ 袁小红：《公众舆论与美国对华政策（1949—1971）》，长沙：湖南大学出版社，2008年版，第20页。

④ 转引自王鸣鸣：《公众舆论与美国对外政策》，《世界经济与政治》，2002年第5期。Philip E Tetlock, *"Social Psychology and World Politics"*, D. Gilbert, S. Fiske and G. Lindzey eds, Handbook of Social Psychology, New York: MacGraw Hill, 1998, p.103.

⑤ 袁小红：《公众舆论与美国对华政策（1949—1971）》，长沙：湖南大学出版社，2008年版，第20页。

任，而且还就如何协调民意与外交政策的关系积极向政府建言献策。他说道："好的外交政策的理性要求从一开始就不能指望得到舆论的支持。舆论的偏好是感情的而非理性的。"[1] "得到公共舆论热烈地绝对支持的外交政策不能只因为这一原因就被认为是好的外交政策。相反，外交政策与公共舆论的和谐可能正是以牺牲好的外交政策原则而迎合公共舆论的无理偏好为代价的。"[2] 他认为政府必须在民意和外交政策之间保持平衡，过度倾向任何一端都会带来不利后果，他说："面对着好的外交政策和公共舆论所要求的坏的外交政策之间的矛盾，政府必须躲避两个陷阱。它必须抵挡住为了神圣的民意的需要而牺牲它所认为的好政策的诱惑，坚持领导，不以国家的长久利益换取短暂的政治好处。它也必须防止扩大好的外交政策的要求与公众舆论的偏好之间不可避免的差距。如果它拒不与公共舆论的偏好作可容忍的妥协，在它认为是正确的外交政策的每一细节上坚持己见，并为了顽固地实行这一政策而牺牲公众的支持，那么它就会扩大这种差距。"[3] "如果一个政治家捍卫这些要求的完整性、抵制公众狂热情绪的哪怕是最轻微的染指，那他作为一个政治领袖的命运注定就要完结了，而且他的外交政策的命运也就随之完结了，因为他失去了公众的支持，而正是这种支持使他得以取得权力和保持权力。"[4] 摩根索继而对政府

---

① [美]汉斯·摩根索：《国家间政治——权力斗争与和平》，北京：北京大学出版社，2006年版，第590页。

② [美]汉斯·摩根索：《国家间政治——权力斗争与和平》，北京：北京大学出版社，2006年版，第184页。

③ [美]汉斯·摩根索：《国家间政治——权力斗争与和平》，北京：北京大学出版社，2006年版，第186页。

④ [美]汉斯·摩根索：《国家间政治——权力斗争与和平》，北京：北京大学出版社，2006年版，第590—591页。

如何应对民意偏好提出了自己的建议和主张，他认为："为了成功地实现其内外政策，政府必须满足三个基本条件。它必须承认好的外交政策的要求和公共舆论的偏好之间的冲突是事物的本质，因此也是不可避免的，并且，它也许能够通过对国内反对派的让步而减少冲突，但是它永远不能消除冲突。第二，政府必须认识到，它是领导者而不是公共舆论的奴隶；公共舆论不是静态的东西，民意测验不能像植物学家对植物那样发现它并对它分类，它是动态的、随时变化的东西，由明达和负责任的领导不断地加以创造和再创造；政府的历史使命是要担负这一领导权，不使之为煽动者所篡夺。第三，它必须区分外交政策中什么是想要得到的东西和什么是必须得到的东西，并且，在它可能愿意在非本质的问题上对公共舆论妥协的同时，它必须为它认为是好的外交政策的最低标准而奋斗，即使是以它自己的命运为代价。"[①]

尽管自由主义学派与现实主义学派有关民意与外交关系的论战剑拔弩张、各不相让，但二者之间并非完全没有相通之处。尽管二者对民意性质及价值的认知与评价存在很大差异，但是双方都承认民意与外交的关联性，即使是主张贬低公众舆论效用的现实主义者也不得不承认：想要完全避免和排除公众舆论的影响是非常困难甚至是不可能的。[②] 自由主义学派认为民意与外交关联度很高，民意对外交发挥着实质性影响，现实主义学派则认为民意与外交的关联度很低，民意对外交的影响有限，但是即便如此，现实主义仍然认为民意对外交的作用不

---

① ［美］汉斯·摩根索：《国家间政治——权力斗争与和平》，北京：北京大学出版社，2006年版，第186—187页。

② 谭笑、惠春琳：《公众舆论与外交政策——现实主义与自由主义的比较》，《太平洋学报》，2010年第9期。

容忽视。摩根索就认为："公众舆论，虽然是一个变化莫测的因素，但是没有他的支持，任何政府无论他是民主的还是专制的，即便是能够执行其政策，也不会有好的效果。"[①] 他还进一步深入论述了争取其他国家民意的必要性，他说："对于政府来说，只引导本国的公共舆论支持其外交政策是不够的。它还必须赢得其他国家的公共舆论对其内外政策的支持。……现今国际舞台上的权力之争不仅是对军事优势和政治统治的争夺，而且在特定的意义上是对人心的争夺。这样，国家的权力不仅依赖于外交的技巧和武装力量的强大，而且依赖于它的政治哲学、政治体制和政治政策对其他国家的吸引力。"[②]

　　总体而言，自由主义学派和现实主义学派在有关民意性质和民意与外交关系问题上的理论争鸣是全方位的、深刻的，由于哲学视角不同、立论角度各异，双方的理论思维和观点阐释必然存在方向上的背离和结论上的差异。自由主义学派对"个人自由""个人利益"以及社会因素的强调使得大多数自由主义者相信个人理性。[③] 他们认为民意是理性的、稳定的，因而是积极的、有价值的，所以外交政策要以民意为依归，民众应更多地参与到外交政策的制定和实施中。而现实主义学派则恰恰相反，他们对人性恶的逻辑判断的坚持，对"权力""利益"等核心概念的强调使得大多数的现实主义学者对人类的理性持

---

　　① 《试析国际关系中的舆论因素》，http://www.chinacpx.com/zixun/21874.html。

　　② [美] 汉斯·摩根索：《国家间政治——权力斗争与和平》，北京：北京大学出版社，2006年版，第187页。

　　③ 谭笑、惠春琳：《公众舆论与外交政策——现实主义与自由主义的比较》，《太平洋学报》，2010年第9期。

怀疑态度。[①] 他们认为民意是非理性的、变化莫测的，这与理性、稳定的外交政策存在根本的矛盾和冲突，民意的本性决定了它对外交政策的影响是消极的、破坏性的，所以应尽量限制和缩小民意在外交政策制定过程中的作用和影响。

自由主义学派和现实主义学派有关民意性质和民意与外交关系的争论主要是在美国学者之间展开的，双方立论的依据也大多以美国为蓝本，那么，在大洋彼岸与美国在历史传统、政治制度和发展阶段上存在巨大差异的中国，是否也存在如自由主义学派和现实主义学派所阐释的理论现象？中国民意又具有怎样的特性？中国民意对于中国外交是否也在产生着影响？如何产生影响？产生怎样的影响？这些问题的研究和探讨不仅能验证自由主义学派和现实主义学派的理论观点，为其理论的进一步发展提供来自东方国家的案例支撑，而且有助于我们更好地理解影响中外关系演变的国内因素，更自如地把握中外关系的发展趋势。

## 第三节　"民意"与"中外关系"的概念界定

概念是理论建构的基石。要了解中国民意对中外关系的影响，必须对"民意"和"中外关系"这两个概念有一个清晰的界定。

---

① 谭笑、惠春琳：《公众舆论与外交政策——现实主义与自由主义的比较》，《太平洋学报》，2010年第9期。

## 一、"民意"的概念界定

民意，从字面上讲，是指民众的意愿。作为一个概念，民意在中国很早就出现了。比如，中国古代就有许多关于民意的论述，《庄子·论剑》中曾说："上法圆天以顺三光，下法方地以顺四时，中和民意以安四乡。"[①]《汉书·杜周传》也说："宜修孝文时政，示以俭约宽和，顺天心，说民意。"[②] 古代帝王对于民意更是有过深刻的认识和见解，比如，至今仍为世人所熟知的"得道多助，失道寡助""水能载舟，亦能覆舟""得民意者得天下，失民意者失天下"就是其中的经典阐释。然而，尽管如此，民意概念却更多为西方国家所使用。18世纪法国的卢梭在其《社会契约论》中首次提出了公意概念。他不仅强调任何法律，不论是政治、民法或刑法，都必须以公意为基础，并且认为政权统治的合法性是建立在"民众同意"的基础之上的。由此为现代意义上的民意概念的形成与发展奠定了基石。[③]

卢梭之后，西方学术界对民意逐步有了更多的研究和论述，一般认为，以下有关民意的概念界定或阐释较具代表性：

1799年，德国哲学家加尔夫（Christian Garve）指出："民意，是一个国家的大多数公民，每人反省或实际了解某件事所得到的判断后，许多人的公识。"[④]

---

① 王先谦：《庄子集注》，上海：上海书店，1987年版，第86页。

② 《民意》，http://baike.soso.com/v7857932.htm。

③ 《论民意调查与我国政府决策》，http://www.srchina.org.cn/MookPage.aspx?infoId=347。

④ 转引自王来华、林竹、毕宏音：《对舆情、民意和舆论三概念异同的初步辨析》，《新视野》，2004年第5期。

李普曼在《公众舆论》一书中提出民意是"人们头脑中的图景，人们关于别人、关于他们的需要、目的、人际关系的图景是他们的民意。一群人或是个人以团体的名义作为他们行动依据的关于世界的图景就是大写的民意"。[①]

1937年，社会心理学家奥尔波（Floyd H. Allport）在《迈向民意科学》一文中认为，民意是个人可随时表达自己的意见，或被要求表达自己的意见，来赞成或反对具有普遍重要性的特定状况、人、计划等，并表现出人数、强度和稳定性的比率。[②]

1965年，韩念西（Bernard C. Hennessy）在《民意》一书中把民意定义为："民意是一定数量的人对具有普遍重要性的事务所表达的偏好的综合。"·[③]

伯瑞斯（Lord Bryce）认为："民意是各种矛盾的见解、幻想、信仰、偏见，以及愿望的集合体。它是迷惑、纷乱、无定规的东西，而且每天都不一样。在纷乱繁杂的意见中每一个问题都经历不断的澄清、提炼，而后显露出他的观点，或是整套的观念体系来。这种观点或观念被一批人信从而采取行动，就变成力量。这种东西就是民意。"[④]

杜伯（Leonard Doob）提出了内在（internal）和潜隐（latent）的民意。他认为人们对一项问题的态度如果不表达出来，即为内在民意。潜隐的意见，指的是人们对于一项问题的

---

① 《民意的概念》，2009年7月6日，http://www.my12340.cn/article.aspx?ID=782。

② 同上。

③ Bernard C, Hennessy. *Public Opinion*, California: Brooks/Cole Publishing Company.1985. p.8.

④ 《民意的概念》，2009年7月6日，http://www.my12340.cn/article.aspx?ID=782。

态度于尚未形成之时，或该问题尚不足以影响态度之时的意见。潜隐意见是"潜在民意"（Potential public opinion）。潜隐民意如果意味多数态度或预存立场，终究会形成一项问题的意见，那就具有重要性。①

日本的佐藤彰则提出："民意是绝大多数国民的见解和意见，是决定社会和政治问题的最后判决。"②

中国的民意研究起步较晚，并且大多侧重于实证研究，相关理论研究较为薄弱，但是，随着相关研究的逐步展开和深入，国内学者也对民意问题逐步形成了自己的看法和见解。对于民意概念，较有代表性的阐释和论述有：

刘建明认为："民意是人民意识、精神、愿望和意志的总合，是社会的主导意见。"③

喻国明认为："民意，又称民心、公意，是社会上大多数成员对与其相关的公共事物或现象所持有的大体相近的意见、情感和行为倾向的总称。"④

吴顺长认为："民意不单单是人民范畴中某个群体或某个个体的政治主张和思想愿望，而是人民这个集合体的意向趋势，它所反映的总是社会上绝大多数人的共同意志。"⑤

---

① 王来华、林竹、毕宏音：《对舆情、民意和舆论三概念异同的初步辨析》，《新视野》，2004年第5期。

② 《民意的概念》，2009年7月6日，http://www.my12340.cn/article.aspx?ID=782。

③ 刘建明：《穿越舆论隧道：社会力学的若干定律》，北京：中央党校出版社，2000年版，第170页。

④ 喻国明：《解构民意——一个舆论学者的实证研究》，北京：华夏出版社，2001年版，第9页。

⑤ 转引自钱超：《论民意表达》，复旦大学学位论文，2008年；吴顺长：《民意学》，天津：天津人民出版社，1991年版，第7页。

有课题组认为：民意就是"民众意见或愿望的简称。从广义的角度看，民意是指某一人口总体中存在的个体的意见或愿望的选择和分布状况。从狭义的角度看，民意往往仅指那些对公共事务表现出较大热忱，对社会政治生活具有较强的参与意识的人们的一般意见和看法"。[①]

姚齐源认为："民意是社会各阶层对于某些问题所自主表达的意愿，它也是社会公众对于公共政策的认可程度的一种基本反映方式。"[②]

杨意菁认为："民意的一般含意是指公民共同的意思、意志，是指具有行为要件的人们之意志，其间即有动机、目的和相应手段的意思表达，往往与公共政策之间有直接关系，将直接影响、左右公共政策的形成，同时，公共政策也将反映民意的走向。民意是民众对某一问题所产生众多观点的表达，它创造了民主政治的根基，是民主政治不可或缺的一项主要内容，而民主政治则保障了它的生存空间。"[③]

陈崇山认为："何谓民意？顾名思义，系民众的意愿、意见之简称也。……将'民意'定义为：'通常指民众对社会各种具体事务的情绪、意见、价值判断和愿望等，是直接来自民众的'心声''，我认为是适宜的。"[④]

袁岳认为："民意准确地来说应称公共意见（Public Opinion），它是公众对于自己、周遭生活环境、社区事务与更

---

① 《民意的概念》，2009年7月6日，http://www.my12340.cn/article.aspx?ID=782。

② 同上。

③ 转引自钱超：《论民意表达》，复旦大学学位论文，2008年；杨意菁：《民意调查的理想国——一个深思熟虑民调的探讨》，《民意研究季刊》，1998年。

④ 单之卉：《民意何来，民意何去——点击民意研究关键话题》，《数据》，2006年第9期。

大范围内的公共空间中相关事物的知识、态度、行为预想的公开化与交流后形成的公众意见状况。这里我们可以看到,民意是多层次和全方位的,同时很重要的是要能公开表达出来。不是各个人的私人意见简单相加就等于民意,民意需要适当的渠道与媒介被公开、传播、交流、辩论、协商,从而形成两类民意:一是共识,一是歧义被大家感知的不同意见。因此,真实的民意需要创造更好的可以公开表达意见的舆论环境,形成公开交流与沟通的社会文化,尊重不同意见和扩大社会共识。"①

通过对上述国内外学者有关民意的定义或阐释的简介,可以看到国内外学者对于民意的概念界定主要聚焦于民意的结构,即民意的主体、客体、内容三个方面。首先,从民意的主体看,国内外学者众说纷纭、意见不一。可以按照人数的多寡,将学者们眼中的民意主体大致划分为四类:(1)人民、人们或民众;(2)大多数公民、大多数国民或大多数成员;(3)一群特定的人,既可以是多数人,也可以是少数人;(4)个人或私人。其次,从民意的客体看,尽管国内外学者都有各自不同的表述,但总体而言,国外学者和国内学者的观点还是各有侧重,国外学者大多关注民意客体的重要性,比如,奥尔波的"具有普遍重要性的特定状况、人、计划"的表述、亨尼西的"具有一定重要性的事务"的表达。国内学者则更多侧重民意主体的公共性,比如,喻国明的"公共对象或现象"的表述、姚齐源的"公共政策"的表达。最后,从民意的内容看,国内外学者也存在较多的分歧和争鸣,大致而言,学者们的不同观点可以分为两类:(1)民意是共识。比如,加尔夫认为民意是

---

① 单之卉:《民意何来,民意何去——点击民意研究关键话题》,《数据》,2006年第9期。

"公识"、喻国明认为民意是"大体相近的意见、情感和行为倾向的总称"、吴顺长认为民意是"共同意志"。(2)民意是一种集合体或综合。比如,奥尔波认为民意是"人数、强度和稳定性的比率"、伯瑞斯认为民意是"见解、幻想、信仰、偏见,以及愿望的集合体"、袁岳认为民意分为两类,"一是共识,一是歧义"。

通过对上述内容的分析,本书力图在对国内外学者不同观点的借鉴、吸收的基础上,结合现实的民意现象,对民意概念进行重新界定。本书认为,民意是指民众对相关重要议题的情绪、偏好、意见和愿望的综合。民意的主体是民众,这里的"民众"指涉较为复杂,它既可以指多数人,也可以指少数人,还可以指个人。如前文所述,不少学者认为民意应该是多数人的意志,但是少数人既然也是"民"的一部分,那么他们的想法和愿望毫无疑问也必然是民意,只不过是少数人的民意。民意的客体是相关重要议题,这些议题既可以是国内议题,也可以是国际议题,但这些议题往往与民意主体具有某种较为密切的关联性。民意的内容是情绪、偏好、意见和愿望。有很多学者认为民意应该是排除歧见的相近或同质的情感和意志,但实际上对于相关重要议题,民众既可能会形成某种共识,也可能会存在意见差异、不同甚至尖锐的对立。所以,本书认为民意应该是同质与异质、共识与歧见的统一或集合体。

## 二、"中外关系"的概念界定

中外关系是指中国的对外关系,一般认为,对外关系是主权国家之间的关系,是主权国家对外政策的明显结果。历史地来看,在全球化和全球公民社会出现之前,政府代表国家,政府外交政策的制订直接影响对外关系的变化,政府垄断了外交大权和外交事务。所以，对对外关系的这样一种界定和理解还算准确和贴切。但是，随着全球化的蜂拥而至以及全球公民社会的初露端倪，国内与国际二元化的政治边界日渐模糊，政府对外交的垄断权逐步被打破，作为一种非国家行为体的民间力量越来越多地介入外交事务，并发挥着愈发明显的作用。在这种情况下，原有的对外关系概念已经不能准确反映和涵盖当今对外关系发展、演变的现实，因而有必要重新予以界定。

本书认为对外关系是一个内容较为复杂的概念，它不但包括我们一般所了解的政府间的关系，还包括不为我们所关注，但却日益成为突出现象的民间关系、本国民众与对象国政府的关系以及本国政府与对象国民众的关系等多向度的关系指向，但总体而言，可以将对外关系划分为政府间关系和民间关系两个层面。政府间关系和民间关系是相辅相成、相互制约的，一方面，从现实实践来看，虽然政府对外交的垄断逐渐被打破，但对外关系中的主导力量仍然是政府，那么政府间关系的友善或交恶必然会促进或阻碍民间关系的发展，可以肯定，没有良好的政府间关系，民间关系很难维系和发展，另一方面，既然政府是民众的代表，那么政府间关系就是以民间关系为基础，周恩来总理曾经说过"就外交工作来说，则是以国家和国家之间关系为对象的。外交是通过国家与国家的关系这个形式来进行的。但落脚点还在影响争取人民，这是辩证的"[1]。可以说，没有民间友好关系的支撑，政府间关系必然是脆弱的、没有根基的。

---

① 金永万:《试论社会主义现代化建设和民间外交》,《延边党校学报》,1999年第1期。

# 第二章　中国民意走向前台
## （1999—2003年）

### 第一节　冷战后中美关系的矛盾与冲突

东欧剧变、苏联解体标志着长达半个世纪之久的冷战走向终结，国际关系战略格局由此出现重大变化与调整。由于苏联威胁这一共同战略目标的消失，维系于20世纪七八十年代的中美"友好的非盟国"关系宣告结束，各种矛盾和冲突开始不断涌现，对中美关系的发展产生了严重的影响和冲击。

一，1989年北京政治风波后制裁中国。1989年北京政治风波平息后，美国对中国发起了近乎全方位的制裁。1989年6月5日，老布什总统发表声明，除指责中国政府平息政治风波的行动，还宣布了对中国的一系列制裁措施：1. 暂停一切政府间已同意的对华武器销售和商业性出口；2. 暂停美中两国军方领导人互访；3. 对在美国的中国留学生关于延长在美滞留时间的要求予以同情的考虑；4. 通过红十字会对受伤人员提供人道主义的医疗援助；5. 重新研究美中关系的其他一些方面。①6月20日，美国政府又宣布，美国暂停同中国的一切高级官员互访，并且推迟国际金融机构考虑给中国新的贷款。与此同时，美国国会通过了多项制裁中国的修正案，附加于《1990—1991年财政年度外交关系授权法案》。具体包括七项内容：1."海外私人投资公司"须继续中止向对华投资提供保险或其他资助；2. 总统须中止将"外援法"提供的资金用于"贸易发展办公室"与中国有关的活动；3. 继续中止向中国出口军火，包括直升机及其零件；4. 中止对中国出口警察装备；5. 继续中止中国火箭发射美制卫星；6. 中止中美核能合作；7. 总统须与巴统（即"巴黎统筹委员会"，西方各国限制对共产党国家输出物资的组织）成员国举行谈判，以实现多边中止对中国出口限制的放宽；自本法颁布的六个月以内，总统须反对任何放宽"巴统"出口限制的做法。② 面对美国政府和国会制裁中国、干涉中国内政的恶劣行径，中国政府进行了坚决而富有理性的斗争。6月7日，中国外交部发言人发表谈话指出：美国政府对纯属中国内政的事务横加干涉，并单方面采取损害两国关系的行动，向中国政府施加压力，这是中国政府所绝对不能接受的。外交部发言人强调指出：中国政府坚持改革开放的政策和独立自主的和平外交政策，这两项政策是不会改变的。以任何手段向中国政府施压的企图，都是不明智和短视的。希望美方能从中美关系大局和两国长远利益出

---

　　① 转引自韩玉贵：《冷战后的中美关系》，北京：社会科学文献出版社，2007年版，第16页；1989年6月5日第A1、A5版《纽约时报》。

　　② 王立：《回眸中美关系演变的关键时刻》，北京：世界知识出版社，2008年版，第157—158页。

发，不要做任何损害两国关系的事情。[①] 中国政府采取的战略方针是既要顶住美国为首的西方国家的攻击，坚决反对其干涉中国内政的行径，同时又要坚持改革开放，不同美国和西方国家形成对抗。邓小平强调指出："世界上希望我们好起来的人很多，想整我们的人也有的是。我们自己要保持警惕，放松不得。不管怎样，我们还是友好往来。朋友还要交，但心中要有数。不随便批评别人、指责别人，过头的话不要讲，过头的事不要做。对于国际局势，概括起来就是三句话：第一句话，冷静观察；第二句话，稳住阵脚；第三句话，沉着应付。不要急，也急不得。要冷静、冷静、再冷静，埋头实干，做好一件事，我们自己的事。[②] 中国的灵活务实外交，既维护了中国国家利益，又维系了中美关系的大局，既化解了严峻的国际环境，又开拓了中国外交新局面，从而推动了中国社会主义事业的顺利发展。

二，台湾问题。台湾问题一直是中美间博弈与较量的核心问题。尽管冷战期间双方在台湾问题上就有矛盾和分歧，但由于共同战略对手苏联的存在，双方的矛盾和分歧并没有不断升级和演化。但是，随着苏联解体、冷战结束，台湾问题开始逐渐升温和加剧。1994年4月30日，克林顿总统签署了国会通过的《1994至1995财政年度对外关系授权法》，该法案主张美内阁官员访台，并要求总统在美国作为成员的多边国际组织中支持台湾地区，还要求总统大幅度提升美台关系。法案还附有国会的一则声明："《与台湾关系法》的第三节　优于政府的政

---

① 转引自韩玉贵：《冷战后的中美关系》，北京：社会科学文献出版社，2007年版，第16—17页。

② 楚树龙：《冷战后中美关系的走向》，北京：中国社会科学出版社，2001年版，第13页。

策声明，包括公报、规定、指令以及基于上述声明制定的政策"，这实际上否定了《八·一七公报》。对此，中国政府提出了强烈抗议。①

允许李登辉访美是美国干涉台湾问题、破坏中国统一大业的恶劣事件。李登辉曾在美国康奈尔大学留学，从1995年初起，李登辉就开始寻求重访康奈尔大学的机会。美国国务院曾明确表明立场，不会向李登辉发放签证。但是台湾当局并没有就此罢手，而是绕开美国政府，在美国国会大肆进行公关活动。1995年5月2日，美国众议院以396票对零票，5月9日，参议院以97票赞成1票反对，通过了决议案支持李登辉访美。国会一边倒式的表态深刻影响了克林顿总统的立场选择，他和他的国内政策助手所关心的是美国国内政治形势和能否连选连任的问题。他们认为：国会意见如此集中，即使克林顿不同意，国会还有可能通过立法途径通过有约束性的议案，那时就会使克林顿政府更加被动。事关个人连选连任的大事，克林顿总统的立场开始动摇乃至改变。②5月22日，美国国务院宣布，克林顿总统已决定批准李登辉赴美做"私人访问"。5月23日，中国外交部发表声明严正指出：美国政府不顾中方的坚决反对和多次严正交涉，宣布允许李登辉到美国进行所谓"私人访问"。这是美国政府完全违反中美三个联合公报、损害中国主权和利益、破坏中国和平统一大业的严重行为。中国

---

① 叶自成、李红杰：《中国大外交：折冲樽俎60年》，北京：当代世界出版社，2009年版，第175—176页。

② 韩玉贵：《冷战后的中美关系》，北京：社会科学文献出版社，2007年版，第100页。

人民对此表示极大的愤慨，并向美国政府提出强烈抗议。[1] 中国政府随即采取了一系列抗议措施：中止国务委员李贵鲜、空军司令员于振武对美国的访问；推迟国务委员兼国防部长迟浩田对美国的访问；召回驻美大使李道豫；推迟中美两国关于"导弹技术控制制度"会谈及和平利用核能的专家磋商活动；美国军控及裁军事务官员原定对中国的访问也被临时取消。[2] 6月7日至11日，李登辉对美国进行了访问。9日，李登辉在康奈尔大学发表演讲，宣传台湾地区的"政治、经济奇迹"，声称要"打破外交上的孤立"，要向不可能的事物挑战，争取国际社会承认台湾地区的政治实体地位。李登辉的演讲极富政治性，反映了李企图制造"两个中国""一中一台"的政治图谋。

为了震慑台独势力，1996年3月8日至15日，人民解放军在台湾岛以北东海水域进行了导弹试射演习。3月18日至25日，人民解放军在台湾海峡进行了海陆空联合演习。美国迅速做出反应，3月10日，美国命令"独立号"航空母舰战斗群驶往台湾地区附近海域，11日，派遣"尼米兹号"航空母舰战斗群从海湾地区驶向台湾地区附近海域。美国国会也做出强烈表态。3月19日，众议院以369票对14票通过第148号决议，敦促美国政府协助"保卫"台湾，"使之免遭中华人民共和国的入侵、导弹袭击或者封锁"。21日，参议院以97票对0票通过决议，要求克林顿政府重新研究"使台湾保持充分自卫能力"所需的防御物资和服务，并与国会协商，一旦演习变成真正的威胁如何应对的问题。但议案也要求台湾地区继续保证和

---

① 转引自韩玉贵：《冷战后的中美关系》，北京：社会科学文献出版社，2007年版，第101页。

② 韩玉贵：《冷战后的中美关系》，北京：社会科学文献出版社，2007年版，第102页。

平解决它同中国的关系问题。① 美国干涉中国内政的行为引起了中国政府的强烈不满。

三，"银河号"事件。1993年7月，美国根据中央情报局消息，指控正在驶往伊朗的中国货轮"银河号"载有可作为化学武器原料的硫二甘醇和亚硫酰氯，要求"银河号"返航，并派遣美舰、美机近距离监视跟踪"银河号"。8月4日，中国外交部声明，中国政府已进行了彻底调查，"银河号"没有运载任何危险化学品，对美国干扰中国正常商业活动提出强烈抗议。美方执迷不悟，一意孤行，8月12日，美国国务卿克里斯托弗表示，"我们决心对那艘船进行检查"。8月18日，中国国家主席江泽民在会见美国众议院代表团时严肃指出："我亲自过问了此事，我肯定船上没有你们指控的化学品。"但美国政府仍坚持己见，要求中方制止该船驶往目的地，并进一步提出搜查该船。为了反击美国的霸权主义行径，为了向国际社会揭穿美国指控的虚伪性，中方同意对该船进行检查，并要求美方必须公布检查结果。在中国、沙特、美国三方人员的监督下，经过为期一周的彻底检查，美方没有发现"银河号"上运载危险化学品。9月4日，美国政府被迫宣布，对中国货轮的检查没有发现该船载有化学武器原料。同一天，中国外交部发布声明，指出"银河号"事件是美国霸权主义和强权政治的表现，它使中国的政治和经济遭受重大损失，中方要求美方公开道歉、赔偿损失、消除恶劣影响。

四，人权问题。美国对中国人权问题的关注由来已久，早在1948年，美国驻华大使约翰·司徒雷登在给美国国务卿的

---

① 转引自陶文钊、何兴强：《中美关系史》，北京：中国社会科学出版社，2009年版，第296—297页。Bradley Graham, "U.S.Approves Arms Sales to Taiwan", Washington Post, March20, 1996, pp.A–24.

报告中就指出："我们应解释并证明，在一个共产党控制下的中国，自由丧失，灾难横行。"[①] 冷战结束以后，作为民主党总统的克林顿对自由、民主和人权推崇备至，在对华关系中实行人权色彩浓厚的外交政策。克林顿在1991年宣布参加总统竞选时，就利用人权工具博取选民的投票，他指责布什政府的对华政策不够强硬，忽视了中国的人权问题。1992年4月，克林顿作为总统候选人发表对外政策讲话时，又提出要将人权置于对华政策的核心位置。1993年克林顿上台执政后，就将人权政策提升到国家战略的高度，将人权与经济、安全作为美国外交政策的三大支柱。提出在处理对华最惠国待遇问题时，要将最惠国待遇与人权问题"挂钩"。同年5月28日，克林顿总统签署了《关于1994年延续中国最惠国地位的条件和行政命令》，列出了1994年美国延续中国最惠国地位而附加的七项人权条件。该文件规定，国务卿不应该提出延长中国的最惠国地位的建议，除非他确信：1. "延长将大大促进贸易402条的自由移民目标"；2. "中国正在遵守中美两国1992年达成的有关犯人劳动的双边协定"；3. "采取步骤开始遵守《世界人权宣言》"；4. "释放那些因非暴力表达政治和宗教信仰，包括表达与'民主墙'和天安门广场运动有关的信仰而遭监禁或拘留的中国人，并对他们的情况做出令人满意的说明"；5. "保证犯人的人道待遇，例如，允许国际人道主义和人权组织进行监狱视察"；6. "保护西藏独特的宗教和文化遗产"；7. "允许

---

① 转引自韩玉贵：《冷战后的中美关系》，北京：社会科学文献出版社，2007年版，第140页；肯尼斯·雷、约翰布·鲁尔：《被遗忘的大使司徒雷登驻华报告，1946—1949年》中译本，第255页。

国际广播电台和电视台对中国广播"。<sup>①</sup> 克林顿政府为中国最
惠国地位附加人权条件的做法引起中国强烈不满。5月29日，
中国外交部发表声明，反对美国干涉中国内政，将两国贸易政
治化，这是中国绝对不能接受的，如果美方一意孤行下去，只
能严重损害中美关系和双边贸易合作，最终也会害及美国自身
的利益。<sup>②</sup>

此外，美国政府还利用联合国人权会议，攻击中国的人权
状况。在1993年的第49届联合国人权会议上，美国代表提交
了题为《中国的人权状况》的反华提案，指责中国的人权状
况。此后连续三年，中美在联合国人权会议上都进行了激烈的
交锋，最终均以美国的失败而结束。与此同时，美国政府还每
年向国际社会公开出版《人权状况报告》，丑化中国的人权状
况，野蛮干涉中国内政。

1994年5月26日，经过权衡利弊得失，克林顿总统正式
宣布最惠国待遇地位与人权问题"脱钩"。他认为，虽然中国
没有完全履行《行政命令》所附加的七项人权条件，但是仍然
有必要停止挂钩政策，因为"我们已走到这一政策发挥作用的
尽头，现在是采取新做法的时候了"。他进一步表示，他没有
放弃促进中国的人权事业，只是改变了发挥作用的策略，今后
他将"采取新的更为积极的步骤来促进中国的人权和民主事
业"。<sup>③</sup> 这些"新的更为积极的步骤"主要包括：1. 企业原则

---

①　刘连第、汪大为：《中美关系的轨迹——建交以来大事纵览》，北京：时
事出版社，1995年版，第529页。

②　王立：《回眸中美关系演变的关键时刻》，北京：世界知识出版社，2008
年版，第170页。

③　王立：《回眸中美关系演变的关键时刻》，北京：世界知识出版社，2008
年版，第173页。

声明。美国企业界的领导人将被邀请同政府一道努力，就美国公司在中国的活动制定一套自愿遵守的原则，以促进中国的人权。2．增加国际广播。美国之音将增加它对中国的广播，并将通过卫星开始向中国广播一套电视节目，这套节目将报道中国的政治局势。我们还将开办自由亚洲电视台。3．扩大的多边议程。美国政府将谋求尽可能使为改善中国和其他国家的人权状况而做出的努力多边化，包括把人权问题引入许多国际论坛的议程。此外，美国政府还将谋求使起草联合国人权文件的报告员的注意力转移到中国的人权状况上来，并同其他国家一道加紧努力，坚决要求联合国人权委员会通过一项处理中国严重侵犯人权的决议。4．支持中国的非政府组织。美国称鼓励和支持在中国新出现的，大多在地方一级努力表达他们对包括人权在内的一系列问题的看法的许多民间组织，这种合法的和适当的支持将由美国的非政府组织提供。"① 其实，克林顿所谓"新的更为积极的步骤"并没有多少新意可言，只不过是采取了更为多样化的手段，发起了更为强大的人权攻势，但是，最终克林顿政府妄图短期内和平演变中国的目的没有达到，中国的社会主义现代化事业依然蓬勃发展。

五，阻挠中国申办2000年奥运会。申办奥运是中国人的百年梦想。如果说，19世纪初，中国组织第一届全国运动会时，有人提出"争取早日在中国举办奥运会"，只是一个美梦；1945年抗日战争胜利后，1922年当选中国第一位国际奥委会委员的王正廷等提出中国举办1952年第15届奥运会，还是一种异想天开；② 那么到了1991年北京市人民政府正式提出举办

---

① 李云龙：《中美关系中的人权问题》，北京：新华出版社，1998年版，第168页。

② 吴重远：《回眸申办2000年奥运会》，《体育文史》，2000年第5期。

2000年第27届奥运会的申请，则是改革开放后走向繁荣富强的中国人的民族自信心、民族自豪感的一种反映和体现。但是，尽管中国进行了多方努力，但最终结果中国仍以两票之差而败北，分析其中的原因，美国的阻挠、破坏是一个重要的影响因素。此次奥运申办，美国并没有城市参与竞争，但美国却以世界主宰自居，要插手奥林匹克事务。1993年6月10日，美国众议院外委会人权小组委员会通过决议案，反对在北京或在中国的其他地方举办2000年奥运会，要求国际奥委会的美国委员投票反对北京。6月21日，美国参议员布雷德利致信国际奥委会主席萨马兰奇说，他"强烈反对在北京政府否认其公民的基本人权的时候让北京举办奥运会"。7月26日，美国众议院在一项以287票对99票通过的决议中说，"强烈反对"让北京举办2000年奥运会，要求美国委员在蒙特卡洛投票时投北京的反对票。中国奥委会于7月27日发表声明表示严正抗议。[1] 美国的一些人权组织，如"人权观察"，也抛出了一个反对北京申奥的运动。它们要求国际奥委会不要批准中国的请求，要求美国公司不要支持中国申奥。[2] 作为世界具有重要影响力的国家，美国的阻挠无疑对中国申奥最终结果产生了重要的消极影响。

冷战结束后，中美间发生的这一系列事件对中美关系产生了重要的逆转或重塑效应。两国关系逐步由信任和合作走向猜疑和对抗，彼此的良性互动轨道发生了明显转向，中美关系呈现出全方位对抗的势头。

---

[1]　何振梁：《中国申办2000年奥运会的前前后后》，《武汉文史资料》，2008年第8期。

[2]　叶自成、李红杰：《中国大外交：折冲樽俎60年》，北京：当代世界出版社，2009年版，第175页。

## 第二节　中国反美民意的持续增长

自中美关系解冻到1989年期间，中美间不但结束了此前长达几十年的敌对关系，而且还形成了共同对付和遏制苏联霸权主义扩张的准同盟合作关系。受中美关系从敌到友巨大变化的影响，中国民众的美国观及其对美情绪发生了深刻的变化，中国民众对美国的评价日趋正面，对美国的好感度也大幅提升。但是冷战结束后，随着苏联威胁的突然消失和中美战略合作基础的动摇，中美关系的发展开始一波三折、麻烦不断。美国赤裸裸的反华政策激发了中国民众重新审视和评价美国和中美关系，中国民众的美国观由此发生逆转，反美情绪急剧上升。

1994年，中国青少年研究中心对北京、上海、广东等10省市城市青年进行了社会调查，调查结果显示，在青年最不喜欢的国家排名表上，美国位居第一（31.3%），日本位居第二。在对中国最不友好的国家排名表上，还是美国位居第一（56.3%），日本第二。[①] 1995年中国青少年发展基金会、中国青年报社、中国历史唯物主义学会联合主办了"中国青年看世界"的社会调查，此次调查结果更是显示了中国反美民意的稳定、持续的增长，在中国青年最无好感的国家中，美国不但仍然排名第一，而且持这一看法的人已高达57.2%，而认为美国

---

① 《中国城市青年评价1994〈中国青年报〉社会调查中心（2）》，毕业论文网2010年5月16日，http://www.csscipaper.com/edu/communistyouthleague/76568_2.html。

是中国最不友好国家的被调查者，也达到了惊人的87.1%。[①]

爱国知识分子的言论也表达了民众的态度和情绪，许纪霖指出："自从90年代以来，中国的反西方主义有三波发展。第一波是90年代初何新的种种反西方言论，虽然当时其具有暧昧的官方或准官方背景，但在社会上基本是孤家寡人，应者寥寥。第二波是1994年以来，在知识界出现的反西化思潮，张颐武、陈晓明的后殖民文化批评、甘阳、崔之元的制度创新说和盛洪的文明比较论，从各种不同的学科和角度，对西方主流文化提出了批评，并且在知识界引起了相当广泛的注意和争论。而《中国可以说不》可以说是反西方主义的第三波。"[②] 这里的反西方是以反美为核心的，就其社会影响力而言，以《中国可以说不》为代表的第三波，在中国社会引起的反响最大。《中国可以说不》一书在90年代反美情绪酝酿和高涨的过程中扮演了非常重要的角色，正是因为它"与民间积蓄已久的一种民族情绪相契合"[③]，所以才将这种反美民族情绪推向了一个新的高峰。作者在前言中指出："这不是一份民族主义宣言，也不是确立中国在国际政治中的位置的战略大纲。把它看成是广泛的民意的映射或许更确切一些。"[④] "以美国为首的西方国家里那些怀念冷战时代、热衷于制定'对抗'和'遏制'政策的

---

① 难以排解的猜疑：《"9·11"后中国人对美国的观感》，载于郝雨凡、林甦：《中国外交决策——开放与多元的社会因素分析》，北京：社会科学文献出版社，2007年版，第36页。

② 《中国的民族主义：一个巨大而空洞的符号》，2005年3月29日，http://www.aisixiang.com/data/6241.html。

③ 《"爱恨交融"中的反美主义》，http://wenku.baidu.com/view/91d0a97101f69e31433294d2.html。

④ 宋强、张藏藏、乔边等：《中国可以说不》，北京：中华工商联合出版社，1996年版，前言。

政客们应该明白，他们已经使中国人特别是中国青年厌烦、反感到了极点"。① 作者在书中描述了自己从亲美到反美政治情感的转变，揭示了美国在人权问题、最惠国待遇问题、申办奥运问题以及台湾问题上对中国的种种恶意，因而大声疾呼国人站起来，对美国强硬说"不"。由于应合了民众强烈的反美民意，由于其情绪化、大众化的语言表达和宣泄，该书不但在国内创造了高达300万册的市场销量，而且由于媒体和出版界的迅速跟进，"说不"舆论效应迅速扩散到全国。国际社会也敏锐地注意到这种不寻常的态势，全世界近100多家新闻媒体广泛报道。② "美国之音"驻京记者吉尔·巴特勒在他的报道中惊呼，中国的"恶意反美情绪"已达到"尼克松总统访华'和解'以来的顶点"，而《中国可以说不》就是最好的佐证。③

　　1999年的"炸馆"事件将中美关系的恶化推向一个新的顶点，而"炸馆"事件后中国反美民意表达则成为中国民意崛起历程中的标志性事件。1999年5月8日，以美国为首的北约轰炸了中国驻南联盟大使馆，压抑已久的民间反美情绪勃然而发。如果说"炸馆"事件以前中国民意表达大多体现出隐性和被动的特点，比如《中国可以说不》一书的出版，那么伴随着90年代末期互联网在中国普及率的极大提升，中国民众可以在"炸馆"事件中以更为显性的方式、更为主动的姿态积极介

---

① 宋强、张藏藏、乔边等：《中国可以说不》，北京：中华工商联合出版社，1996年版，前言。

② 林甦：《中国对外政策公共讨论的空间及影响》，载于郝雨凡、林甦：《中国外交决策——开放与多元的社会因素分析》，北京：社会科学文献出版社，2007年版，第178页。

③ 李洪山：《当代中国的"反美主义"：历史、文化渊源及影响》，载于郝雨凡、林甦：《中国外交决策——开放与多元的社会因素分析》，北京：社会科学文献出版社，2007年版，第70页。

入中美关系。关于"炸馆"事件中国民意表达，以下有专节论述，在此不再赘言。

2000年小布什入主白宫后所采取的一系列对华强硬政策导致中美关系骤然紧张，在此背景下，2001年4月1日，一架美国EP-3侦察机在中国海南岛东南海域上空进行侦察活动时，与一架中国军用飞机相撞，致使中方飞机坠毁，飞行员王伟罹难。中国民众认为美国对于"撞机"事件具有非常明显的过错和责任，首先，美国军事侦察机进入中国的领空、从事间谍活动，威胁了中国的国家安全，因此，中国飞机不得不对美国飞机进行拦截。其次，美国飞机还违反了飞行规则，对中国飞机突然转向，才造成了两机相撞。最后，美国飞机未经中国批准擅自进入中国领空并在中国机场降落，毫无疑问，侵犯了中国的领土主权。但"撞机"事件发生后，小布什政府最初却采取了强硬态度，拒绝承担责任，拒绝道歉。"撞机"事件以及小布什政府的专横、傲慢激起了中国民众强烈的不满。中国官方媒体为中国反美民意提供了充分的表达空间。4月4日，中央电视台午间的"新闻30分"节目报道，撞机事件发生后，中国各地群众"义愤填膺，纷纷谴责美国的霸权主义行径"，群众相信，中国政府一定能够妥善解决这一事件，维护国家主权和民族尊严。4月5日，《人民日报》报道，群众普遍认为："美军撞毁我军用飞机，是严重挑衅行为！美国不给中国人民一个交代，决不答应！……我们坚决拥护江泽民主席的讲话精神和政府的严正立场，强烈要求美国向中国政府和人民道歉。"[1] 同时中国民众还通过互联网表达了他们强烈的反美情绪。在由千

---

① 楚树龙、金威：《中国外交战略和政策》，北京：时事出版社，2008年版，第84页。

龙网联合22家网站推出的"我对布什政府说——中国网民联合留言行动"中，网民反映强烈，截至2001年4月10日已创下一万五千三百余条的战绩，仍保持强劲增势。[①] 在新浪网上，截至4月13日15时，网民就"撞机"事件发表的评论帖子数量已经超过20万，就"撞机"事件开辟的舆论调查也吸引了85万人次参加，这已经创造了中文网站论坛就某一独立事件发表帖子数量的最高纪录。新浪军事频道主持人宋小军介绍说，1999年的"五八"事件（即"炸馆"事件）时，他的网站的页面点击数每天约在20万次。2001年"四一"撞机事件后，已上升到每天约150万次。[②] 各大网站开展的民意调查也显示了中国民众强烈的反美民意，新华网91%的网民认为美侦察机在中国海域活动是蓄意挑衅，人民网95%的网民认为美国应该向中国人民道歉，FM365网站80%的网民认为美国所标榜的民主法治实际虚伪无耻。[③] 此外，"撞机"事件发生后，中国部分网民还对美国政府网站和商业网站发动了黑客攻击，致使白宫网站在5月4日一度暂时关闭。

2001年"9·11"恐怖袭击这一看似与中国无关的事件，却在中国民间一石激起千层浪，引发了中国网民的热议。尽管部分网民将"9·11"事件视为人道主义灾难，在网络论坛中对遇难者表达了深度的同情，但也有不少网民认为这是美国"多行不义必自毙"，是应该遭受的报应。一些网民写道，美

---

① 《"撞机事件"激怒网民民情民意网上尽现》，中国新闻网2001年4月10日，http://news.sina.com.cn/c/227382.html。

② 房宁、王炳权、马利军等：《成长的中国—当代中国青年的国家民族意识研究》，北京：人民出版社，2002年版，第265—266页。

③ 《"撞机事件"激怒网民民情民意网上尽现》，中国新闻网2001年4月10日，http://news.sina.com.cn/c/227382.html。

国在1999年轰炸中国驻南大使馆和2001年中美撞机事件后得到了"公正的惩罚"。[1] 中国网民在互联网上的这些言论被时人视为"幸灾乐祸"，是"中文互联网的一次耻辱"。实际上，对于中国部分网民的这些言论应该具体问题具体分析，网民的幸灾乐祸大致应该分为两种情况，一类是因为反感美国作为世界警察，到处横行霸道，第二类则是出于对近年来美国在中美关系中的一系列所作所为不满。

## 第三节　案例："炸馆"事件中的民意作用分析

### 一、"炸馆"事件中的民意表达

#### 1. 事件背景

1997年和1998年中美两国首脑实现了互访，双方宣布将致力于建立"建设性战略伙伴关系"。但两国关系的发展并没有迅速走上坦途，美国国内反华政治势力仍然在中美关系间设置障碍、制造麻烦。1998年6月18日，美国众议院设立以共和党议员考克斯为首的"中国技术转让特设委员会"。该委员会于12月30日炮制了一份所谓的《考克斯报告》，污蔑中国"20年来通过商业贸易或考察交流，从美国窃取先进军事技术，危害美国国家安全"。[2] 美国的主流媒体也趁机推波助澜，大肆炒作中国"窃取"美国核技术，并捕风捉影地指称在美国新墨西哥州洛斯阿拉莫斯国家实验室工作的华裔美籍科学家李

---

① 洪浚浩：《网络舆论与中国的外交决策》，载于郝雨凡、林甦：《中国外交决策——开放与多元的社会因素分析》，北京：社会科学文献出版社，2007年版，第126页。

② 陶文钊、何兴强：《中美关系史》，北京：中国社会科学出版社，2009年版，第310页。

文和向中国提供美国的核机密。

1999年是中美建交20周年，中美双方本应借此契机将两国首脑互访所营造的良好中美关系进一步强化和推进，但1999年的中美关系却不像人们所预料的那样风和日丽、一帆风顺。1999年3月24日，以美国为首的北约以"人权"为借口，对南联盟发动了军事打击。美国这种绕开联合国、侵犯别国主权的霸权主义行径，遭到了中国政府和民众的强烈反对。中国"入世"谈判也是影响中美关系的重要因素。20世纪80年代中期以来，由于中美在中国"入世"问题上分歧过大，双方的谈判难以取得突破。1999年，中国打算在以前谈判的基础上做出重要让步，力争在4月份朱镕基总理访美时与美方达成关于中国"入世"的双边协议，但是美方因内部分歧，并没有与中国达成最终的协定。中美"入世"谈判受挫也使中国增加了对美国的不信任感。

2. 反美民意表达

1999年5月8日，以美国为首的北约悍然轰炸了中国驻南联盟大使馆，3名中国记者遇难，20多名使馆人员受伤，使馆馆舍遭到严重毁坏。"炸馆"事件震惊了中国政府和民众。5月8日上午，中国政府强烈谴责以美国为首的北约的野蛮行径，同时要求其承担全部责任。同一天下午，群情激愤的中国民众走上街头，将积蓄多年的反美情绪以示威游行的方式表达出来。在北京，几十所高校的数千名学生到美国驻华大使馆前示威游行，他们打着写有"坚决拥护我国政府严正声明！""北约轰炸我国驻南使馆是对中国主权的粗暴侵犯！""强烈谴责美国霸权主义行径！"等内容的横幅，高呼："强烈抗议以美国为首的北约轰炸我国驻南斯拉夫大使馆！""以美国为首的北约必须对轰炸我驻南使馆的野蛮行径承担全部责任！""反对霸权""我们要和平"等口号，高唱《国歌》《国际歌》《团结就是力量》等歌曲，① 强烈谴责以美国为首的北约的野蛮暴行。随着愤怒情绪的升温，抗议者当中有人开始焚烧美国国旗，砸烂使馆的汽车，并向使馆建筑投掷石头、砖块甚至汽油弹。美国驻北京使馆的大使尚慕杰被迫接连几天都待在门窗破烂的使馆办公楼里不能回家。② 此外，上海、广州、成都、辽宁、南京等地的高校学生也纷纷举行了示威游行活动，表达对美国为首的北约暴行的愤怒和不平。5月8日晚上，中央电视台《新闻联播》节目播报了《人民日报》评论员文章《强烈谴责美国为首的北约的血腥罪行》，指出以美国为首的北约袭击中国驻南联盟大使馆是对中国主权的野蛮侵犯，不能不激起中国政府和人民的强烈谴责和抗议。5月9日，《人民日报》登载了中国政府的严正声明和北京大学生游行示威抗议北约暴行的巨幅图片。

中国民众还利用互联网表达对"炸馆"事件的愤怒。"炸馆"事件发生后，为抗议美国为首的北约轰炸我国驻南联盟大使馆，人民网开设了"强烈抗议北约暴行论坛"（后改名强国论坛），该论坛随即成为中国民众表达反美民意、组织示威游行的重要平台。据网友事后回忆，"抗议论坛成为世界上最大的演讲厅，尽管当时还是拨号上网，'成本'高昂，但是很多人整天坐在计算机旁，敲打着键盘。网上舆论是一边倒的抗议

① 高秋福：《中国愤怒了：中国驻南使馆被炸之后》，北京：新华出版社，1999年版，第78页。

② 李洪山：《当代中国的"反美主义"：历史、文化渊源及影响》，载于郝雨凡、林甦：《中国外交决策——开放与多元的社会因素分析》，北京：社会科学文献出版社，2007年版，第71页。

和谴责"①。"轰炸事件发生一天后，就有50000名网民来到抗议论坛。一周后，网民数量迅速增长到50万。他们不仅批评'美国的霸权'，而且还发动和组织了街头游行。"②部分网民还采取了黑客攻击的极端行为，这些网民自称为"红客"（"红客"一词就起源于"炸馆"事件），在美国轰炸中国驻南联盟大使馆后，他们组建了"中国红客联盟"，并向美国的一些政府网站发动群体性攻击，美国内政部和能源部的网站上被粘贴了中国三名遇难记者的照片，在美国能源部的网站上，中国红客留下了这样的文字："抗议美国的纳粹行动！抗议北约的野蛮行动！我们是不关心政治的中国黑客，但我们无法对中国记者被害袖手旁观。不管目的如何，美国领导的北约须全权负责。你们对中国人民的血债必将用血来偿，我们将继续进攻直到战争结束！"③中国红客对美国发动的网络攻击最终导致数十个美国政府网站被插上中国国旗，白宫网站也一度瘫痪不得不暂时关闭。

民意测验也反映了中国民众反美情绪的普遍增强。中国民间专业调查机构零点调查公司在5月10日晚对北京、上海、广州的816名市民进行了电话调查。此次调查之所以选择在事件发生稍后的5月10日晚间，是为了能够更好地评估民众对此次事件的理性反应，但尽管如此，调查人员仍可感到受访民众发自内心的受伤害感及义愤。调查结果显示，当受访市民听

① 《胡锦涛温家宝也上网》，爱国者同盟网2004年7月20日，http://bbs.1931-9-18.org/viewthread.php?tid=133323。

② 洪浚浩：《网络舆论与中国的外交决策》，载于郝雨凡、林甦：《中国外交决策——开放与多元的社会因素分析》，北京：社会科学文献出版社，2007年版，第130页。

③ 李希光、刘康等：《妖魔化与媒体轰炸》，南京：江苏人民出版社，1999年版，第103页。

到中国驻南联盟使馆被炸的消息时，61.5%的人感到"激愤"，20.8%的人感到"震惊与难以相信"，10.7%的人感到"生气"，2.9%的人有一种"受侮辱感"，2%的人感到"悲哀"。同时，89.6%的人认定这一事件不会是"误中炸弹"，而是北约有预谋的行为。52.3%的受访者认为自己对美国的态度在中国驻南联盟使馆被炸事件发生后受到"很大影响"，30.3%的人表示"有一些影响"，4.6%的人表示"影响很小"，12.9%的人表示未受影响，但在所有受访者中，认为"此事件与美国政府无关，我依然欣赏美国政府的做法"的人士只占1%，其余受访者中，53.6%的受访者表示"本来就很不喜欢美国政府的国际政策，现在更讨厌了"，29.9%的受访者"本来挺欣赏美国政府的，现在觉得有一种受骗、受侮辱的感觉"。[1]

面对中国政府的严正声明和中国民众强烈的反美情绪，美国政府多次表示道歉和哀悼。美国国防部长威廉·科恩和中央情报局局长乔治·特内特在华盛顿时间5月8号上午发表了联合声明，声称"炸馆"事件是错误目标导致的，并对"误炸所造成的伤亡深表遗憾"。[2] 当天下午，克林顿总统正在俄克拉荷马州视察龙卷风灾害，他对记者说"炸馆"事件是一个"可悲的错误"，"并向中国领导人和中国人民表示真诚的遗憾和哀悼"。[3] 当天晚上，美国国务卿奥尔布赖特亲自携带一封道

---

① 《市民反美情绪普遍增强，要求政府展开强硬外交》，1999年5月11日，http://www.chinavista.com/experience/lingdian/b5diaocha268.html。

② William S. Cohen and George J.Tenet, *"U. S. Deeply Regrets Bombing of Chinese Embassy"*, Joint Statement, May 8, 1999, http://www.usconsulate. org. hk/uscn/others/1999/0508. htm.

③ *Remarks on Departture From Tinker Air Force Base, Oklahoma,* http://frwebgate1.access.gpo.gov/cgi-bin/waisgate.cgi?WAISdocID=623040148392+6+0+0&WAISaction=retrieve.

歉信前往中国驻美大使馆,表达她的"真诚道歉和哀悼"。[1]5月9日,克林顿总统致信江泽民主席,对炸馆所造成的伤亡表示道歉和哀悼。

面对群情激昂的民众示威游行,5月9日下午,国家副主席胡锦涛发表了电视讲话。他重申了中国政府对北约野蛮暴行的态度,表达了对学生爱国热情的支持,同时他还呼吁广大民众"从国家的根本利益出发,自觉维护大局,使这些活动依法有序地进行。要防止出现过激行为,警惕有人借机扰乱正常的社会秩序,坚决确保社会稳定"。[2]5月10日,外交部发言人宣布,推迟中美两军高层交往;推迟中美防扩散、军控和国际安全问题磋商;中止中美在人权领域的对话。[3]同一天,外交部长唐家璇正式照会美国驻华大使尚慕杰,提出四项严正要求:(1)公开、正式向中国政府、中国人民和中国受害者家属道歉;(2)对北约导弹袭击中国驻南使馆事件进行全面、彻底的调查;(3)迅速公布调查的详细结果;(4)严惩肇事者。[4]5月13日,江泽民主席在欢迎我国驻南斯拉夫联盟共和国工作人员大会上发表重要讲话,强调了"炸馆"事件不会改变中国的基本政策路线,阐明了中国发展与反霸的关系,他说:"中国不会因为这次事件而偏离发展经济、进行改革开放的政策,中国要坚定不移地以经济建设为中心,集中力量发展生产力,增强综合国力,应对霸权主义和强权政治的挑战;以美国为首

---

① *"Letter to Minister of Foreign Affairs of the People's Republic of China"*, http://secretary. state. gov/www/statements/1999/990508.html.

② 《中共中央政治局常委、国家副主席胡锦涛发表电视讲话》,人民日报1999年5月10日。

③ 陶文钊、何兴强:《中美关系史》,北京:中国社会科学出版社,2009年版,第326页。

④ 同上。

的北约袭击驻南使馆的暴行不能阻挡中国改革开放的步伐，中国要一如既往地在平等互利的基础上开展对外经济技术交流和合作……我们既要反对霸权主义，也要同美国发展关系。不能因为反对霸权主义而放弃发展关系，也不能因发展关系而放弃反对霸权主义。"[1] 中国高层领导的这些讲话对于平抑民愤、缓解危机、维护国内政治稳定发挥了重要的作用。

5月14日，克林顿总统与江泽民主席通话，再次向中国表示道歉。江泽民表示，当务之急，美国政府要对此事件进行全面、彻底、公正的调查，迅速公布结果，满足中国政府和人民提出的全部要求。克林顿表示要查清事件发生的原因，并尽快让中国人民了解事实真相。他表示中美两国关系非常重要，他将尽最大努力处理好这场悲剧，使两国关系恢复正常发展。[2]

6月16日，美国总统特使、副国务卿皮克林在北京向中国政府报告调查结果，他仍然表示这是一起由美国政府一些部门一系列失误所导致的"悲剧性误炸事件"。中国政府对此严加驳斥，拒绝接受"误炸"结论，并要求美国政府对中国的人员伤亡和财产损失进行赔偿。7月30日，美方承诺将尽快向中国政府支付450万美元，用以赔偿中方的人员伤亡。12月16日，美方同意赔偿中方的财产损失2800万美元。

## 二、"炸馆"事件中的民意影响态势分析

### 1. 影响和助推中国政府对美外交

"炸馆"事件中，中国民众反美情绪异乎寻常的高涨，时任美国驻华大使的尚慕杰后来在回顾这段经历时曾向美国记

---

① 转引自陶文钊、何兴强：《中美关系史》，北京：中国社会科学出版社，2009年版，第327页。

② 同上。

者说，他对群众的激烈反应感到意外，"轰炸的消息激起了中国人的民族主义情绪，特别是在大学生中"。① 西方政界和媒体一般认为中国民众的激烈反应是中国政府操纵或鼓动的结果。客观而言，中国政府的对美外交会影响到中国民众的美国观感，比如，"炸馆"事件前，中国政府对美国为首的北约轰炸南联盟的强烈谴责和对"人权高于主权"论调的猛烈批判，都在一定程度上影响了中国民众反美情绪的高涨。但是，应该看到，中国民意反美的最主要的原因还是90年代以来美国的反华政策以及霸权主义行径。"六·四"事件后，美国对中国的经济制裁、在最惠国待遇问题上附加人权条件、对"银河号"商船的无理搜查、对中国申办2000年奥运会的百般阻挠、对李登辉访美的批准以及美国航母在台湾海峡炫耀武力等等，都加剧了中国民众对美国的反感。反美情绪在民间不断酝酿和积累。前文所述《中国可以说不》一书的畅销很大程度上就折射了中国民间反美情绪的高涨和普遍性。而"炸馆"事件的出现则激化了这种积蓄已久的反美民意，并使其强势爆发。

"炸馆"事件发生后，政府很快感受到了来自民众的压力，青年学生反应最快、最强烈，立即向北京市公安局提出了游行申请。市民也很快予以声援，北京的公共汽车和出租汽车司机开始向学生提供免费班车。在此情况下，政府和学校只能顺应形势，允许学生和市民游行。② 但是，"部分抗议民众显然认为中国政府对炸馆事件的初步反应过于软弱，因而十分不

---

① 《资深议员出身的尚慕杰大使（连载十九）》，东南早报2005年12月28日，http://www.qzwb.com/gb/content/2005-12-28/content_1921309.htm。

② 吴白乙：《中国对"炸馆"事件的危机管理》，《世界经济与政治》，2005年第3期。

满。"① 一个被经常反复引证的事例是，1999年5月，不少学生给政府高层领导和报纸写信，要求对美国采取强硬政策。一名学生认为，美国之所以敢轰炸中国使馆，是因为它相信中国只会提出"强烈抗议"而不会采取其他措施。他告诉朱镕基总理："政府所持的软弱立场拉远了政府和人民之间的距离……"② 同样的民众情绪和要求还反映在前文述及的零点公司的调查结果中，在多种可同时选择的方案中，33.4%的民众支持"坚决要求北约道歉并给予赔偿损失"，17.4%的民众同意"与俄罗斯建立更紧密的合作"，11.5%的人希望政府允许"组织更大规模的示威游行"，11.3%的人要求"降低与美国等北约成员国的外交关系级别"，9.8%的人主张"军事援助南斯拉夫同盟"，7.7%的人感到"表示强烈抗议就可以了"，有7.1%的人认为应寻求联合国帮助及国际法庭处理等国际交涉渠道，只有约6.6%的人认为目前应避免对抗，潜心发展国力。③

正如杰里尔·A·罗赛蒂所言："如果公众情绪在某个问题上确实变得非常强烈，那么它会严重地制约政策制定过程中可选用的抉择。"④ 中国各地民众的示威游行以及各种反美民意的

---

① 转引自张沱生，[美]史文：《对抗·博弈·合作——中美安全危机管理案例分析》，北京：世界知识出版社，2007年版，第266页。Erik Eckholm, "After Protests Spill Out, China May Find Sentiments Cannot Be Recorked", *New York Times*, May 11, 1999.

② 李洪山：《当代中国的"反美主义"：历史、文化渊源及影响》，载于郝雨凡、林甦：《中国外交决策——开放与多元的社会因素分析》，北京：社会科学文献出版社，2007年版，第79页。

③ 《市民反美情绪普遍增强，要求政府展开强硬外交》，1999年5月11日，http://www.chinavista.com/experience/lingdian/b5diaocha268.html。

④ [美]杰里尔·A.罗赛蒂：《美国对外政策的政治学》，北京：世界知识出版社，1997年版，第350页。

表达，无疑会对中国政府施加巨大的压力，使其在对美交涉中展现坚定而强硬的外交立场。

"炸馆"事件发生后，面对中国政府的强烈谴责和中国民众日益高涨的反美情绪，美国总统和国务卿在8日到12日曾先后五次向中国政府和人民道歉，但中国政府并没有接受，而这期间恰恰是中国民众强烈的反美情绪和反美示威游行持续升温的时候，据此似乎不难断定，即使中国政府着眼中美关系发展的大局，寻求缓和紧张的中美关系，但在强大的反美民意压力下，也不得不谨言慎行，直面乃至顺应民意，显示其强硬的反美姿态。

不仅如此，"炸馆"事件后，从中方宣布推迟中美在多个领域的对话、向美方提出四点严正要求，到5月14日江克通话时江主席再次要求美国政府对事件进行公正、彻底的调查，再到6月16日中国政府对美国总统特使皮克林"误炸"结论的驳斥，中国政府的强硬立场得到了全面展示。关于中国加入世贸组织的谈判是中美一直高度关注的问题，尽管中国希望在"炸馆"事件后能够继续中国加入世贸组织的谈判，美国也希望借此来恢复、改善中美关系，但鉴于"炸馆"事件后中国国内的政治形势和群众情绪，"炸馆"事件正在处理之中，中国方面显然认为当时恢复谈判时机尚未成熟。[1] 中方暂时中断了关于中国入世的中美双边谈判，这样做既可以避免使危机的解决复杂化，又可显示中国政府"不拿原则做交易"，有助于国内政治稳定。[2]

---

[1] 陶文钊、何兴强：《中美关系史》，北京：中国社会科学出版社，2009年版，第327页。

[2] 吴白乙：《中国对"炸馆"事件的危机管理》，《世界经济与政治》，2005年第3期。

有必要提及的是，与"炸馆"事件后中国民众要求"与俄罗斯建立更紧密的合作"意愿相吻合，中俄确实在"炸馆"事件发生后加强了彼此之间的军事联系。在江泽民主席拒绝接听白宫打来的电话的同时，却与叶利钦总统通过北京—莫斯科热线进行了长达一个小时的对话。6月上旬，中央军委副主席张万年对莫斯科进行了为期10天的访问，之后不久，中俄大幅提升了双方的军事合作，他们宣布中国将购买72架苏-30战斗机，这是有史以来提供给中国人民解放军的最先进的俄制武器。第二年，中国又购买了俄国其他先进常规武器，包括装备SS-N-22"日炙"反舰导弹的现代级导弹驱逐舰和改进的基洛级柴油动力攻击潜艇。这两种海军装备都能对在西太平洋执行作战任务（如保卫台湾地区）的美国航母编队构成严重威胁。①

此外，中国反美民意的影响和作用还体现在对中国政府外交的支持和配合方面。领土主权的完整是任何一个主权国家的核心利益，驻外使馆是一国领土主权的重要组成部分。以美国为首的北约轰炸中国驻南使馆是对中国核心利益的挑战，是对我国主权和尊严的野蛮侵犯。中国民众的反美民意表达展示了中国人民反霸、维护国家主权和尊严的坚强意志和决心，这种力量和中国政府外交相互呼应、互相配合，共同对美国政府产生了影响，使得美国政府接连道歉并做出赔偿承诺。

2. 中国政府对反美民意的支持与引导

在"炸馆"事件中，基于对现实国家利益和中美关系长远发展的考虑，中国政府对民众示威游行采取了前期的默许与支持、后期的疏导与限制的策略。在中国政府看来，"炸馆"是

---

① 张沱生、[美]史文：《对抗·博弈·合作——中美安全危机管理案例分析》，北京：世界知识出版社，2007年版，第270页。

美国政府预谋的，是有意为之，那么对中国国家主权的侵犯，中国当然要给予最迅速、最强烈的回击，其方式除了政府的强烈抗议和严正交涉外，还要辅之以民众反美情绪的表达，使美国政府感受到中国"民心可畏"、民众力量之强大，以打击和震慑美国的反华企图。中国民众对"炸馆"事件的看法显然与政府是一致的，反美示威游行也是民众的强烈诉求。正是在这两种因素的交互作用下，中国政府批准了反美示威游行。其次，中国政府也加强了对国内公众情绪的疏导与限制，防止民众过激的行为造成局面的失控。中国政府的考虑主要包括两个层面。其一，国内的稳定压倒一切，尽管危机处理范围涵盖了外交和内政的几乎各个领域，但在多数时候对内考虑超过对外考虑，外交明显地服从和服务于内部政治的需要。[①] 其二，中国经济的高速发展在某种程度上得益于中美之间的经济合作，如果中国民众反美行为失控，则会影响中美关系的大局，并最终损害中国经济的未来发展。随着示威游行活动的日渐高涨，一些非理性、极端化的行为日益显现，比如，围攻美国驻华大使馆、火烧美国驻成都领事馆、殴打西方记者等等。5月9日下午，国家副主席胡锦涛发表重要的电视讲话，主旨在于要求民众保持理性与克制。他一方面对民众的爱国热情给予肯定，另一方面，也是更为重要的方面就是对持续升温的反美情绪进行疏导和限制。5月9日以后，教育部多次召集有关高校负责人开会，目的在于通过学校领导和学生会，对大学生游行示威活动做好引导，力图在保护学生爱国热情的前提下，使示威游行活动理性和有序进行。与此同时，中共中央宣传部也为此下

---

① 吴白乙：《中国对"炸馆"事件的危机管理》，《世界经济与政治》，2005年第3期。

发通知，要求各新闻单位以宣传团结稳定、正面报道为主、把握正确的舆论方向作为近期报道方针，拥护中央的正确决策，引导干部群众坚持改革开放，把义愤和爱国热情转化到学习和生产建设中去。[①]5月13日，国家主席江泽民在欢迎中国驻南联盟使馆人员回国大会上发表重要讲话，表明了中国不会因"炸馆"事件而回归意识形态斗争的坚定立场，使中国民众明确了发展与反霸的关系，将民众的反美浪潮引向了更为务实、更为理性的方向。

此外，"炸馆"事件中，包括克林顿在内的美国政府高官对中国的多次公开道歉，也使中国政府逐步认识到美国并无意根本逆转中美关系，这也是中国政府引导反美民意、改善中美关系的一个重要原因，所以，我们看到6月16日皮克林在向中国方面报告调查结果时，中国政府虽然对其"误炸"解释予以拒绝，但中国媒体还是相当详细客观地引述了美方对此事所作的全部解释。同时各报对该特使来访的报道相当低调，仅在次要版面用较小的铅字作标题，这表明中国政府此时已不再希望让炸馆事件继续成为公众注意的焦点。[②]

3. 中国民意对美国政府与民众的影响

（1）对美国政府对华外交的影响

中国反美民意对美国政府对华外交的影响不是始于"炸馆"事件后中国反美民意的表达。"炸馆"事件之前、20世纪90年代的中国反美民意就曾迫使美国政府调整对华外交，缓和中国民众反美情绪，比如，1998年克林顿总统访华时就曾

---

① 吴白乙：《中国对"炸馆"事件的危机管理》，《世界经济与政治》，2005年第3期。

② 《科索沃危机与二十一世纪中国的民族主义》，2006年12月17日，http://www.aisixiang.com/data/detail.php?id=12242。

积极同中国普通民众进行直接交流和接触，并在北京大学进行演讲。"炸馆"事件发生后，中国民意表达对美国（包括北约）对华外交产生了直接的影响。中国驻南联盟大使馆遭袭后仅半小时，在北约新闻发布会上，北约发言人谢伊滔滔不绝地大谈北约的精确打击如何如何，似乎轰炸中国大使馆的惨剧根本没有发生过。他声称：北约的打击是合理的。在北约新闻发布会之后，在美国五角大楼的新闻发布会上，美国国防部新闻发言人培根大肆吹嘘"我们有世界上最好的飞行员，我们有世界上最好的武器，我们的行动经过最精心策划，我们的部队受过最优良的训练……战争造成意外是难免的……空袭还得扩大"。但是随着事态的发展，中国国内爆发了声势浩大的群众抗议示威。中国政府和中国人民的强烈反应，使美国和北约的决策者们改变了态度和说法。5月9日，美国国防部部长科恩和美国中央情报局局长特尼特发表联合声明，宣称："我们对昨天中国驻南联盟大使馆遭到轰炸所造成的人员伤亡深表遗憾。"北约发言人谢伊随后也立即改口承认，这是北约轰炸南联盟以来"犯的最尴尬的错误"，北约愿向中国表示"真诚的道歉"，并称北约的道歉是"真诚的、合理的"。[①]

小布什总统上任后，为了进一步改善美国在中国民众心目中的形象，特意于访华期间在清华大学发表了一个电视转播演讲，他一方面表达了对中国民意的重视，担心"中国民众对他的国家没有一个清晰的认识"，指责中国在教科书中散布美国"欺弱压贫"、污蔑联邦调查局派探员"压迫劳动人民"，强烈批评这些做法的"误导性和有害性"。另一方面，不失时机地

---

① 潘占林：《战火中的外交官—亲历北约炸馆和南联盟战火》，北京：当代中国出版社，2006年版，第137、139、140页。

宣传美国的价值观，以影响中国民意倾向。他强调自由是美国成功的关键，宗教是美国社会的基础，敦促中国人在继续历史性的经济改革时，从自由、信仰和家庭这些"美国观念"中得到启示和借鉴。①

此外，"炸馆"事件中的中国民意表达还对后来"撞机"事件中美国谨慎处理对华关系产生了一定的影响。2001年4月"撞机"事件发生后，美国国务卿鲍威尔和美国总统小布什先后向中国表示"遗憾"。4月11日，美方向中方递交了有关"撞机"事件的致歉信，在信中，美方表达了对中国飞行员王伟失踪和飞机坠毁的"歉意"，并且还对美方飞机未经中方许可进入中国领空"深表歉意"。

（2）对美国民众中国观的影响

中国民众的反美示威游行还在美国产生了影响。通过美国媒体的歪曲报道，中国的示威游行被美国民众做了负面解读，其消极中国观进一步强化，从而造成了两国民意的对立和民间关系的恶化。另一方面，被媒体所塑造的美国反华民意也必然会影响美国对华决策者的中国观，并对美国对华政策产生一定程度的影响和作用。

研究发现，美国公众的中国观与美国媒体对华报道确实有着密切的联系。一项调查发现，1980年（邓小平成为《时代》周刊的风云人物），只有18%的美国人认为中国是一个严重威胁；1989年，美国4大广播公司播出了881分钟的中国报道（1988年只有64分钟的中国报道），58%的美国人认为中国是严重威胁；1999年，美国所有大报的头版最显著位置刊登了

---

① 转引自李洪山：《当代中国的"反美主义"：历史、文化渊源及影响》，载于郝雨凡、林甦：《中国外交决策——开放与多元的社会因素分析》，北京：社会科学文献出版社，2007年版，第82、83页。

美国驻华大使尚慕杰被中国学生围困在使馆的照片，同时大肆炒作李文和事件，结果，60%的美国人认为中国是一个严重威胁。[①]

那么，美国的反华民意为什么会被美国媒体轻易塑造呢？本人认为有三个原因必须予以强调，一是因为美国民众不关心不了解国际问题，二是因为美国媒体在国际传播市场上的强势地位，三是美国政府对美国媒体的操控和引导。

美国大多数民众对与自己生活密切相关的国内问题较为关注和了解，对距离自己较为遥远的国际问题则兴趣淡漠、了解无多。追逐商业化利润的美国媒体为了迎合民众的阅读心理自然会用更多的版面和篇幅来关注和报道国内新闻，在这种情况下，美国民众对国际新闻的了解就少而又少。

由于中国对美国远没有欧洲和日本那样重要，因而美国民众对中国的认知更是如此。比如，仅有14%的人表示对克林顿总统1998年访问中国的事情"十分熟悉"，而对于江泽民主席1997年访问美国的事情，相应的数字是10%。[②]在江泽民主席1997年对美国的国事访问中，旅美华人学者李洪山在俄亥俄州的肯特大学做了调查，其结果令人惊讶：只有4%的美国大学生知道邓小平是什么人物，被调查的学生中没有一个能讲出谁是江泽民。[③]

美国民众对中国问题的不关心不了解为美国媒体操弄、煽

---

① 《为什么中国不敢"妖魔化"美国？》，http://www.wyzxsx.com/xuezhe/lixiguang/ShowArticle.asp?ArticleID=57。

② ［美］陶美心、赵梅：《中美长期对话（1986—2001）》，北京：中国社会科学出版社，2001年版，第140页。

③ 邓鹏、李小兵、刘国力：《剪不断理还乱——美国外交与美中关系》，北京：中国社会科学出版社，2000年版，第313页。

动反华民意提供了极大的便利。这使得美国民众容易认同美国
政府的外交政策，容易受主流媒体国际新闻观的影响。因为他
们对中国的印象、理解与态度，主要来源只能是新闻媒体的报
道和评论。① 应该进一步指出的是，美国民众主要是受本国媒
体的操控，中国媒体很难对美国民众产生影响。首先，美国是
全球媒介市场的主导者，无论在传统媒介领域还是在新兴媒介
领域，美国都占据强势地位，很明显，美国国内媒介市场他国
更是难以染指。其次，中国媒体在国际上的影响力有限，有关
中国问题的事实真相很难在美国得到传播。由于美国的媒体在
世界上占压倒的优势，中国声音或者是沉默的，或者是扭曲
的，中国自己的声音是发不出去的。那么如果美国的媒体上的
中国形象不保持客观平衡的话，就会对中国的形象造成极大的
损害。②

　　一般认为，美国媒体是独立于立法、行政、司法之外的
"第四权力"，其新闻报道不为官方所控制，具有不可置疑的
中立性、客观性和公正性。但是其实，美国媒体很难完全置身
政府影响之外做到我行我素、不偏不倚。就美国媒体的涉外报
道而言，政府在很大程度上决定、左右着媒体报道什么、如何
报道和什么时候报道，而当国际关系比较紧张，尤其是国家利
益有重大冲突时，媒体通常依赖和接受本国政府的政治共识和
判断。③ "炸馆"事件后，美国媒体的相关报道就体现了对政

---

　　① 刘继南、周积华、段鹏:《国际传播与国家形象——国际关系的新视角》，
北京：北京广播学院出版社，2002年版，第336页。

　　② 刘继南、周积华、段鹏:《国际传播与国家形象——国际关系的新视角》，
北京：北京广播学院出版社，2002年版，第341页。

　　③ 清华大学课题组:《新闻构架与国家利益——中美媒体关于中国驻南使馆
被炸和学生示威报道的比较分析》，《国际新闻届》，2000年第1期。

府立场的亦步亦趋。事件发生后，五角大楼严格控制了消息的流向，向媒体一遍又一遍地解释说是"误炸"，于是，美国媒体以坚定不移的口吻报道说是"误炸"。随后，白宫透露要警惕中国反美、仇美的民族主义复仇行为，于是，美国媒体跟风而上，纷纷聚焦于中国大学生向美国驻华使馆窗户投掷石子、焚烧美国国旗以及美国大使尚慕杰被"囚禁"在美驻华使馆内的窘态。而后，美国国防部长指责中国学生的抗议游行是政府煽动和操纵的，于是，几乎所有的美国媒体都不约而同地指责中国政府，并对它鼓励和支持这次抗议活动的"动机"作出种种猜测。①

《华盛顿邮报》在1999年5月9号发表的《中国因使馆被炸而攻击美国》一文声称："中国拒不接受北约关于'误炸'的解释。中国共产党的喉舌称北约的解释是'狡辩……不能掩盖血淋淋的事实'。中国官方媒介试图乘此机会做宣传，每当提到北约，均提'以美国为首'。美国关于人权的理想，'在野蛮的轰炸面前成为毫无意义的空谈'……中国电视台、主要报纸和示威者似乎都相信轰炸是美国蓄意所为。"②5月10日的《纽约时报》发表了《贝尔格莱德的错误目标》的社论，其中谈到："这是一个很粗心的错误，不仅因为几个中国人被杀死了，还因为中国作为联合国安理会成员国之一，是任何一次科索沃谈判的重要因素。这一意外事件不足以延缓华盛顿已经决

---

① 李智：《国际政治传播：控制与效果》，北京：北京大学出版社，2007年版，第99页。

② 李希光、刘康等：《妖魔化与媒体轰炸》，南京：江苏人民出版社，1999年版，第104页。

定继续的对米洛舍维奇的空中战争。"①5月12日的《波士顿环球报》刊登的《发生在战争中的错误》一文分辩道："看起来有些评论家对大使馆被误炸这样的错误感到震惊。事实上，成千上万枚导弹中仅有如此少的误炸才真令人惊叹。无论何时类似错误发生，无辜的旁观者被杀害，事件都是悲惨的。但出现意想不到的事和无辜的受害者是不可避免的。"②

　　5月10日的《华尔街日报》刊登的《中国／科索沃》一文认为："自从19世纪中叶的鸦片战争以来，中国一直有一种深刻的排外情绪。许多中国人对西方尤其是美国和英国怀有敌意，尽管他们也盼望到这些国家旅游和学习。"③5月11日，《纽约时报》以《在北京，民族主义席卷了学生，愤怒改变了生活》为题报道了北京高校学生在美国使馆前和在校园内的抗议活动。在《纽约时报》的一篇评论文章中，作者写道："人们只有为那些被中国暴徒滋事和掷石头的北京西方人慨叹。"作者认为示威者令人回忆起"文革"初期外国驻华使馆遭受攻击的情景。在这里，中国人民因主权被践踏而激起的愤怒，被描绘成"文革"初期那种政治的狂热、愚昧和仇外心态的表现。④5月26日的《国际先驱论坛报》发表的《巴尔干战争暴露了中国的弱点》一文声称："当北约误炸中国驻南使馆后，西方的第一反应是，中国将运用它新形象的影响，并证明它已成为一

---

　　①　清华大学课题组：《新闻构架与国家利益——中美媒体关于中国驻南使馆被炸和学生示威报道的比较分析》，《国际新闻届》，2000年第1期。

　　②　李希光、刘康等：《妖魔化与媒体轰炸》，南京：江苏人民出版社，1999年版，第111页。

　　③　李希光、刘康等：《妖魔化与媒体轰炸》，南京：江苏人民出版社，1999年版，第93页。

　　④　李希光、刘康等：《妖魔化与媒体轰炸》，南京：江苏人民出版社，1999年版，第92、93页。

个世界性大国。事实却不然，轰炸后北京歇斯底里的反应，表明中国作为一个大国的根本性缺陷。……中国仇外的程度已引起国际商业社会的担忧。本来，人们期待世界上人口最多的国家在联系日益紧密的全球经济中变得更愿意合作，结果看到的却是一个权力分裂、反复无常的不稳定的中国——一个危险的投资场所，远远不是一个安全的长期投资地区。"① 此外，美国电视网也报道了学生的示威游行活动，但他们的镜头对准的却是中国少数愤怒的学生扔石头、烧美国国旗的场面，以渲染中国的反美情绪。美国有线电视新闻网（CNN）反复播放了示威群众和学生到美驻华使馆抗议的场面，该电视网还危言耸听地声称，美驻华使馆人员生命安全正受到威胁。②

5月11日的《纽约时报》发表的《中国的头号敌人》一文分析道："为什么中国领导人利用轰炸来煽动反美仇恨？……可能北京正好显露了它对美国真实的看法，美国是中国的'国际头号敌人'……中国坚信他们的野心为美国利益所不容。"③ 5月12日美联社发表的《美国大使离开驻华使馆》一文评论道："出于对使馆被炸的抗议，中国中止了和美国在军事、人权及其他安全问题方面的接触。抗议活动是由中国共产党领导的组织和官方媒介带有偏见的报道煽动的，而中国领导人却不愿对

---

① 《巴尔干战争暴露了中国的弱点》，国际先驱论坛报1999年5月26日，转载于李希光、刘康等：《妖魔化与媒体轰炸》，南京：江苏人民出版社，1999年版，第134页。

② 李希光、刘康等：《妖魔化与媒体轰炸》，南京：江苏人民出版社，1999年版，第93页。

③ 《中国的头号敌人》，纽约时报1999年5月11日，转载于清华大学课题组：《新闻构架与国家利益——中美媒体关于中国驻南使馆被炸和学生示威报道的比较分析》，《国际新闻届》，2000年第1期。

这些抗议活动加以批评。"①5月14日的《洛杉矶时报》发表《中国的问题清单》的社论，分析道："在中国的象形文字中，危机有两层含义。一个是危险，另一个是机会。随着形势逐渐明朗，北京感到北约误炸其使馆给中美关系带来了一个重要政治机会。……席卷中国的愤怒和北京及其他19个城市爆发的示威活动是可以理解的，但一个所谓友好政府的故意煽动是另一回事。毫无疑问，北京希望利用它在使馆事件中获得的道德优势来提高与美国在一系列问题上讨价还价的砝码。"②此外，美国电视网反复播放中国示威者群情激愤地出现在美国驻华使领馆前的镜头，并解释说这是中国政府试图积聚反美情绪，有组织地怂恿群众对美国驻华使领馆进行包围等。CNN甚至将5月9日傍晚国家副主席胡锦涛呼吁民众理性爱国的电视讲话称作是"中国向美国大使馆前的抗议活动开绿灯"。③

　　毫无疑问，美国媒体对"炸馆"事件以及学生示威游行活动的歪曲报道和恶意评论，必然会进一步加深美国民众既有的对华恶感和敌意。美国的杨克勒维奇伙伴调查公司于1999年5月26日和27日进行的一项民意测验表明，54%的美国人对中国持不友好态度，73%的人认为中国对美国有严重或温和的威胁。④《时代》周刊1999年6月7日发表的《时代》与CNN的联合公众调查也显示，46%的人认为中国对美国有非常严

---

　　① 李希光、刘康等：《妖魔化与媒体轰炸》，南京：江苏人民出版社，1999年版，第114页。

　　②《中国的问题清单》，洛杉矶时报1999年5月14日，转载于李希光、刘康等：《妖魔化与媒体轰炸》，南京：江苏人民出版社，1999年版，第127、128页。

　　③ 李希光、刘康等：《妖魔化与媒体轰炸》，南京：江苏人民出版社，1999年版，第93、94页。

　　④ 清华大学课题组：《新闻构架与国家利益——中美媒体关于中国驻南使馆被炸和学生示威报道的比较分析》，《国际新闻届》，2000年第1期。

重的威胁，这一数字大大超过了伊拉克（34%）、俄国（24%）和南斯拉夫（16%），另外调查还显示，54%的人认为中国不友善。[①]1999年10月19日发表的《美国人看亚洲》的民意调查报告显示，美国人在外交政策上最担忧的是中国，并对中国的军力和经济影响力越来越感到不安。51%的美国人认为，"中国对美国的安全利益基本上是个威胁，也是挑战，必须受到遏制。"41%的美国人认为，中国是亚洲和平最大的威胁。该调查还显示，62%的美国人认为，中国的人权情况"非常"或"稍微"令人不快。61%的美国人认为，中国跟美国进行的贸易大体是不公平的。对此，负责该项民意调查的波托麦公司的总裁威廉·瓦特评论说，大多数美国人认为中国在安全上的威胁大过经济机会，中国已确实成为美国民众的头号课题。负责东亚与太平洋事务的副助理国务卿苏珊·舍克也认为，对大多数关心美中关系的美国人来说，最重要的层面是安全方面，美国人对中国感到不安。他们认为中国在经济、政治和军事上日益强大。[②]

　　从以上论述可以看到，尽管在全球化时代，国际关系的状态、国家之间的交往仍取决于政府间的政策推动，但是民意作为国内政治的重要因素已经跨越国家地理疆界日益成为影响国际关系的一个重要变量。在"炸馆"事件中，中国民众的示威游行虽然发生在国内，但是其影响却波及远隔重洋的美国。在影响传播的过程中，中国民众维护主权完整、反对霸权主义的爱国主义行为，被美国媒体肆意歪曲为"反美情绪""仇外

---

　　① 李希光、刘康等：《妖魔化与媒体轰炸》，南京：江苏人民出版社，1999年版，第126页。

　　② 《超过半数美国人认为中国威胁美安全利益》，1999年10月21日，http://www.zaobao.com/zaobao/special/china/sino_us/pages/sino_us211099.html。

主义"，美国民众的消极中国观由此被进一步塑造，中国成为美国民众心目中的安全利益威胁者。美国民众的消极中国观不仅造成了中美民间关系的对立，而且助长了美国政府的消极中国观，并在一定程度上影响着美国政府反华政策的输出。从这个角度而言，中国的反美民意在不自觉中被美国政府、美国媒体、美国民众所裹挟，并在与其消极互动中，给中美关系造成了冲击。

总之，随着中国社会的日益开放、民主化进程的不断推进，中国民意对中美关系产生着越来越明显的影响，之所以说这种影响愈益明显，是因为它不只是以某些看法和某些观感塑造中国政府外交决策的舆论环境，从而潜移默化地影响中美关系的变化，更重要的是它已开始以某些显在的态度、乃至激烈的言行，比如网络舆论、示威游行等，对中美关系施加直接的影响了。还应该进一步看到的是，中国民意尽管作用于中国政府和美国政府及其民众两个方向，但作用的强度和方式差异很大，中国民意对中国政府的影响强度远远大于对美国政府、美国民众的影响，对中国政府的影响是主动的，而对美国政府、美国民众的影响则更具被动色彩。中国民意是被激发的，具有明显的应激特点，是美国的霸权主义和咄咄逼人的反华政策激起了中国强烈的反美民意，而这种反美民意又被美国政府和媒体恶意扭曲，在美国产生了消极影响。但总体而言，在分析中国反美民意对中美关系造成不良影响的同时，还应该高度重视中国反美民意的价值。与经济发展一样，维护国家领土主权的完整也是中国的核心利益，中国民众的反美民意表达，张扬了中华民族爱国主义精神，展示了中国人民反对霸权主义的坚强决心，使美国政府真正意识到了中国民意的力量。

## 第四节 中国反美民意的特点

### 一、中国反美民意的政府背景

在这一阶段，中国民意对中外关系的影响带有某些政府的背景和色彩。在"炸馆"事件中大学生游行示威过程中，学生会在不少高校担当了示威游行组织者、协调者的角色。美国芝加哥大学社会学系赵鼎新教授曾从社会学的角度就"炸馆"事件中大学生示威游行做过一番调查研究，他在重点调查了三所学校后发现，大学 A 学生的游行基本上都是由校学生会出面组织的，而在大学 B 发生的11次反美游行中，仅五次是由学生会出面组织的，其他六次则属自发。大学 C 的示威活动往往起始于自发，但在那些天，大学 C 的学生会干部日夜在办公室值班，一旦校园里发生了自发的抗议游行并有走出校门的可能，他们马上就会赶到抗议地点。这些学生会干部或者设法阻止这一游行或者就带着横幅标语和扩音器，通过走在前面喊口号的方法试图把整个游行控制在一定范围内。赵鼎新教授在随后比较三所学校反美抗议活动动员结构时又提到，大学 A 的学生去参加游行一般是因为他们收到了来自本班或本系的学生会干部的通知。他们会被告知什么时候在某食堂门口集合，等等。这些学生去后就上了那些事先已经准备好的大巴，然后被直接送到美国使馆前去示威抗议。在极端的情况下，比如在1999年5月8日下午，大学 A 的学生会想组织第一批人到使馆游行，但是急切下又很难找人，学生会干部于是就把正在参加国庆50周年游行排练的学生召集起来，坐车直接去了美国使馆。[①] 学者杰西卡·陈维斯也在其文章中记载了一位参加过示威游行的高校学生会干部的自述："我们派遣学生干部到大学校园的每一个角落。一旦他们看到几百个学生的集会，他们会迅速联系我们……为了保护学生和维护示威游行的秩序，研究生和本科生中的学生干部决定跟随参加示威游行的学生。在这个过程中，我们通过控制诸如大学旗帜这样的资源和通过鼓励学生呼喊我们准备好的口号，来尽力控制示威游行活动。"[②]所以，大学生示威游行的官方色彩和痕迹还是较为明显的，但是，必须看到的是，学生会对示威游行的介入并不是为了事态的扩大和升级，而是要将其控制在一定的合理范围之内。赵鼎新教授的研究也发现，在整个反美游行期间，由校方成功控制的游行一般来说很少喊过激的口号与做过激的事情。[③]

## 二、中国反美民意的自发性

西方政界、学界和媒体往往持有一种一成不变的观点，即认为中国的民意表达如示威游行是受到政府操纵的，是不真实的民意。但实际上，就此阶段而言，中国的反美民意尽管带有某些官方的背景和色彩，但是这并不足以否认中国反美民意的真实性、自发性。其实，早在"炸馆"之前，1999年3月下旬，随着北约开始对南联盟实施轰炸，北京高校学生中就出现

---

① 赵鼎新:《社会与政治运动讲义》，北京：社会科学文献出版社，2006年版，第255页。

② Jessica Chen Weiss, *A Tale of Two Crises: Anti-American Protest and U.S.-China Relations in 1999 and 2001,* Prepared for delivery at the 2008 Annual Meeting of the American Political Science Association, August 28-31, 2008, Boston, MA. p.8.

③ 赵鼎新:《社会与政治运动讲义》，北京：社会科学文献出版社，2006年版，第255页。

了强烈反对并到美国使馆游行、递交抗议信的动向。① "炸馆"事件发生后中国民众很自然地将美国为首的北约对中国驻南联盟使馆的轰炸看作是对中国国家主权和尊严的挑战，所以中国民众的愤怒是本能的、自发的、真实的。以北京大学为例，北大校风以独立自主著称，只要对北大学生当前的思想状态稍有认识的人就知道，要北大校方或大陆当局在如此短的时间内动员一波又一波的学生出来游行几乎是不可能的。实际上，当时学生的心情是比其他各界更加激动的，根本无须任何煽动，学生强烈的愤怒情绪必然要爆发。② 尽管中国政府批准了示威游行活动，但政府的批准并非完全心甘情愿，③ 因为在得知使馆被炸后，义愤填膺、怒不可遏的大学生们已经准备举行示威游行了。民意调研结果也说明了大学生示威游行的自发性，根据2000年在多所高校对557名学生所作的调查显示，他们中间大约有64.3%的人参加了1999年的示威活动。参与者中有90%以上的人说他们走上街头是出于爱国主义和对美国轰炸中国驻南使馆的愤怒。没有参加示威活动的人中则有1/3以上的人说，不是他们对美国的轰炸不感到愤怒，而是因为他们忙于学习或者不喜欢示威这种方式。许多学生没有参加反美示威也恰恰从另一个角度证明参与抗议活动大多是出于自愿。④ 著名中

---

① 吴白乙：《中国对"炸馆"事件的危机管理》，《世界经济与政治》，2005年第3期。

② 林哲元：《五八学生运动北京传真》，《海峡评论》，1999年第6期。

③ 李洪山：《当代中国的"反美主义"：历史、文化渊源及影响》，载于郝雨凡、林甦：《中国外交决策——开放与多元的社会因素分析》，北京：社会科学文献出版社，2007年版，第78页。

④ 李洪山：《当代中国的"反美主义"：历史、文化渊源及影响》，载于郝雨凡、林甦：《中国外交决策——开放与多元的社会因素分析》，北京：社会科学文献出版社，2007年版，第72页。

国问题专家兰普顿也指出："如果美国人认为中国民众在1999
年5月轰炸中国驻前南斯拉夫贝尔格莱德大使馆后针对美国外
交设施的示威游行仅仅是由政府控制的骚乱，那就犯了严重的
错误。相反，政府是在一定程度上（仅仅在一定程度上）努力
在民众气愤的浪潮中冲浪。"[1]

### 三、中国反美民意的理性色彩

中国的反美民意虽然不乏某些非理性举动，比如"炸馆"
事件中焚烧美国国旗，向美国使领馆投掷石子、矿泉水瓶子甚
至汽油弹等，但是理性色彩也是清晰可辨。在"炸馆"事件中，
哪怕是在中国民众示威抗议活动的高潮阶段，中国民众并没有
要求中国政府对美国采取报复行动，也没有要求断绝与美国和
其他西方国家的关系。中国的大学生也没有因"炸馆"事件而
放慢自己留美求学的脚步。许多大学生公开宣称，不会因为
"炸馆"事件而改变到西方学习的计划。中国大学生是一边准
备进入美国大学之前的英语考试，一边朝美国使馆扔石头。[2]
一边拼命争取美国常春藤大学的奖学金，一边在民意调查中把
美国划为最无好感的国家。[3] 在示威游行后政府组织的反思西
方文明价值的活动中，大多数学生也认为应该以全面、客观的
态度分析西方文明的价值，拒绝偏见和全盘否定西方文明。对
于中国民意理性反美，中国的官方媒体给予了积极的评价，5

---

[1]　David M.Lampton, *Same Bed, Different Dreams, Managing U.S.-China
Relations, 1989—2000*, University of California Press, 2001, p.284.

[2]　李希光、刘康等:《妖魔化与媒体轰炸》，南京：江苏人民出版社，1999
年版，第101页。

[3]　《"爱恨交融"中的反美主义》，http://wenku.baidu.com/view/91d0a97101f6
9e31433294d2.html。

月13日，新华社报道了北京、上海、广州、成都、沈阳和其他地方大学生的示威抗议活动，赞扬了大学生们的冷静分析和理性思考，指出大学生在示威游行期间并没有忽视他们的学习，他们已将愤怒转化为动力，决心努力学习报效祖国。

　　实际上，中国民众的反美理性植根于中国民众"爱恨交织"的美国情结。王缉思教授曾谈到中国人的美国观："总之，中国人看美国，可谓爱恨交融，欲说还休。在他们的脑海深处，美国的形象是一个奇异莫辨的混合体——霸权主义、感情冲动的帝国、严重的威胁、伪善的十字军、接触性传染病、成熟的政治体制、美丽富饶的国土、魅力十足的文化、不可或缺的伙伴、不可思议的迷梦、趾高气扬的老师，美国几乎集所有这一切于一身。"① 其实，中国人的反美并不是"逢美必反"，不是美国学界和新闻界所认为的针对美国政府、美国人民、美国体制、美国文化的"反美主义"，中国人并不反对美国的强大、富裕、民主、自由，并不痛恨美国人、美国制度，中国人反对的是美国的傲慢无礼、盛气凌人，痛恨的是美国的霸权主义和反华政策。

---

① 《"爱恨交融"中的反美主义》，http://wenku.baidu.com/view/91d0a97101f69e31433294d2.html。

# 第三章　中国民意走向前台
## （2003—2008年）

## 第一节　中日关系的矛盾和冲突

进入新世纪以来，特别是2001年4月小泉纯一郎担任日本首相后，伴随着日本对华政策的深度调整，中日关系出现了严重恶化的发展趋势。

在历史教科书问题上，2001年4月，日本书部科学省宣布通过右翼团体"新历史教科书编纂会"炮制的历史教科书——《新日本史》，引起了中、韩等国政府与民众的强烈抗议。《新日本史》贯穿了日本电通大学教授藤冈信胜等人提出的所谓"自由主义史观"，该史观主张否认或美化日本的侵略历史，对近现代历史进行彻底的修正，以消除日本的所谓"自虐史观"和其他国家的"反日史观"，重新树立日本民族的骄傲和民族精神。[①] 在这种历史观指导下编写的《新日本史》充斥着对日本的无限赞美以及对中国等国家的刻意诋毁。例如，对"九一八事变"的描述，该书认为在中国东北的权益是日本

---

① 梁云祥:《日本外交与中日关系》，北京：世界知识出版社，2012年版，第202页。

根据条约所得到的，但由于中国的排日运动和苏联对东北的威胁才迫使日本关东军占领了整个东北；"满洲国"是在中国大陆第一个建立现代法律制度的国家；"卢沟桥事变"的起因是由于有人向正在演习中的日本军队开枪而引起的，上海的"八一三事变"也是由于两名日本军官被杀而引起的；南京大屠杀存在很多疑点，目前仍在争论中；太平洋战争初期日本对亚洲的占领鼓舞了当地民族从西方殖民国家统治下独立出来的意识；第二次世界大战无法说哪方是正义的，只是国家利益之间冲突的一种手段；战后的东京审判是不公正的，是战争国强加给战败国的等等。① 历史教科书问题反映了日本对侵略战争历史的认知态度，同时也是造成战后日本人出现历史问题认知错误的重要根源之一。

在靖国神社问题上，2001年8月13日，小泉不顾中、韩等国强烈反对，以首相的身份正式参拜了靖国神社。尽管小泉避开了"8·15"这一敏感日期，但其参拜行为使本已陷于低谷的中日关系再次受到严重损害。出于国内外各种因素的考虑，小泉首相于2001年10月8日对中国进行了为期一天的短暂访问。期间小泉奔赴卢沟桥参观，在中国人民抗日战争纪念馆"血肉长城"浮雕前鞠躬、献花、默哀，并现场发表了"反省谈话"，他说："我抱着对因侵略而牺牲的中国人表示衷心的道歉和哀悼的心情看了（抗日战争纪念馆的）各种展示。我感到，决不能再次发动战争，这是对在战争惨祸中倒下的人们的

---

① 转引自梁云祥：《日本外交与中日关系》，北京：世界知识出版社，2012年版，第203页；王智新、刘琪：《揭开日本教科书问题的黑幕》，北京：世界知识出版社，2001年版，第131—135页。

一种告慰吧。"① 小泉的言行似乎预示着中日关系即将回归良性互动的轨道，但是，好景不长，2002年4月21日，小泉首相再次参拜了靖国神社，之后小泉年年参拜靖国神社，截至其卸任的2006年9月，小泉共六次参拜靖国神社，由此开创了现职首相连续、多次参拜靖国神社的恶劣先例。正是参拜问题的干扰，中日关系跌入1972年中日邦交正常化以来的最低点。2001年10月之后，中日首脑的互访中断了五年之久。在此期间，虽然也有一些中日双方的高层领导人有着互访的经历，但对中日关系的改善并没有起到积极的作用。小泉政府在参拜问题上的一意孤行是中日两国关系陷于"政冷"僵局的首要原因。②

　　在台湾问题上，小泉政府重提1960年岸信介内阁关于《日美安全条约》中所谓"远东"地区包括台湾等过时谬论，并且公然违反《中日联合声明》，美化日本对台湾的殖民统治，把台湾称为"国家"，③ 鼓吹建立美日台三方反潜联盟，并在进行一些准备。日本防卫厅加强了和台湾军队的暗中联系。2004年4月上旬，台海军例行"康平"水雷作战操演，首度邀请担任过日本海军扫雷舰舰队长的退役少将随舰观察。这次演习中，日方顾问还建议增大水雷施放量到近40枚，以增加台扫雷舰的充分训练（原台舰演习施放量为十几枚）。从这次行动看，尽管台日两方刻意保密，但选扫雷舰舰只进行合作，其针

---

　　① 转引自金熙德：《21世纪的中日关系》，重庆：重庆出版社，2007年版，第88页；日本驻华大使馆：《日中关系重要文献集》，2005年2月版，第26页。

　　② 叶自成、李红杰：《中国大外交：折冲樽俎60年》，北京：当代世界出版社，2009年版，第275—276页。

　　③ 叶自成、李红杰：《中国大外交：折冲樽俎60年》，北京：当代世界出版社，2009年版，第276页。

对我方未来对台作战中的布雷封锁战术，先预做扫雷演习战术准备的目的凸现。值得注意的是，这是日台海军的第一次联合登舰演习，日台海军为进行联合行动作前期准备。[①]2005年2月19日，日美两国外长和国防部长举行了"2+2会谈"，在双方发表的联合声明中，第一次将台湾问题列为"共同战略目标"，日美军事介入台湾问题的立场开始清晰化、公开化。

在钓鱼岛问题上，小泉政府一方面派出大量飞机、军舰进行日常巡逻，并破坏中国民众的合法保钓行为，另一方面则采取各种手段不断彰显所谓日本主权标识。小泉政府先是打"民间牌"，纵容日本右翼团体多次登岛、设置灯塔、神社、木制日本国旗等标志物，企图制造实效控制的事实，而后又由日本政府直接出面，通过与日本国民签订所谓"租借"合同的方式，"租用"以前出售给日本国民的钓鱼岛。2005年2月9日，日本政府更进一步采取严重挑衅措施，宣布将右翼团体在钓鱼岛设立的灯塔收归国有，以明目张胆的实际行动破坏了两国间达成的有关共识。

在东海划界和能源争端问题上，日本对中国在中国大陆架中方一侧进行的油气资源开发横加指责，频频施压。2004年5月28日，日本《东京新闻》刊载了《中国在日中边界海域建设天然气开采设施》和《日中两国间新的悬案》等文章，称中国在距离中日两国海域所谓"中间线"仅五公里处建设天然气田的开采设施，并因此而使东海在事实上将很可能变成"中国内海"。这一消息引起日本官方和民间的极大关注，日本政府官员飞抵东海中国天然气田附近上空视察，日本民间则对中

---

① 张历历：《试论小泉政府对华政策给中日关系造成的影响》，《国际论坛》，2006年第1期。

国在东海的油气田开采提出指责。6月下旬，日本政府要求中方向日方提供东海油气资源储量和开采及东海海底结构等有关数据资料。7月7日，日本政府正式派出了调查船在东海日方主张的"中间线"以东水域进行资源调查。[①] 日本政府的无理举动引发了中日间东海争端的骤然升温，遭到中国方面的强烈抗议。

在安全问题上，小泉政府不断增强对华遏制力度。首先，2004年12月，日本内阁通过了新《防卫计划大纲》和2005—2009年"中期防卫业务装备计划"。新大纲开篇即指出："日本周边地区存在朝鲜半岛和台湾海峡等不明朗因素。朝鲜的军事动向是地区安全保障的重大不稳定因素。对于中国军队的现代化和日趋频繁的海洋活动，必须予以足够重视。"[②] 新大纲首次强调，日本"针对岛屿方面受到的侵略，要机动运送、部署部队，迅速对应，保持具有实效处置能力的体制"，[③] 以提升日本在钓鱼岛和东海资源争端等问题上的优势地位。根据新大纲和中期装备计划，日本将努力提高"远洋攻防"能力、反潜能力和信息战能力；购置空中加油机（从原定的4架增至8架）和建造大型运输船，逐步具有向海外派兵所需的军事远程投放能力。日美联合研发战区导弹防御系统（TMD）将取得进展。日本主要负责研究开发轻型弹头头锥、红外导弹头、先进动能弹头、火箭第二阶段助推发动机。日美还有可能联合部署MD

① 梁云祥：《日本外交与中日关系》，北京：世界知识出版社，2012年版，第255页。

② 徐万胜：《日本政治与对外关系》，北京：人民出版社，2006年版，第190页。

③ 刘江永：《中日关系二十讲》，北京：中国人民大学出版社，2007年版，第270页。

系统。这种宇宙盾级舰载海上战区导弹防御系统机动性强、覆盖面大，拦截纵深可达中国境内1300千米。若将它部署在八重山群岛，其活动半径将覆盖台湾，并可对我国导弹实施境内拦截。① 其次，日本多次阻挠欧盟对华军售解禁。近年来日本一直密切关注中国军事方面的变化，不断鼓吹"中国威胁论"以达到其不可告人的目的。一般意义上，美国应该是反对欧盟对华军售解禁的急先锋，但事实却是日本成为了反华的排头兵。自2004年开始，日本的各级高官不断对欧盟各国政府施压、游说，阻挠和反对欧盟对华军售解禁。2004年11月4日，当时的防卫厅长官大野功统在与芬兰国防部长凯里埃宁会谈时，称对欧盟解除对华武器出口禁令表示"担忧"，"虽然日本和中国在经济方面有着良好的关系，但从安保方面来看，目前中国正在增加国防费用的投入。日本正对中国强化军事力量感到担忧。"12月，当时小泉的外交助理、前外相川口顺子在出席欧安组织外长会议期间，也称出于"亚洲安全保障的考虑"，日本不希望欧盟对华售武解禁。② 日本在欧盟对华军售解禁问题上表现出的焦虑和急不可耐，植根于日本一种毫无事实依据的臆断，即欧盟对华军售解禁有可能会加快中国军事现代化的速度，从而对日本的国家安全构成严重挑战。日本担心欧盟卖给中国的具有独特优势的武器装备，有可能会提升中国的海空军作战能力，进而对日本的传统优势地位形成重大威胁。

小泉政府对华外交上的种种倒行逆施严重破坏了中日双方

---

① 刘江永：《中日关系二十讲》，北京：中国人民大学出版社，2007年版，第271—272页。

② 《分析：日本阻挠欧盟对华军售的三大原因》，北方网2006年4月28日，http://news.enorth.com.cn/system/2006/04/28/001292731.shtml。

的政治互信，恶化了双方友好合作的政治氛围，同时，也严重伤害了中国人民的民族感情，加剧了中国民众对日本的负面情绪。

## 第二节　中国反日民意的持续增长

中国民众对日本的情绪反应经历了一个动态变化的过程，而中日关系的性质和状态是影响与制约这种变化的一个重要因素。20世纪70年代，随着中日邦交正常化的实现，中日两国交往的日益增加，中国民众开始逐渐"把一小撮军国主义分子和广大日本人民区分开来"，"中日世代友好"的观念也日趋深入人心，日本及日本人开始得到中国人越来越多的肯定性评判，物质生活富裕和文化产品丰富是当时中国人对日本最为深刻的印象。80年代，中国民众的日本观开始出现一些变化，一方面，日本在现代化方面取得的成就令中国人钦佩不已，人们对日本品牌电器的崇拜达到了顶点，对战后日本经济腾飞的秘诀产生了浓厚的兴趣，另一方面，历史问题开始走入中国人的视野，教科书事件、参拜靖国神社事件、官员失言事件等引起了中国人对中日历史问题的关注和思考。90年代以后，随着中国经济的崛起和日本经济的低迷，中日实力对比悄然间发生了变化，由日本挑起的一系列政治摩擦，不但恶化了中日政治关系，而且使中国民众的对日感情持续滑坡。

进入21世纪以来，小泉政府在对华外交上的我行我素和咄咄逼人，以及日本右翼势力绑架民意、煽动反华情绪，都进一步加深了中国民众对日本的反感，越来越多的中国人开始相信"所有日本人在历史问题上都一样坏"。中国民众的日本观由此发生逆转，反日情绪不断积累，并逐渐成为影响中日关系的一个显性因素。

京沪高铁事件是中国民众反日情绪影响中日关系的一个较为典型的案例。京沪高速铁路是连接北京与上海、横贯中国经济最发达地区的巨大工程。它的价值"不仅体现在1300公里的线路本身，更重要的是，它是进入中国高速铁路网建设的通行证。尽管中国的铁路多次提速，但在71500公里的总里程中，只有10000多公里的快速铁路，而时速超过300公里的高速线路则为零。"① 所以，京沪高铁项目自然引起国际社会的广泛关注，经过激烈地竞争、角逐，最终日本的新干线技术在与法国高速火车 TGV 技术、德国 ICE 技术（此三者均为轮轨技术）及德国磁悬浮技术的投标较量中占据优势，2002年9月，全国人大委员长李鹏在与日本国土交通大臣扇千景谈及京沪高铁项目应采用日本新干线技术还是德国磁悬浮技术时说："就我个人而言，我认为，采用轨道式是否更加合适？"② 这是中国领导人第一次公开表态对日本新干线技术的支持。2003年4月，《日本产经新闻》发布消息，"中国高层曾向日本铁路业者表示，'中国选定新干线的可能性为95%'。"③ 2003年7月中旬，《经济观察报》报道，"铁道部科学研究所知情人士向记者透露：'选择日本新干线的可能性将超过90%，尽管需要高层拍板，但实质性论证工作早已经结束，剩下的只是程序方面的审核。'"④ 这些消息很快在互联网上引发了强烈的民意反响，

① 《草根抑或主流——国内民间对日情绪的传播及其影响分析》，2008年7月25日，http://chinaelections.net/newsinfo.asp?newsid=126760。

② 刘柠：《京沪线项目该不该给日本？》，《凤凰周刊》，总第120期。

③ 《京沪高速铁路撞上民族主义浪潮》，国际先驱导报2003年8月1日，http://news.sohu.com/95/55/news211695595.shtml。

④ 《草根抑或主流——国内民间对日情绪的传播及其影响分析》，2008年7月25日，http://chinaelections.net/newsinfo.asp?newsid=126760。

2003年7月19日，爱国者同盟网发起了"反对京沪高铁使用日本新干线技术"网上签名活动，7月29日，10万网络签名被送到中国政府有关部门。此后，日本的中标形势急转直下，8月3日，日本派出高官到中国游说，但是中国政府并没有表达任何倾向性意见。据上海铁路部门知情人士透露，……中方官员在会谈中明确指出因为国内对京沪高铁采取日本新干线技术还存在争议，所以不急于作出决定，有待进一步听取"广泛的国民意见"。[①] 同时，反对采用日本新干线的中国网络民意也引起了日本方面的高度关注。2003年12月30日，日本《产经新闻》刊登《日中关系出现新现象》一文，文中提到"在中国的互联网上，反日网站在迅速增加。从大型反日网站'爱国者同盟网'扩展出来的链接包括主页在内就有70多个。他们通过在官方网站上有组织地发表评论，已经对官方媒体的论调和中国政府的对日外交政策产生不可忽视的影响力。……中国国务院和外交部也对这种网上的反日舆论作出了敏感反应。网上展开了反对北京到上海的高速铁路采用日本新干线技术的签名行动，一周时间内就有约8万人签名，中国政府年内作出决定的计划也因此搁浅。胡锦涛政权虽然表示重视对日外交，但也考虑到网上舆论的反对，日中首相互访毫无进展。一位中国当局者透露，'我个人能够理解小泉首相迫于舆论不得不参拜靖国神社的行为，（出现这种情况）也是因为我们说服不了中国的舆论。'他暗示了不能无视网上的舆论。"[②]

在钓鱼岛问题上，日本右翼势力屡屡制造事端，试图通过

---

①　李慕瑾：《网络民族主义掀开中国民族主义新篇章》，国际先驱导报2003年9月18日。

②　《中国互联网上的民意表达》，http://www.sinoss.net/qikan/uploadfile/2010/1130/3109.pdf。

修建灯塔、竖立太阳旗、兴建所谓"神社"等方式不断强化对钓鱼岛的实际控制，实现其"时效取得"①的目的。为了捍卫我钓鱼岛主权、反击日本破坏中日协议的无理挑衅，中国民众自发组织和开展了一系列合法抗议活动。2003年6月23日中国大陆民间发起了第一次"保卫钓鱼岛"行动。2003年12月26日全球华人保钓论坛在厦门举行，会议决定成立"中国民间保钓联合会"。2004年3月24日，7名中国大陆民间保钓人士成功登上钓鱼岛，这是中华人民共和国建国后中国大陆民众首次登陆钓鱼岛。面对中国民众的合法抗议活动，日本方面多次采取极端手段武力阻止中国民众靠近钓鱼岛，并对登陆成功的中国民众予以逮捕。对此，中国政府曾多次向日本政府提出抗议和严正交涉，并借中国民间保钓运动阐明在钓鱼岛问题上的坚定立场。如2003年6月23日，外交部发言人孔泉就香港和大陆"保钓"人士前往钓鱼岛宣示主权答记者问时指出："钓鱼岛及其附属岛屿自古以来就是中国的固有领土，中国对这些岛屿拥有无可争辩的主权。任何企图侵占中国领土的图谋都是不可能得逞的。"② 实际上，为了击败日本"时效取得"钓鱼岛的图谋，在中国目前还没有实际控制、占领钓鱼岛的情况下，必须不断对钓鱼岛提出主权宣示，其方式不外乎中国政府的正式声明和中国民众的抗议活动。因此，中国民间的一系列保钓抗议活动实际上与官方外交良性协调和互动，形成了某种

---

① "按照国际法中的时效原则，如果一个国家在没有任何国家抗议或反对的情况下长期实际占领和控制管理某一处土地，即可在一定时间之后获得对这块土地的主权。"参见《北大教授评保钓：理智民间行动可起到积极作用》，2003年6月26日，http://news.sohu.com/03/78/news210487803.shtml。

② 《"保卫钓鱼岛"行动全程：民间保钓船宣誓主权》，2003年7月2日，http://news.sina.com.cn/c/2003-07-02/00111259652.shtml。

外交合力，从而使得我国在钓鱼岛争端中处于一个较为有利的位置。

2003年8月4日，黑龙江齐齐哈尔发生侵华日军遗弃在华化学毒剂泄漏事件，此次事件伤及人数之多，受害者病情之严重，为建国以来所少见。中国民众通过互联网表达了强烈的反日情绪和要求日本政府赔偿受害者的强烈愿望，"爱国者同盟网"联合六家网络论坛发起了网络请愿活动，从"2003年8月15日到9月15日，仅仅一个月时间，网上请愿共收集到1119248份网上签名，这是截止到当时中国网络抗议的历史中规模最大的请愿活动。"① "8·4"事件后，中国外交部也多次向日本政府提出严正交涉，8月22日在"8·4"事件受害者李贵珍抢救无效死亡后，时任中国外交部副部长王毅在紧急约见日本驻华大使阿南惟茂时表示，齐齐哈尔日本遗弃毒剂致人中毒事件发生后，中国政府本着对人民生命高度负责的态度，尽最大努力救治受害者。但李贵珍因伤势过重，不治身亡，使事态发展到令人极为痛心的地步。日本政府对这一严重后果负有不可推卸的责任。……中国人民的感情和生命的尊严应该而且必须得到维护。我们决不能容许日本遗弃化学武器夺走无辜生命的悲剧再次发生，决不能容许日本遗弃化学武器残害中国人民的情况继续下去。中方强烈要求日本政府切实履行《禁止化武公约》的规定和双方达成的有关协议，以负责任的态度，早日铲除这一毒瘤。针对受害者以及当地所受的损失，中方强烈要求日方尽快以实际行动切实承担应负的责任，向受害者及中

---

① 洪浚浩：《网络舆论与中国的外交决策》，载于郝雨凡、林甦：《中国外交决策—开放与多元的社会因素分析》，北京：社会科学文献出版社，2007年版，第129页。

国人民作出必要的交待。[①] 据爱国者同盟网对一些权威人士的采访，中国外交部之所以采取强硬立场是因为考虑到了民间的情绪，日本派到中国进行访问的官方代表团也特别注意中国民间对日情绪的走向。[②]

2003年9月16日到9月18日，288名日本游客在广州珠海集体嫖娼。由于9月18日是日本侵华的纪念日，因而此事经媒体曝光后，引起了中国民众的强烈愤慨。五天之内，新浪网上就有24000个帖子谴责日本人在中国领土上做出道德败坏的事情。[③] 在民意的推动和支持下，9月29日中国外交部向日方提出严正交涉，中方指出，这起性质恶劣的违法事件伤害了中国人民的感情，也严重损害了日本的国际形象，中方对日方人员的上述行为表示强烈愤慨。希日方教育本国来华公民严格遵守中国法律，加强道德约束，不做违法和有损两国人民感情的事。[④] 在民意的强大压力下，12月17日，珠海"9·16"组织卖淫案进行公开审判，相关责任人被依法追究刑事责任。同时，中国公安部通过国际刑警组织，对涉嫌组织卖淫的三名日本人发出了通缉令。

另外，台湾问题、慰安妇问题、东海划界问题等也一次次地触动着中国民众夹杂着历史惨痛记忆的反日情结，激起了中

---

① 《外交部就日遗弃毒剂致中国公民死亡提出严正交涉》，新华网2003年8月22日，http://news.xinhuanet.com/newscenter/2003-08/22/content_1040588.htm。

② 鲁新安：《互联网时代的外交部》，载于郝雨凡、林甦：《中国外交决策——开放与多元的社会因素分析》，北京：社会科学文献出版社,2007年版，第145页。

③ 转引自鲁新安：《互联网时代的外交部》，载于郝雨凡、林甦：《中国外交决策—开放与多元的社会因素分析》，北京：社会科学文献出版社，2007年版，第145页。

④ 《外交部就一日本旅行团涉嫌集体嫖娼事向日方提出交涉》，中华人民共和国外交部2003年9月29日，http://www.mfa.gov.cn/chn/gxh/mtb/lsxw/t26414.htm。

国民众一波又一波的反日怒潮。应该看到，由于日本对历史问题缺乏深刻的反省和检讨导致了中日间战略互信的缺失，因而中日间矛盾和问题的出现就有其一定的必然性，只不过这种必然性体现在一个个偶然性事件中，而在这些偶然性事件中，民意表达往往表现出中国民众为日本举动所激怒、进而推动中国政府采取强硬的对日态度和措施这样的应激—反应的特征。

## 第三节
## 案例：反日"入常"事件中的民意作用分析

### 一、反日"入常"事件中的民意表达

#### 1. 事件背景

上世纪七、八十年代，伴随日本经济的迅速发展，"政治大国"逐步成为日本政府外交战略的核心目标。由于联合国安理会常任理事国对世界和平与安全等重大问题拥有表决权，因而是否拥有安理会常任理事国的席位，被日本当作衡量其"政治大国"目标实现与否的重要指标。2003年，联合国秘书长安南决定对联合国进行大幅度的改革，这为觊觎安理会常任理事国席位多年的日本提供了有利时机。2003年11月，安南秘书长任命成立联合国改革问题"名人小组"。该小组于2004年11月向安南提交了一份报告，对联合国安理会改革问题提出了 AB 两套方案。A 方案是增加六个常任理事国和三个非常任理事国，非洲和亚太地区各得两个常任名额，欧洲和美洲各获一个常任名额；B 方案是增加八个任期四年、可连选连任的"半常任理事国"和一个非常任理事国，非、欧、美和亚太

四个地区各获两个"半常任"名额。① 两方案都规定安理会新成员国没有否决权。12月1日，日本、德国、巴西、印度"四国集团"发表声明，希望就"名人小组"报告的A方案进行表决。2005年3月21日，安南秘书长向联大提交了题为《大自由：为人人共享发展、安全和人权而奋斗》的联合国改革报告，并在随后的新闻发布会上指出日本有希望在扩大后的安理会中获得常任理事国席位。日本迅速做出反应，外相町村信孝当天即发表声明说："秘书长的这一报告有利于推动改革向日本希望的方向前进，因此日本政府欢迎和支持这一报告。日本决心进一步努力，争取推动联合国和安理会的改革在9月前得以通过。"

应该说，日本"入常"梦是否能够实现主要取决于世界上大多数国家的认可，当然首先要得到东亚各国的支持。但日本却偏偏选择了"远交近攻"的旁门左道，一方面，日本企图通过与美国加强合作、拉拢非洲、拉美等地区的选票，形成对东亚各国的包抄之势。另一方面，日本却在历史和现实种种问题上对东亚各国屡加伤害、肆意挑衅。小泉纯一郎2001年上台后，在靖国神社问题上我行我素、多次参拜，表现出在历史问题上的顽固态度。2005年2月19日日本外长、防长与美国国务卿、防长举行所谓"2+2会议"，会后双方发表的共同声明将"鼓励和平解决有关台湾海峡的问题"列入日美共同战略目标。3月，韩国媒体披露了日本右翼编撰的《新历史教科书》的修订内容，该书进一步歪曲历史、美化战争，显示出对中国人民感情的极度蔑视。2005年3月16日，日本岛根县议会通

① 金熙德：《21世纪初的日本政治与外交》，北京：世界知识出版社，2006年版，第364页。

过条例，将2月22日定为"竹岛日"，引发了韩国民众激烈的示威游行。之后，韩国民众的愤怒情绪波及到中国，中国民众迅速掀起了反对日本"入常"的抗议浪潮。

2. 反日民意表达

2005年中国民众反日"入常"事件主要是由网络抗议和示威游行两个部分组成的，其中网络抗议还为后续的示威游行进行了充分的情绪酝酿和动员准备。从2005年3月起，大陆网络成为民众抒发情感、发泄愤怒的渠道，从最初籍籍无名的中国918爱国网到家喻户晓的门户网站新浪、搜狐和网易，从博客、聊天室、即时通讯工具到电子公告牌，中国民众充分利用互联网的功能优势表达强烈的反日民意。网络签名运动是当时反对日本"入常"最有代表性、最具冲击力的一种网络抗议形式。它的发起者是在美国的华人社团——"世界华人抗战史实保护联合会"，该社团在2005年2月28日在旧金山开通签名站点，然后迅速延伸至中国大陆、台湾、香港和其他地区，形成了跨越国界的网络签名运动。网络签名运动激发了全球华人深厚的爱国热情，展现了全球华人强大的凝聚力，据全球最大的中文门户网站——新浪报道，"新浪网上挂出签名14个小时，就创造了网民留言的新纪录：从3月23日晚9时46分到24日中午12时，共35.7万多全球网民踊跃参与签名。刷新了新浪网在2004年奥运冠军8月28日刘翔嘉宾访谈创造的10小时3.2万条留言的纪录。"[①] 据统计，截至2005年6月30日，已经有41个国家超过4200万人通过网络签名表达了反对日本"入常"的意愿，而来自中国大陆的签名为4150万。美国颇具影响力

---

① 《反对日本成联合国常任理事国新浪签名创世界纪录》，新浪网2005年3月25日。http://tech.sina.com.cn/other/2005-03-25/1540561865.shtml。

的报纸《圣何塞信使新闻》评论说："相信这是历史上规模最大的请愿行动。"2005年7月1日，这份几千万人的网络签名被送交联合国秘书长安南。

与中国民众掀起网络签名运动的同时，2005年3月24日中国外交部发言人刘建超在例行记者会上表示不认为网民签名反对日本成为安理会常任理事国是一种反日情绪，而是要求日方在历史问题上采取正确的、负责任的态度。刘建超说，我们理解日方希望在国际事务中发挥更大作用的愿望。我们同时也希望日方能在历史问题上采取正确的负责任的态度。最近中国的公众对日方成为联合国安理会常任理事国评论很多。我们希望日方在历史问题上采取正确的态度，以取信于人。中方支持联合国安理会的改革，改革的关键是要优先增加发展中国家的代表性。①3月29日，刘建超在例行记者会上再次指出，我们注意到众多网民在网上签名，对日本希望成为联合国安理会常任理事国持反对态度。这再次说明，日方应对历史问题持负责任的态度，以取信于包括中国在内的亚洲各国人民。②

2005年3、4月间，重庆、广州、深圳、郑州、沈阳、成都、北京、上海、武汉、福州等城市举行了一系列反日示威活动。民众的网络抗议似乎并不能尽情宣泄心中的不平和愤怒，强烈的民意表达最终诉诸大规模的示威游行。一般认为，抗议活动的高潮发生在4月16日的上海。中国民众反日"入常"示威游行是1972年中日实现邦交正常化以来规模影响最大的一次。

---

① 《外交部：网民签名是要求日本正视历史问题》，中国新闻网2005年3月24日，http://news.sina.com.cn/c/2005-03-24/23305455750s.shtml。

② 《外交部发言人刘建超在例行记者会上答记者问》，人民网2005年3月29日，http://politics.people.com.cn/GB/1027/3279302.html。

　　以国内民众示威游行行为背景，2005年4月5日，中国外交部发言人秦刚在例行记者会上强调，日方不断在涉华问题上采取损害中国利益伤害中国人民感情的行动，引起了中国人民的强烈不满。我们希望日方认真对待中国人民的关切，妥善处理历史等涉及中国人民感情的敏感问题。同时，我们也希望民众能够理性地表达自己的意愿。……最近一段时间，中国民众以一些方式表达对日方的不满情绪，这种情绪不是针对日本人民的，而是针对日方在历史问题上没有采取正确的态度。我们希望日方重视并认真对待亚洲近邻的呼声，本着"以史为鉴，面向未来"的精神处理两国关系，特别是历史问题上采取正确和负责任的态度，这有益于增进两国人民之间的相互了解和友谊，有利于中日关系的发展。[①]2005年4月12日，正在印度进行正式访问的温家宝总理，在回答印度以及驻印国际主流媒体负责人的提问时也明确指出，最近，在日本的一些邻国和中国，爆发了针对日本图谋进入联合国安理会常任理事国的示威活动，亚洲人民的这种强烈反响，应该引起日本当局的深刻反省。只有一个尊重历史的国家、敢于对历史负责的国家、能够赢得亚洲以至于世界人民信任的国家，才能够在国际社会发挥更大作用。[②]同一天，中国国务委员唐家璇在会见来华访问的日本共同社社长山内丰彦时表示，中国公众实在无法理解，一个不能正确反省侵略历史、不能正确理解受害国民众感情的国家，竟然要争当安理会常任理事国。这不仅是中国国民的心态，也是日本其他邻国国民的普遍想法。……日本政府现在只

　　① 《外交部发言人秦刚就日教科书问题等答记者问》，外交部网站2005年4月5日，http://news.sina.com.cn/w/2005-04-05/21305565279s.shtml。

　　② 《温家宝：亚洲人民反日入常示威应引起日本反省》，中国新闻网2005年4月12日，http://news.sina.com.cn/c/2005-04-12/16165629838s.shtml。

强调首相参拜靖国神社是民族文化传统、政府对篡改历史教科书无权过问，而把邻国的国民感情视为外来干涉一概排斥。日本在外交上采取这样的政策，怎么能赢得邻国和国际社会的信任和支持呢？……中方理解日本希望在国际社会发挥更大作用的愿望。但日本要成为安理会常理国，不单纯是一个选票问题，而是政治信任和人心向背的问题。日本应该在如何赢得邻国民众的信任和认同方面做出更多努力。①

4月21日，公安部就京沪等地发生涉日示威游行活动发表谈话，一方面表达了政府对民众爱国热情的肯定，公安部新闻发言人表示，近期在北京、上海等地先后发生了部分群众和学生自发举行的涉日游行示威活动。这是由于日方在历史等一系列问题上的错误态度并不断采取伤害中华民族感情的错误行为引发的。对于广大群众和学生的这种爱国热情，我们是充分理解的。我们希望日方认真对待中国人民的关切，妥善处理有关问题，不要再做伤害中国人民感情的事情。另一方面，又提醒广大民众以大局为重、合法有序表达自己的情感。公安部要求，凡举行游行示威活动的，必须依法向公安机关申请，并在获得公安机关依法许可后，依法举行。未经公安机关批准或未按照公安机关许可的目的、方式、标语、口号、起止时间、地点、路线等进行的，在进行中出现危害公共安全或严重破坏社会秩序情况的，均是违法行为。未经公安机关批准，通过互联网和手机短信发起组织游行示威的，也是违法行为。希望广大群众和学生依法办事，不要参加未经批准的游行示威活动，也

---

① 《唐家璇：中日关系严峻复杂正处在十字路口》，新华网2005年4月16日，http://www.chinanews.com/news/2005/2005-04-16/26/563679.shtml。

不要利用互联网和手机短信传播鼓动游行示威的信息。[①] 4月底，当一些网站倡议在"五一""五四"再次举行示威游行活动时，政府关闭了大批反日网站。之后，各地的示威游行活动逐渐销声匿迹。

6月1日，中国驻联合国大使王光亚在参加"团结谋共识运动"组织的闭门会议后公开表示：中国将对德国、日本、印度、巴西四国加入联合国安全理事会常任理事国的提案投否决票。外界普遍认为，中国在"四国联盟"准备在联合国大会强行表决其决议草案的当口明确反对态度，日本因素是关键，因为中国已经明确表态，支持印度、德国、巴西三国"在国际社会上发挥更大的作用"。

6月7日，中国公布了《中国关于联合国改革问题的立场文件》，文件指出"联合国改革应发扬民主，充分协商，努力寻求最广泛一致；改革应先易后难、循序渐进，有助于维护和增进联合国会员国的团结。对达成一致的建议，可尽快作出决定，付诸实施；对尚存分歧的重大问题，要采取谨慎态度，继续磋商，争取广泛一致，不人为设定时限或强行推动作出决定。"[②] 这一文件的公布意味着日本如果希望"入常"成功，就必须在历史问题上做出深刻反省，取得相关受害国的理解和宽恕，而如果反其道而行之，则难以为邻国所接受，其"入常"梦也就不可能实现。

---

① 《公安部就京沪等地发生涉日游行示威活动表态》，2005年4月21日，http://news.sina.com.cn/c/2005-04-21/17385714946s.shtml。

② 《中国公布关于联合国改革问题的立场文件》，2005年6月7日，http://www.fmprc.gov.cn/ce/ceun/chn/hyyfy/t199100.htm。

## 二、反日"入常"事件中的民意影响态势分析

### 1. 民意发挥杠杆作用，推动政府对日外交

在日本"入常"问题上，实际上，中国政府与民众的立场和态度是一致的。日本一方面在参拜靖国神社、篡改历史教科书、强占钓鱼岛、划分东海油气田等问题上摆出一副咄咄逼人的姿态，不断挑战和损害中国的核心利益，另一方面又远交近攻，企图通过拉拢非洲、拉美等地区的选票，孤立中国，迫使中国就范。因此，中国政府在日本"入常"问题上的立场和态度其实是非常明确的，但是中国作为一个积极融入当今国际体系的负责任的大国，作为安理会五大常任理事国之一的世界政治大国，基于自身国际形象以及稳定中日关系促进中国现代化建设的种种考虑，中国政府不便于迅速而直接表明自己的态度，在这种情况下，中国民间的网络签名和示威游行，尽管伴之以某些情绪化的语言甚至个别的破坏性的行为，但却把中国人的情绪和要求以及中国政府的真正意图最直接、最有分量地表达出来，并且不用承担外交上的任何责任和后果。比如，北京、上海等地示威游行造成了日本驻华机构设施受损，日本首相小泉纯一郎在国会发言要求中国政府道歉，但这种要求遭到了中国政府的拒绝。很显然，日本驻华机构设施受损是中国民间行为所致，不是中国的国家行为，民间人士的做法并不能代表国家，况且中国政府对民间人士的过激行为也做了法律上的约束，因而，中国不必承担国家责任向日本赔礼道歉。

纵观整个反日"入常"事件，中国政府外交的层层推进可以说是与中国反日民意的表达密切相关、相辅相成的，民意的影响与作用清晰可见。在中国民众网络签名和大规模示威游行之前，中国政府一直没有清晰而坚定地表明在日本"入常"问

题上的态度和立场，在各种外交场合中国政府的表态往往闪烁
其词、令人回味，但是与中国民众的网络签名和大规模示威游
行相伴随，中国政府的态度明显地由模糊转变为清晰，由表面
的模棱两可转变为直接和明确。我们看到，外交部刘建超的发
言是以民众网络签名为背景做出的，是以民意诉求向日本施加
压力，要求日本正确对待历史问题的，一句"改革的关键是要
优先增加发展中国家的代表性"的话语清晰地表达了中国政府
对日本"入常"的不支持态度。同样，温家宝总理在印度的谈
话也与中国民众的示威游行有着时间上的连贯性，而谈话内容
又体现了二者间的关联性。温总理关于"只有一个尊重历史的
国家、敢于对历史负责的国家、能够赢得亚洲以至于世界人民
信任的国家，才能够在国际社会发挥更大作用"的表述也再次
向世人表达了中国政府的坚定立场和态度，及至中国驻联合国
大使王光亚公开表示投否决票之时，中国政府在日本"入常"
问题上的态度则有了更为直接和明确的表达。可见，中国民意
表达为政府的反日"入常"提供了理直气壮的借口和坚实有力
的后盾，实际上成为中国政府对日交往中维护国家利益的有力
杠杆。

2. 政府支持并引导民意，突显民意影响力的增强

民意是把双刃剑，它既可以充当维护国家利益的杠杆，也
可能对中外关系造成影响和冲击，从而损害国家利益。所以，
如何应对民意表达，考验着政府在内政外交问题上的智慧和能
力。在反日"入常"事件中，民意成为政府维护国家利益的杠
杆，所以政府给予反日民意表达一定程度的默许乃至支持，但
是民意并非可以随意操控的工具，由于中日民族矛盾积怨已
久，民众反日情绪一旦点燃就会呈现不断扩大和升级的趋势，
从而有可能冲击中日关系的底线，影响中日关系的大局，所以

政府又要审慎对待，有效引导和限制。

从约束和限制的层面看，4月9日，北京万名青年走上街头，标志着中国民众的抗议由网络扩展到现实。有关抗议的报道即已成为国际头条新闻。但中国大陆的民众多数并不能直接看到海外媒体的报道，因此这些报道又被网民转载到互联网中。由于中国政府禁止传统媒体和互联网传播任何关于游行的报道，因此，除了网络中的私人空间，传统媒体和网站都没有关于游行的新闻。网络中的一些私人空间，如QQ、电子邮件、博客等等，建立了与海外媒体网站的链接，一些外媒报道的新闻片段或文本被上传到私人博客和QQ群里。[①] 另外，应该看到，4月21日公安部的谈话在充分肯定民众的爱国热情的同时，也对反日民意进行了约束和限制。从教育和引导的层面看，4月19日至24日，中共中央宣传部和外交部统一部署的中日关系形势宣讲团在天津、上海、广州、杭州、成都和北京等城市举行了报告会，帮助高校师生等了解国际形势、中日关系的历史、现状和中国的对日政策。[②] 这是中国政府对反日民意进行引导的重要举措。中国外交部部长李肇星在北京人民大会堂举行的形势报告会上指出，当前中国正处在全面建设小康社会的重要时期，要从全局和战略的高度，充分认识妥善处理好中日关系的重要性。我们一定要相信党和政府完全能够从国家的根本利益出发，妥善处理对日关系面临的各种问题。一定要坚决贯彻中央的一系列重大决策和部署，自觉维护安定团结的政治局面，增强法制观念，冷静理智、合法有序地表达自

---

① 邹军：《虚拟世界的民间表达——中国网络舆论研究》，复旦大学学位论文，2008年。

② 《外交官作中日关系报告会合作双赢符合两国利益》，中国新闻网2005年4月20日，http://www.chinanews.com/news/2005/2005-04-20/26/565222.shtml。

己的情感。① 政府还充分发挥媒体的作用，加大正面引导的力度。民众示威游行之后，中国政府重新设定了媒体对日报道的尺度。中国媒体对日本的报道增加了理性色彩，开始更多地展现日本的正面形象。比如，从2006年1月到8月，新闻联播对日本的报道数量与往年持平，对日本国内事务的报道数量多于国际事务。其中内容包括：国际动漫展、奥姆真理教、新发明的机器人、火车事故、地震预警系统等。新闻联播还重点报道了中国国家领导人与日本政界人士会面的情况。见下表：②

**表3-1：新闻联播主要播报的中日高层政治交流活动（2006年2—8月）**

| 2006年2月8日 | 唐家璇会见日本自民党众议员、前大臣野田毅率领的日中协会访华团 |
|---|---|
| 2006年2月20日 | 李长春会见日本执政党代表团 |
| 2006年3月31日 | 胡锦涛主席会见日本七个日中友好团体，就发展中日关系发表重要讲话 |
| 2006年4月18日 | 贾庆林会见日本国际贸易促进协会访华团 |
| 2006年4月22日 | 曾庆红会见日本经济产业大臣 |
| 2006年4月26日 | 吴邦国会见日本自民党前副总裁山崎拓 |
| 2006年7月4日 | 胡锦涛会见来访的日本民主党党首小泽一郎 |
| 2006年7月4日 | 吴邦国会见日本国会众议院代表团 |
| 2006年7月19日 | 曾庆红会见日本自民党前干事长古贺诚 |

---

① 《李肇星作形势报告分析中日关系呈复杂局面肇因》，中国新闻网2005年4月19日，http://mil.news.sina.com.cn/2005-04-19/2221282368.html。

② 转引自任远喆：《国内舆论与中国公众外交："国家—社会"的研究视角》，外交学院学位论文，2009年。

此外，中共中央宣传部理论局还发表了《努力形成人人遵纪守法的社会氛围》《珍惜战略机遇谋求更大发展》《积极做有利于社会稳定的事情》《表达爱国热情要冷静理智、合法有序》等一些文章，号召青年学生和广大群众理性爱国，努力维护团结稳定的局面，要求民众回归理性，恢复日常秩序。纵观整个反日"入常"事件，政府在顺应民意与维护中日关系之间找到了一个平衡点，在应对国内外变局的"双层博弈"中取得了良好的效果，同时民意在政府面前并没有扮演一个呼之即来、挥之即去的角色，政府对民意的支持与借重、引导与限制都突显了民意的崛起及其影响力的增强。

3. 日本政府和民众回应中国民意，中日关系走向恶化

中国民意表达还在日本政界和民间产生了影响，尤其对中日关系由"政冷经热"向"政冷经凉"的转变发挥了明显的助推作用。中国民众示威游行后，除日本政府提出外交抗议并要求中国政府道歉、赔偿外，日本政界还出现了强烈的反华声音，日本经济产业部长中川昭一在2005年4月12日的阁僚会议后发言表示："中国是一个可怕的国家"。他指出："既然中国的目标是要成为一个市场经济国家，（中国）就得做出应对（缓和目前的局面）。"自民党干事长武部勤在一演讲会上也表示："破坏活动危害了一般（日本）民众，不论谁看了都会认为是中国不对。"除了执政党，反对党也纷纷发表见解，宣示了他们对中国的不满。① 此外，中国民众示威游行后，"日本外务省加强了对中国民意的研判，尤其是因特网上的涉日言论。一些重要的涉日文章，会很快翻译成日文送到外务省官员

---

① 《中国反日日本也反华》，2005年4月13日，http://www.zaobao.com/special/china/sino_jp/pages1/sino_jp050413.html。

的案头，以供决策参考。"①

冯昭奎教授曾就2004年亚洲杯事件被日本右翼势力利用、影响中日关系一事做过一番评述：亚洲杯部分中国球迷出现过激行为的事件后，被日本媒体在国内大肆传播，日本右翼趁机以此为证据，说明中国人都是反日的。这样出现了一种恶性循环：日本首相小泉参拜靖国神社→刺激中国人民的民族情绪→中国人民的情绪在特殊事件中爆发出来，比如亚洲杯→日本右翼借此宣传中国人反日，引起日本国民情绪反弹→得到国民支持的右翼政府又做出刺激中国人民民族感情的事情→中国公众的情绪再次被刺激，有可能再次出现类似亚洲杯那样的事情。②中国民意与日本政府及民间的这种互动模式同样适用于2005年的中国民众反日示威游行事件。日本右翼篡改历史教科书、日本企图成为安理会常任理事国等事件激发了中国民众反日示威游行，日本媒体纷纷进行了贬低中国、煽动民族主义情绪的报道，例如，很多日本电视台不尊重基本事实采取了刻意夸张的手法反复播放日本驻华机构和在华企业受损的情况。有些媒体则特意强调了中国政府的傲慢、无礼和拒绝道歉，甚至无中生有地指责中国政府是示威游行的组织者、发动者。日本媒体不负责任的报道和日本右翼的借机反华宣传，必然对日本民众的中国观以及中日关系产生严重的负面影响。日本读卖新闻社于2005年5月14日和15日进行的全国舆论调查

① 《中国外交学会打〈民意牌〉》，美国中文网2010年11月9日，http://www.sinovision.net/index.php?module=news&act=details&news_id=152866&articlepage=2。

② 《把脉中日关系"政冷"困局》，2005年3月29日，http://longhoo.net/gb/longhoo/news2004/special/gjgn/node11790/node11794/userobject1ai340868.html；《舆论调查：对中国游行的对应措施表示不理解者占9成》，读卖新闻2005年5月17日。

显示，有高达九成的被调查者对中国政府采取的应对示威游行的措施表示"不理解"，有高达八成的被调查者强烈要求中国政府道歉和赔偿。部分极端分子甚至采取野蛮行动，攻击、破坏了中国驻日本的大使馆、领事馆等外交机构，中国驻日大使馆刻有"中华人民共和国"字样的招牌被日本极端分子淋上了红油漆，驻大阪的中国领事馆收到一封装有空弹的恐吓信，信中写道："如果中国的反日示威继续，则将袭击中国留学生。"①日本媒体对中国民众某些过激行为的过度渲染还引起了日本企业界的担忧，并因此影响到两国经济关系的发展。据日方统计，2005年5月，日本对华出口是零增长，上半年日本对华贸易同比只增长了3.6%，对华直接投资协议同比减少0.4%。2005年5月后中国没有再爆发涉日游行，中国政府发出"稳定和发展两国经贸关系"的明确信息。结果，下半年中日贸易和日本对华投资均明显回升。全年日本对华出口增加10.6%，但仍低于2002年至2004年28.7%的年均增速；日本对华直接投资协议金额增长30.1%，投资项目数则减少5.4%。②

4. 西方媒体和社会关注中国民意，日本"入常"面对巨大压力

中国民众反日示威游行引起了西方媒体和社会的关注，西方媒体对于中国的反日示威游行密切关注并跟踪报导，这些报导在质疑中国政府默许示威游行的真实目的的同时，也肯定了学生示威游行动机的真实性，认为日本确实应该正视和反思历史。比如，法国《费加罗报》的社评文章说，中国学生以示威

---

① 《中国反日日本也反华》，2005年4月13日，http://www.zaobao.com/special/china/sino_jp/pages1/sino_jp050413.html。

② 叶自成、李红杰：《中国大外交：折冲樽俎60年》，北京：当代世界出版社，2009年版，第278页。

游行发出警告至少并没有错。二战结束已60年，日本始终没有能力承认历史错误。毫无疑问，自我批评在我们的日本友人那里不被视为人的第一品德。但在当今世界，国际关系迫使每一个国家承担自己的历史责任，假如德国没有承担历史责任，我们难以想象欧洲如今会是什么样子。日本首相小泉每年执意参拜埋葬战犯的靖国神社，难道仅仅为煽动日本民族主义情绪？在政府不做任何努力教育下一代的前提下，提出上述问题完全是合理的。当日本一方面宣称要与其他国家平起平坐，一方面又背弃1947宪法，向伊拉克出兵，使其自卫队逐渐承担正规军使命之时，日本尤其需要紧急反思历史。[①] 德国主流大报《法兰克福汇报》在头版显著位置发表的长篇评论也指出，日本不尊重历史的行为再次引起邻国民众的强烈不满，致使中国和韩国爆发激烈抗议活动。但日本政府却要求这两个国家道歉和赔偿，对爆发抗议活动的原因则置之不理。事实上，日本根本不愿去弄懂为什么会发生这一切。正是由于日本在对待历史问题上一再缺乏审慎负责的态度，才严重地伤害了其邻国民众的感情。[②] 由于新闻媒体在现代社会被称为是立法、行政和司法之外的"第四个权力机关"，因而欧洲媒体对中国反日示威游行的广泛报道势必在西方引起强烈的反响，过去西方民众对于德国大屠杀犹太人、德国赔偿、德国道歉等史实耳熟能详，但对于日本在二战中的所作所为则知之甚少，现在经过西方媒体的广泛报道，西方民众开始关注并思考日本军国主义侵略历史和现实动向。

---

① 《欧洲媒体广泛关注中国反日示威》，2005年4月22日，www.xys.org/forum/db/90/194.html。

② 《德国主流媒体批评日本对历史不做真诚反省》，2005年4月18日，http://world.people.com.cn/GB/41219/3329817.html。

中国民众的示威游行还与亚洲其他国家的抗议行动相互支持，形成了一股强大的反对声音，使得身为日本"入常"盟友的德国也对日本产生了怨恨之情，德国驻联合国大使普洛伊格在联合国大会上坚持在期限内实现安理会改革，并称"不应该因为个别国家的利益而达成错误的妥协"。[①] 联合国秘书长安南也一改支持日本"入常"的态度。他在4月7日的联合国第61届人权大会新闻发布会上就亚洲国家反对日本成为安理会常任理事国一事发表了看法。他说，他已经知道亚洲国家反对日本成为常任理事国，并要求日本首先对二战时期犯下的罪行进行深刻的反省和道歉。安南强调说，日本想要在联合国扮演更重要的角色，必须首先取信于邻国，说服亚洲各国。所以日本政府应该就上述问题和有关国家进行直接对话，来解决这个问题。[②] 由此，日本的"入常"外交逐步陷入四面楚歌的境地。

总之，在反日"入常"事件中，中国民意已成为影响中日关系的一个显性因素。从民意影响的对象来看，中国民意不但能对中国政府外交产生影响，而且还能对日本政府和民众，乃至其他西方国家，甚至联合国产生一定的影响；从影响的程度来看，中国民意的影响和作用不仅体现在民意对政府外交的配合和支持上，而且从政府对民意既顺应又引导的态度和举措本身，也突显出民意影响力的增强和提升。另外，尽管中国民意对包括日本在内的国际社会所造成的影响还较为有限，而且对日本的影响更多的还较为消极和被动，但是中国民意表达毕竟在国际社会引起了广泛的关注和回应；从民意影响的结果来

---

① 《透视联合国改革背后的大国角力》，2005年7月5日，http://www.bjqx.org.cn/qxweb/n6218c67.aspx。

② 《巴拒绝支持日"入常" 安南呼吁日本先取信邻国》，2005年4月8日，http://news.sohu.com/20050408/n225096380.shtml。

看，中国反日"入常"民意诉求与日本"入常"失败的结果相吻合，可以说，日本"入常"失败固然是多种因素综合作用的结果，但中国民众的网络抗议和示威游行无疑是其中一个重要因素，这在4月7日安南秘书长的发言中可见一斑。总体而言，中国民意对中日关系的影响虽然主要还是通过作用于中国政府外交来实现的，但是作为一支正在崛起的力量，中国民意对中日关系强有力的影响势头已经开始显现，这意味着中国民意正在逐步从国际关系的幕后走向前台。

## 第四节　中国反日民意的特点

### 一、中国反日民意的情绪化色彩

中国民众的反日言行往往是因应日本的刺激而做出的反应，因而在一定程度上是合情、合理的，是民众爱国主义的生动体现，但是必须看到，这些言行也带有浓重的情绪化、非理性化色彩。与其他西方大国相比，日本是与中国历史积怨最为深刻、现实问题冲突最为频繁、因而也是中国民众最无亲近感的国家。日本政府的对外举措尤其是对华政策向来是中国民众密切关注的焦点。中日之间一旦出现某些突发性事件就会迅速在中国引发强烈的民意反弹。在2003年到2008年围绕一系列历史和现实问题，中国民众高频率、高密度地表达了对日本的不满和抗议，在网络论坛和聊天室不少网民以偏激的语言攻击、谩骂日本人，在反日"入常"示威游行中更是有人采取了损毁日本料理店、掀翻日本轿车等过激行为。事实上，中国民众对中日关系的过分敏感和某些过激的言行都折射了中国民众强烈的厌日情绪。

很长时间以来，中国民众对日本的印象一直较为负面。

有关民意调查结果显示，中国人回答"喜欢日本"者，1988年的《中日印象共同调查》为36%，1992年《第二次中日印象调查》时最高，达到40%，而在1997年和2002年的《中日联合调查》时则降至10%。同期回答"厌恶日本"的比率由28%上升为53%。在《中国青年对日本的认识》调查中，当问及"你对日本的总体印象"时，回答"很好"和"好"的比率之和为14.5%，回答"不好"和"很不好"者高达41.5%。可见中国人中"厌恶日本"的远远多于"喜欢日本"的人数。在关于双方的信任度调查中，根据1988—1995年的四次中日联合调查，认为"日本值得信任"的中方被访者的比例分别是48.5%、26%、26%和44.6%，平均为36.3%；回答"日本不值得信任"的比例分别为44.3%、34%、39%和42%，平均为39.8%。由此看来，中方只有1/3多一点的人认为日本值得信任。① 尽管在20世纪90年代末21世纪初，中国民众对日本的印象有些改善，但是，整体而言，中国民众对日本的负面印象并没有从根本上发生改变。

中国社会科学院日本研究所曾分别在2002年、2004年、2006年和2008年进行过四次中日舆论调查，第一次调查的结论是中国民众对日本很少有亲近感，第二次调查的结论是中国民众对日本的不亲近感显著增强，而第三次和第四次的调查结果与前两次则呈现非常明显的一致性。四次民意调查结果显示（按时间顺序），对日本感到"不亲近"和"很不亲近"者分别是43.3%、53.6%、52.9%、58.6%，而感到"非常亲近"和

---

① 鲁义：《中日关系现状与两国媒体的作用》，《日本研究》，2006年第1期。

"亲近"者分别是5.9%、6.3%、7.5%、6.0%。① 可以看到，从2002年到2008年中国民众对日本感到"不亲近""很不亲近"者和感到"非常亲近""亲近"者的总体态势基本趋于稳定，前者处于50%左右的高位，而后者则不足10%。

世界著名的皮优调查中心在2006年9月发布的一项关于亚洲强国民众彼此持消极看法的调查报告同样显示中国民众对日本没有多少好感。调查结果显示，中国民众对日本表示赞同的仅占21%，表示反感的则高达70%，而中国民众对美国表示赞同的是47%，表示反感的是43%。中国民众看到更多的是日本的负面特点，认为日本好竞争的占74%，男人主导的占72%，傲慢的占69%，贪婪的占68%，自私的占67%，民族主义的占66%，暴力的占65%，而认为日本容忍的占22%，诚实的占15%，慷慨的占9%。在对小泉纯一郎的信任方面，有很多信任或一些信任的占10%，没有太多信任或没有信任的占58%，不知道的占32%。②

这些数据反映出对日本的反感主导着中国民众的对日情绪，这种状况的出现既有历史原因也有现实因素。从历史上说，作为古代东亚体系的成员，日本长期以师法中国为荣，学习中国的典章制度，推动日本社会的进步，但近代以来，通过明治维新实现富国强兵的日本，却对国力衰退的中国横加侵略，先是甲午战争使中华民族蒙受屈辱，后是全面侵华使中国

---

① 蒋立峰：《中国民众对日本很少有亲近感》，《日本学刊》，2002年第6期；蒋立峰：《中国民众对日本的不亲近感显著增强》，《日本学刊》，2004年第6期；蒋立峰：《培育两国人民的亲近感对巩固中日友好的根基意义重大》，《日本学刊》，2006年第6期；王伟：《第四次中日舆论调查报告》，《日本学刊》，2009年第2期。

② *Publics of Asian Powers Hold Negative Views of One Another*, http://pewglobal.org/2006/09/21/publics-of-asian-powers-hold-negative-views-of-one-another/, September 21, 2006.

面临亡国灭种的危机，日本对中国的先恭后倨和恩将仇报对中国人的日本观造成了持久而深刻的影响。就现实因素而言，中国民众的厌日情绪显然也受到了中日关系变化的影响，小泉上台以来，在中日关系上所采取的强硬政策和挑战姿态使两国关系逐步跌入冰点。在中国民众看来，小泉政府不但在参拜靖国神社等问题上不反省、不检讨，一次次刺激中国人的敏感神经，而且还在现实问题上挑衅中国，千方百计阻挠、遏制中国的崛起，历史问题和现实因素的叠加使得厌日情绪在中国民间急剧升温。所以，日本政府在中日关系上的任何反华言行都会激起中国民众难以抑制的愤怒，反日言行不可能不带有强烈的情绪化、非理性色彩。

## 二、中国反日民意的自发性

较之于前一阶段较具政府背景的反美民意表达，此阶段中国民众反日斗争的自发性愈发明显，这不仅体现在反日民意在互联网上的自发汇集和扩散，而且还体现在民众自发组织和发动的现实社会运动中。

通过上文的论述可以看到，中国民众都是受激于日本的反华行径，出于强烈的反日情绪和高涨的爱国热情，自发利用互联网表达对日本的不满和愤怒的。在这些事件中，不管是群情激奋的网络抗议，还是声势浩大的网络签名，民众都是自发、自愿参与其中的，没有任何具体的组织者。如果说有组织者的话，那也是纯粹的民间组织者，比如爱国者同盟网。它在京沪高铁事件中发起了"反对京沪高铁使用日本新干线技术"的网上签名活动，在"8·4"事件中它联合六家网络论坛发起了网络请愿活动。

从现实社会运动的角度来看，中国民众反日行动的自发性也是非常明显的。在保钓运动中，从2003年6月23日中国大陆民间发起第一次保钓行动，到2003年12月26日成立"中国民间保钓联合会"，再到2004年3月24日七名中国大陆民间保钓人士成功登上钓鱼岛，中国民众保钓抗议活动的自发性得到充分展示。2005年中国民众反日"入常"示威游行也没有任何政府背景，而且为了避免新一轮示威游行的爆发，政府还做了许多疏导民意的工作。从示威游行的整个过程来看，民众都是通过互联网沟通信息协调行动的。在示威游行时，很多民众也是随意加入、随时撤出的。组织性差是各地示威游行的一个普遍特点，而这也恰恰体现了民众参与的自发性。

以上海的示威游行为例，上海的游行就没有任何机构或个人的组织、协调，"而是透过网际网路及电话传达短讯，告知民众于十六日上午在人民广场集合，然后游行前往位于万山路的日本总领事馆。"由于没有任何机构和个人的主导，所以游行的整个过程比较率性和随意。首先，虽然短讯上呼吁大家上午9时集合出发，但由于没有统一的组织，8时40分游行队伍就出发了。其次，游行队伍在行进中秩序凌乱，行进速度快慢不一、首尾缺乏呼应，有少数人曾自告奋勇充当带头者，提醒示威者按计划路线行走，行进步伐要配合。再次，游行队伍在快到达日本总领事馆时，在娄山关路冲破了近百名公安筑起的人墙，但在走向日本总领事馆正门时，由于武警实力强大，他们没能冲破数百名武警的防线，然而游行队伍还是绕到总领事馆后面。正是由于示威游行没有组织者、领导者，因而，对政府而言，"在示威者情绪出现激动时，往往无法找到洽谈对象，以致无法安抚示威者情绪，或呼吁示威者在抵达目的地后平和散去。"①

民意对政府的对日态度及政策的影响也是观察民意自发性、独立性的一个重要角度。如果民意缺乏自发性和独立性，只是某种官意的体现，或者说真正意义上的民意不存在，那么示威游行就不可能对政府的对日政策产生任何影响。但从这个阶段的民众反日斗争来看，民众的网络抗议和现实社会运动都给政府带来了极大的民意压力，使得政府在处理中日关系时采取了强硬的立场和态度，而且更具典型意义的是在京沪高铁事件中，反日民意的强烈表达直接改变了政府的意见倾向，因而，在与日方的会谈中，中方表示要进一步听取"广泛的国民意见"。由此可见，中国反日民意的自发性是一个毋庸置疑的事实。

### 三、中国民众对互联网的充分运用

在这一阶段，民意影响中外关系的方式除了示威游行，一个最为明显的变化就是互联网的充分运用，它不但为民众提供了相关信息，而且还拓展了民意表达的渠道，甚至还扮演了示威游行的组织者、协调者的角色。

以2005年中国民众反日"入常"事件为例。中国民众之所以能最终迫使日本"入常"计划搁浅，互联网的作用可谓功不可没。据中国互联网络信息中心2005年1月19日发布的第15次《中国互联网络发展状况统计报告（2005/1）》显示，截至2004年12月31日，中国的上网用户总人数已达9400万，上

---

① 《上海反日示威游行率性随意有人向日领馆掷鸡蛋》，星网2005年4月16日，http://www.newstarweekly.com/phpcode/web/view_detail.php?news_art_id=60968。

网计算机总数则为4160万。① 互联网的迅速发展为中国民众反日"入常"提供了广阔的空间和舞台。人们借助互联网或沟通信息或发泄愤怒或表达观点，反日情绪在网络中持续酝酿并迅速升温，而全球华人反日"入常"网络签名运动则标志着民众网络抗议的最高峰，这项发源于美国的网络签名运动之所以最终能有4200多万人参与签名、形成声势浩大的规模效应，主要得益于中国内地大批网站的加入和中国大陆4150万民众的积极参与。

作为网络抗议的现实延伸，中国民众的反日"入常"示威游行也离不开网络的组织和协调。正如前文所述，反日"入常"示威游行是民众自发参与的，但之所以能形成蔓延20多座城市的巨大规模和声势，互联网为民众提供了重要的沟通和联系手段。留日博士祁景滢在《中国的网络言论与反日游行》一文中，详尽分析了网络与发生在2005年春季的反日游行的关系，经过透彻的分析，她认为这场游行并不像舆论所认为的那样有所谓具体的"组织者"，如果说有组织者，那么这个组织者就是重重无限、连接世界的网络。②

## 四、中国民意主体更趋平民化、大众化

如果说前一阶段影响中外关系的中国民意主体是大学生和为数不多的网民的话，那么此阶段伴随中国经济的高速发展、互联网在中国的迅速普及以及中国民意的日益崛起，中外关系的参与主体在前一阶段的基础上已经发生了明显的变化。受教

---

① 《中国互联网络发展状况统计报告（2005/1）》，中国互联网络信息中心，http://www.cnnic.net.cn/download/2005/2005011801.pdf。

② 《留日博士祁景滢：在网络上追寻中日关系深层奥秘》，2006年9月16日，http://www.chinaqw.com/lxs/xzfc/200609/16/45163.shtml。

育程度不同、收入有别、行业各异的民众更多关注并参与中外关系，中国民意主体呈现出平民化、大众化的特征。

网民特征结构的变化应该说是一个观察民意主体变化的相关角度。本书选取1999年"炸馆"事件前夕和2005年反日"入常"事件前夕的网民统计数据，将二者进行比较、分析，可以以点带面地反映出此阶段网民斗争主体的变化特征。从性别结构看，《中国互联网络发展状况统计报告（2005/1）》显示，互联网用户男性占60.6%，女性占39.4%，而《中国互联网络发展状况统计报告（1999/1）》显示，互联网用户男性占86%，女性占14%；从受教育程度看，《中国互联网络发展状况统计报告（2005/1）》显示，网民高中（中专）以下占13.0%、高中（中专）占29.3%、大专27.0%、本科27.6%，而《中国互联网络发展状况统计报告（1999/1）》显示，中专及中专以下占11%、大专和大本占77%；从用户的个人月收入看，《中国互联网络发展状况统计报告（2005/1）》显示，500元以下占28.0%，而《中国互联网络发展状况统计报告（1999/1）》显示，400元以下占5%；从网民的地域划分看（占全国网民比例），《中国互联网络发展状况统计报告（2005/1）》显示，北京占4.3%、上海4.7%、天津占2.1%、重庆占1.9%、河北占4.1%、山西占2.2%、山东占9.0%、广东占12.6%，而《中国互联网络发展状况统计报告（1999/1）》显示，北京占23.93%、上海4.34%、天津占1.68%、重庆占1.48%、河北占1.65%、山西占1.03%、山东占3.65%、广东占20.93%。[①]

通过对以上数据的比较，可以将2005年时网民变化特征

---

① 《中国互联网络发展状况统计报告（1999/1）》，http://www.cnnic.net.cn/download/2003/10/13/93056.pdf;《中国互联网络发展状况统计报告（2005/1）》，中国互联网络信息中心，http://www.cnnic.net.cn/download/2005/2005011801.pdf。

做以下总结：互联网女性用户虽少于男性用户，但增长迅速，已占网民整体的39.4%；高中（中专）及以下受教育程度的网民所占比例明显增加，而大专和本科则大幅下降；500元以下的低收入网民数量大幅攀升，成为网民中的主体；网民不再集中于北京、广东等大城市或改革开放的前沿，而是出现了各省市自治区网民较为均衡发展的局面。因而，可以说，在这一阶段，中国网民特征发生了平民化、大众化的明显变化，网络民意已经开始体现更具普遍意义的平民大众的意愿了，而网络民意也越来越接近于反映整个社会的民意动态了。

从中国反日民意的网络表达来看，前文中提到的京沪高铁事件中十万人的网络签名和"8·4"事件中规模更大的百万人网络签名都有各界民众的广泛参与，据活动主办方的统计，参加投票的群众包括学生、工人、农民、教师、政府官员等，来自各个行业，各个阶层。[1] 从中国民众的现实社会运动来看，保钓运动的参与者先是以港、澳、台地区民众为主，后是大陆民众踊跃参与其中；反日"入常"示威游行声势超越"炸馆"事件，不仅蔓延全国20多座城市，而且除青年学生外，各界市民群众也纷纷走上街头，成为反日"入常"的主力军。

---

[1]　转引自赵国臣：《从中日民间事件透视网络民族主义》，中国传媒大学学位论文，2005年。

# 第四章　中国民意走向前台
## （2008—2009年）

### 第一节　中国反西方民意的强势表达

　　"3·14"拉萨打砸抢烧事件后，一些西方媒体对中国的恶意诽谤和攻击，引起了中国民众的强烈不满。而奥运圣火传递在西方的接连受阻，尤其是"藏独"分子在巴黎对火炬手金晶的暴力行为，更是引爆了国内民众和海外华人、留学生的愤怒情绪。为了抗议西方媒体的歪曲报道、反击西方反华势力对"藏独"势力的纵容和支持，为了成功举办北京奥运，海内外华人同仇敌忾，团结一心，通过网络抗议、爱国游行、群众集会等方式，揭露谎言，谴责分裂，支持奥运，维护国家主权和尊严，掀起了一股强大的爱国主义浪潮。

　　2008年3月14日，西藏拉萨发生严重的打砸抢烧事件，中国政府采取果断的镇暴措施，逐步控制了事态的发展。然而，西方主流媒体却借机煽风点火，对中国内政恶意干涉。他们一面指责中国政府的宗教信仰政策，污蔑中国政府合法的镇暴行为，另一面则对藏独分裂分子大加赞赏，对其一手酿造的恐怖血腥事件极尽淡化之能事。自2008年3月1日至4月14日，BBC发表了二百多条有关西藏的报道。BBC和CNN都从3月10日开始，集中报道了藏独的抗议行动。但两个媒体的报道有明显的倾向性，对于西藏骚乱所造成的损害避重就轻，突出强调中国政府采取的镇压行动，将西藏骚乱的原因归咎于中国政府镇压和平抗议。2008年1月1日至4月14日，《纽约时报》关于西藏的文章总共有191篇，其中3月1日至4月14日发表了170篇，占过去四个月的89%。《纽约时报》在一系列报道中将中国官方描述为一个色彩鲜明的专制暴力机构：血腥镇压抗议藏人，严格控制与操纵言论，严厉管制宗教自由；在国内培植和煽动中国国民的民族主义，暗示中国所构成的威胁值得警醒。另一方面，将达赖描述为一个反对暴力、追求和平、维护人权的形象，正如在2008年3月29日报道的开头使用的几个并列的身份概括出的达赖喇嘛的形象："贯穿西方世界的很多地区，达赖喇嘛被人们所知道的就是他是一个谦逊佛教团体的精神领袖，被好莱坞、国会和白宫所喜爱，是诺贝尔和平奖得主。"①

除了明显的倾向性，西方主流媒体还对拉萨事件进行虚假报道和移花接木。3月17日，英国一家广播公司在其网站上推出题为《藏人描述持续骚乱》的报道，所配图片是西藏当地公安武警协助医护人员将受伤人员送进救护车的场景，图片说明却写道"在拉萨有很多军队"，似乎完全没有看到救护车上醒目的"急救"两个大字。同一天，美国一家电视新闻网在其网站上刊登了一张图片，画面上有一辆军车和两位奔跑者，虽然说明写的是"藏人向军车投掷石块"，可图中却看不见类似场景。原来，这张最先由法新社发表的照片，画面中军车另一侧

---

① 李大玖：《海外华文网络媒体——跨文化语境》，北京：清华大学出版社，2009年版，第191—192页。

正有十余名暴徒在向军车投掷石块，只是这家网站在转载时将反映暴徒用石块猛砸军车的图像剪裁掉了。更让人不可思议的是，有的媒体还移花接木。18日，德国一家报纸网站将一张西藏公安武警解救被袭汉族人的照片说成是"在抓捕藏人"。美国一家电视台网站刊登图片称，"中国军人将藏人抗议者拉上卡车"，可图片中出现的人物却是印度警察。①

西方媒体对中国的歪曲报道和肆意攻击激怒了海内外华人，他们或亲自撰写博文抨击西方媒体的虚伪和不公，或搜集相关的图文、视频等真实资料上传网站正本清源，或自建网站作为反击西方媒体的前沿阵地。海内外华人利用网络平台对西方媒体展开的犀利反击，形成了巨大的舆论声势，一举扭转了国际舆论斗争中对中国不利的局面。

《惊！西方媒体竟然这样做西藏事件的新闻！》一文对于揭露西方媒体的不实报道具有重要影响，该文不但一一指出了西方媒体报道的错误之处，而且还配发11张图片，这些图片后来为各大媒体广泛转载和传播。网名为"情缘黄金少"的中国留学生在3月16日将亲手制作的题名为 Tibet WAS,IS and ALWAYS WILL BE a Part of China（西藏过去、现在和未来都是中国的一部分）的视频上传到著名的 Youtube 视频网站，"到4月13日，在不到一个月的时间里，被观看了2528472人次，跟帖276000个。"② 他在接受德国之声中文网采访时表示："我要让中国人的声音真实的被听到。虽然不可能每个被媒体轰

---

① 黄菊芳：《大事件下的中国传媒》，北京：中国民主法制出版社，2009年版，第41—42页。

② 转引自李大玖：《海外华文网络媒体——跨文化语境》，北京：清华大学出版社，2009年版，第194页；[美]Youtube, Tibet WAS, IS and ALWAYS WILL BE a part of China, http://www.youtube.com/watch?v=x9QN KB34cJo。

炸过的人都能看到或者明白，但是我希望更多的人知道。"①于3月19日上传于Youtube网站、题名为Riot in Tibet: True Face of Western Media（西藏骚乱：西方媒体的真实面孔）的视频同样获得了点击狂潮，"截至4月13日，该视频在不到一个月的时间里被观看了1216026人次，跟帖33112条，视频反馈20个。"②

清华大学毕业生饶谨于2008年3月20日创办anti-cnn网站也是这次反击西方媒体斗争中涌现出的佼佼者，他的行为代表了中国民众对西方话语霸权的愤怒和理性反击。正如网站的标题所示——西藏真相：西方媒体诬蔑中国报道全记录，该网站的宗旨就在于收集、整理并发布西方主流媒体对华不实报道。网站建立后，恪守客观、公正原则，通过搜集并曝光诸如CNN、BBC等西方主流媒体"移花接木"、蓄意歪曲的虚假报道，通过对网友提供的相关文字、图片、视频等各种真实资料的展示，有力地驳斥、回击了西方媒体对西藏"3·14"事件的种种歪曲和污蔑。anti-cnn网站具有明显的草根特色，是网友基于义愤自发创建的，网站的这种非官方、非政府的背景，加之没有太多意识形态色彩，所以很容易被西方民众认同和接受。而为了取得更好的传播效果，anti-cnn网站除中文外，还以英语作为传播语言，论坛和视频都使用英语，这也为中、西方民众的沟通和交流提供了便利条件。anti-cnn网站建立不久就在国内外产生了强大的影响力。据统计，网站建立当天点击量即接近两万，后来每天的点击量则都超过了50

①《西藏问题引发网络世界人民战争》，[德]德国之声2008年4月6日，http://blog.163.com/jiu-miao/blog/static/70315074200836605886/。

② 李大玖：《海外华文网络媒体——跨文化语境》，北京：清华大学出版社，2009年版，第195页。

万，其中40%为国外点击量。网站让100多家全球知名媒体、政府机构、跨国公司、非政府组织"低头认错"，数以百计的国内外知名媒体对网站进行专门报道。① 因此，可以说，anti-cnn网站对于帮助西方民众了解有关西藏的真实情况、传递中国民众的正义呼声起到了重要的作用，而这恰恰是网站建立的初衷——通过网站实现沟通和交流，让CNN听到中国的声音，也让我们听到世界的声音。沟通交流总比互相攻击要好。② anti-cnn网站的运行在中国民众反西方斗争历史上具有重要的标志性意义，它表明部分中国民众已经超越了单纯的情绪宣泄，极大的提升了理性斗争的水平，他们力图通过有理有据的斗争，与西方反华势力争夺话语权，更有效地维护中国的国家利益，这标志着中国社会力量的成长和崛起。

中国民众的网络抗议和反击使西方主流媒体感受到了压力。2008年3月23日，德国RTL电视台网站在其网站上发表声明，承认对中国西藏发生的暴力事件的报道存在失实问题。同日，《华盛顿邮报》报道Anti-CNN.com，同时更正了华邮网站上一张照片的说明文字，纠正了事件发生的地点，并刊登编者声明作出道歉。3月25日，英国BBC"悄然"修改对救护车照片的文字说明，但是没有做出任何说明和道歉。③ 美国的CNN则不仅悄悄修改错误报道的网页，还在3月29日发表了一个郑重其事的公开声明。在声明中，CNN承认曾两次

① anti-cnn, http://baike.soso.com/v5271723.htm, 2009-08-06.

② 《反CNN网站："洪水式攻击"涌向服务器》，国际先驱导报2008年4月15日，http://it.sohu.com/20080415/n256318063.shtml。

③ anti-cnn, http://baike.soso.com/v5271723.htm, 2009-08-06.

"不正确地"称西藏为"国家"。①

示威游行是海外华人反击西方的重要组成部分。"最早呼吁组织抗议活动的帖子出现于3月14日晚间的'苹果论坛'，但是由于藏独的威胁，该帖子不久就消失了。3月21日晚上10点左右，抗议活动临时召集帖重新出现。为防止意外，留学生们重新确定了抗议时间，并且在"藏独"英国总部（Tibet House）外举行了抗议示威，随后又在英国国会大楼前举行了抗议。这次规模不大的自发性抗议活动的照片和文章在网络上广为流传，激发了更多的中国留学生采取行动的热情。"②4月7日，奥运火炬在巴黎传递受阻，火炬手、残疾人运动员金晶受到"藏独"分子的袭击。这使海外华人本已高涨的爱国热情进一步升温。

2008年4月19日，美、英、法、德等国的华人走上街头，以示威游行的方式，反对拉萨"3·14"打砸抢烧暴行，反对西方媒体的歪曲和污蔑，谴责"藏独"分子对奥运火炬传递的干扰和破坏。

在美国，4月16日，旅美华人的最大论坛——未名发出一条帖子，呼吁在美华人于4月19日在洛杉矶日落大道示威游行，抗议CNN对中国的歪曲报道，抗议卡弗蒂的辱华言论。4月9日，在奥运圣火在美国旧金山传递时，CNN主持人卡弗蒂发表恶意攻击中国人的言论，妄称"他们就如过去50年一

① 《西方媒体向中国民意低头》，2008年4月2日，http://news.21cn.com/today/topic/2008/04/02/4554661.shtml。

② 转引自李大玖：《海外华文网络媒体——跨文化语境》，北京：清华大学出版社，2009年版，第198页。

样，是一群暴民和恶棍"。①这一带有强烈种族歧视色彩的言论激起了在美华人的极大愤慨。4月19日上午10时，在美华人在日落大道的CNN分部大楼前进行示威游行，要求CNN向全世界华人道歉。

在法国，4月19日，逾万名中国留学生和旅法华人在巴黎共和国广场游行示威，他们挂起宣传横幅、展示西藏的历史变迁，在路口向过往人群散发宣传册、北京奥运会会标以及正面用英文写有"同一个中国、同一个家"、背面用法文写有"奥运是桥梁，不是高墙"字样的白色T恤衫。他们挥舞着中国国旗，高唱中国国歌，不断呼喊"中国加油""北京加油""奥运加油"等口号。留法学生李洹的现场法语演讲将游行示威的气氛推向了高潮，李洹说，对于西方媒体的歪曲报道"全世界的中国留学生感觉很痛，我们的感情受到了伤害，但是我们不怪法国人民，因为造成这样结果的责任人不是你们，而是一些不负责任的媒体和职业煽动家"。李洹继而代表法国留学生向法国人民提出邀请："来中国吧！来看看一个真实的，完整的中国，一个很多西方媒体不会展现给你们的中国！"李洹的演讲用词讲究，思辨性强，极富感染力。②

此外，英国伦敦、曼彻斯特，德国柏林等地的留学生和华人也举行了游行示威活动。

有媒体称像这种逾万人的华人同时参与在新中国华人集会

---

① 《CNN反华言论大陆要求道歉》，联合早报网2008年4月16日，http://www.zaobao.com/special/newspapers/2008/04/taiwan080416e.shtml。

② 《史上最大规模华人抗议潮震动西方媒体》，2008年4月20日，http://news.sohu.com/20080420/n256410072.shtml。

史上创下了一项纪录。[①] 在西方人眼里一向温和、低调、很少参与政治的海外华人，为了反击西方国家的反华活动，第一次自发地、旗帜鲜明地在欧洲大陆和北美同时举行规模浩大的示威游行，这是中华民族历史上第一次全球华人为了一个共同的目标发出自己的呐喊。海外华人的抗争不但震慑了"藏独"分子，而且使一向不可一世的西方国家开始正视华人的力量，西方媒体和政客不得不改变自己的态度，收敛自己的言行，重新向中国示好。

与海外中国留学生和华人举行大规模示威游行的同时，国内民众发起了声势浩大的抵制法国跨国连锁企业家乐福的行动。中国民众"抵制家乐福"事件以下有专节论述，在此不再赘言。

抵制法国游也是2008年中国反法民意的重要组成部分。法国一直是最受中国游客欢迎的旅游目的国之一，据统计，2007年，赴法旅游的中国游客达到70万人之多，由于中国游客的强大购买力，推动了法国香水、服装等奢侈品的销售，因而在很大程度上促进了法国经济的发展。但是，在2008年奥运圣火传递巴黎受阻和法国政要将奥运政治化以后，中国赴法游客急剧减少，这不但影响了法国旅游业的发展，而且对日益倚重中国市场的法国奢侈品行业也带来了冲击。法国时尚业同盟总裁迪迪耶·格伦巴赫表示，中国游客在巴黎争相购买昂贵的奢侈品，不仅带动了欧洲本地的业绩，也在中国市场中刺激了此类产品的销售。近年来，许多时尚品牌都在中国进行了大规模投资。所以法国各家时尚品牌都在急着缓和当前和中

---

① 《史上最大规模华人抗议潮震动西方媒体》，2008年4月20日，http://news.sohu.com/20080420/n256410072.shtml。

国的紧张关系。[1] 6月9日，法国政府呼吁中国政府尽快结束对法国游的抵制，称中国的态度与法中两国的伙伴关系背道而驰。从法国政府看来，中国民众抵制法国游完全是中国政府操控的，就像法国媒体所言，是"中国或北京市政府向旅行社下达了禁止组织法国游"的命令。[2] 其实，正如中国驻法国大使馆参赞朱立英在接受《环球时报》记者采访时所说："这是中国老百姓的自发行为，选择去哪个国家旅游，是他们的权利。"[3] 6月10日，在当天举行的例行记者会上，中国外交部发言人秦刚在回答记者提问时表示："原则上，我们主张国与国之间的人民应该加强往来，因为这有利于促进彼此之间的相互了解。我们也希望法方能够多做一些有利于吸引更多中国游客到法国旅游的事情。"[4] 实际上，中国民众抵制法国游的根源不是法方所想象的所谓中国政府的旅游禁令，而是法方自己在拉萨"3·14"事件和奥运圣火传递事件中所扮演的不光彩角色，法方应该倾听中国民众的声音，反思自身在中法关系中的所作所为。

---

① 《法国就北京的旅游限令向中国施压》，2008年6月13日，http://bbs.taoyo.cn/thread-43706-1-1.html。

② 《中国否认阻止法国游称从未干涉个人旅游》，慧聪网2008年6月12日，http://info.sport.hc360.com/2008/06/12082729359.shtml。

③ 同上。

④ 《法国就北京的旅游限令向中国施压》，2008年6月13日，http://bbs.taoyo.cn/thread-43706-1-1.html。

## 第二节
### 案例："抵制家乐福"事件中的民意作用分析

**一、"抵制家乐福"事件中的民意表达**

1. 事件背景

实际上，在奥运圣火全球传递中，不仅是在法国，而且在英国、美国、澳大利亚等地都遇到了阻挠和破坏，但中国民众并未向这些国家宣泄愤怒，却将抵制的矛头偏偏指向了法国，并且还单单"挑选"了家乐福作为"围攻"的对象，个中原因其实并不复杂。从中国民众看来，在奥运圣火传递巴黎受阻事件中，最让人愤愤不平、不可容忍的是法国政府和媒体在事件发生后的态度和作为。奥运圣火在堪培拉传递时，就曾受到"藏独"分子的干扰，但堪培拉警方采取果断措施将其拘捕，并且堪培拉地区政要明确表态"决不允许发生破坏火炬传递的事情"。而法国政府对奥运火炬传递的态度似乎恰恰相反，先是巴黎警方安保措施不力助长了"藏独"分子对火炬手金晶的袭击、奥运圣火的多次熄灭，后是作为法国总统的萨科齐把北京奥运政治化，将中国政府与达赖喇嘛进行对话作为他出席北京奥运会开幕式的前提条件。法国媒体则幸灾乐祸，火上浇油，法国主流媒体《费加罗报》和《解放报》分别以《火炬在巴黎惨败》和《给中国一记耳光》为标题对奥运圣火巴黎传递做了不实报道，引起了中国民众的极大愤慨。

家乐福之所以成为抵制对象，主要是因为家乐福较为大众化。作为一家法国跨国超市连锁集团，家乐福在中国遍布30多个城市，拥有112家分店。由于超市跟大众日常生活密切相关，拥有规模较大的消费群体，因而民众的抵制更容易形成声势，更容易向法方传达中国民众的声音和愤怒。还有一个重要的原因就是，家乐福的大股东路易威登·莫特轩尼诗集团被指涉嫌资助达赖喇嘛，因而不但路易威登集团的产品遭到中国民众的抵制，而且也使家乐福成为民众发泄愤怒的众矢之的。

2. 反法民意表达

抵制家乐福是 2008 年中国民众反西方斗争中最为突出的事件。说它是最突出的事件是因为，与当时中国民众网络抗议和海外示威游行相比，抵制家乐福事件声势更为浩大，所产生的影响也更为深刻。抵制家乐福的呼吁发起于著名的天涯网络社区。2008 年 4 月 10 日，巴黎留学生在天涯社区"聚焦奥运"版面发布的有关奥运圣火传递巴黎受阻的情况引起了网友们的高度关注和强烈愤慨，网名为"胖子天津"的网友发帖提出应以其人之道还治其人之身，全球华人都不喝法国酒，都不买 LV 等。网友"萝雨宁馨"则发帖列举了一些法国公司和产品，明确将家乐福列入抵制名单。之后，网友"水婴"在"猫扑"网站发布《抵制法国货，从家乐福开始》的帖子，更是呼吁大家将家乐福作为抵制的首要对象。由于天涯和猫扑都是国内人气旺盛的社区网站，号召帖的"振臂高呼"不但轰动了这两个虚拟社区，而且由于网友们在各大论坛间的转帖，使得抵制家乐福的信息迅速传播，从而形成了"应者云集"的巨大声势。4 月 13 日，网友"kittyshelley"带着国旗和自制的印有奥运圣火传递在巴黎受阻图片的展板，在北京白石桥家乐福门前抗议法国政府的反华言行，从而拉开了中国民众抵制家乐福现实行动的帷幕。

在民众抵制家乐福的强烈呼吁下，4 月 15 日，中国外交部发言人姜瑜针对抵制家乐福做出表态。她指出，最近一些中国民众表达了他们自己的意见和情绪，这些都是事出有因，法方

应很好地深思和反思，相信这些中国民众会依法来表达他们的
合理诉求。姜瑜说，做朋友是需要双方都作出努力的，我们不
能一方面听到法国表示重视中法关系，同时又经常看到一些中
国人民不能理解和不能接受的事情发生。我希望法方能够倾听
中国人民的声音，在对待最近一系列问题上，采取客观、公正
的立场，能够尊重事实，明辨是非，能够像多数国家一样理解
和支持中国政府所采取的正义立场和正当举措。①

4月17日，法国巴黎市长表示：将要求市议会授予达赖
"荣誉市民"，这在客观上对全国各地抵制家乐福运动的高涨
起到了火上浇油、推波助澜的作用。从4月中下旬开始，抵制
家乐福的行动在全国逐步进入高潮。北京、青岛、昆明、合
肥、武汉、哈尔滨、济南、大连等数十个城市都出现了民众抵
制抗议家乐福的行动。其中，合肥的抵制行动规模最大，代表
了全国范围内民众抵制行动的高潮。4月18日，大批民众在合
肥家乐福三里庵店门前聚集，据目击者称，当时的示威者有
一万多人，其中大多数是合肥高校的大学生。他们高呼口号，
有部分示威者采取过激手段，冲击了家乐福超市。

面对中国民众的强烈抗议和中国政府的严正声明，法国政
府和相关企业陆续采取了一系列修补中法关系的举措。

从2008年4月17日起，法国驻华大使苏和多次接受中国
媒体的采访，试图以此传达法国政府对中法关系中某些问题的
政策和态度。苏和表示，他对媒体报道的中国民众的呼声很关
注并且听得也很清楚，法国中央政府非常重视中法关系，法国
政府一直认为西藏是中国领土不可分割的一部分。在回答法国

---

① 《外交部发言人姜瑜：法国应反思"抵制家乐福"》，2008年4月16日，http://news.sohu.com/20080416/n256319335.shtml。

利用奥运会向中国施压的提问时，苏和说，法国尊重中国，根本没想利用奥运会向中国施压。苏和还亲自撰文表达中法友好意愿，在文章中，苏和再次表达了对巴黎所发生事件的遗憾和痛心，但认为中国部分民众的抵制号召将有损于两国人民的利益。文章强调法国一贯支持包括西藏在内的中国领土主权的完整。

4月21日，法国参议长蓬斯莱抵达中国，并专程到上海慰问了在巴黎奥运圣火传递中遭袭的中国火炬手金晶，转交了萨科奇致金晶的慰问信。萨科齐在信中对金晶在巴黎遭受"藏独"分子的袭击深表震惊，并邀请金晶再次做客法国。信中写道：

尊敬的金晶小姐：

我想告诉您的是，您持奥林匹克火炬四月七日在巴黎所受到的袭击使我感到震惊。透过您的勇敢表现，我对您和您所代表的国家深感敬佩。

正如火炬在法国传递的第二天我所说过的那样，中国人的民族感情因此受到严重伤害是完全可以理解的，特别是您遭到的卑鄙袭击。我对此再次表示强烈谴责。

四月七日在巴黎发生的事件让中国人民非常愤怒，在此请您相信，由极少数人制造的令人遗憾的事件并不代表法国人民对中国人民的友好感情。为了弥补您的痛苦，我真诚地邀请您近期到法国来做法国人民和我个人的贵客。尊敬的金晶小姐，在此我向您及您的家人和朋友们表示最真诚的祝愿。顺致崇高敬意！

法兰西共和国总统萨科齐[①]

4月24日下午，国家主席胡锦涛在人民大会堂接见了蓬斯莱。蓬斯莱表示，法国高度重视两国全面战略伙伴关系的发展，法国历届政府都尊重中国领土主权的完整，都承认西藏和台湾是中国领土的一部分。法方对奥运圣火在巴黎传递所受到的阻挠深表痛心和遗憾，法方尊重中国人民的感情，反对将体育与政治挂钩，衷心祝愿北京奥运会举办成功。

4月26日，法国前总理拉法兰作为总统特使抵达北京，拉法兰是过去20年里的访华常客，在任法国总理期间，曾在"非典"肆虐时访问中国，是"非典"时期唯一一位访问中国的外国领导人。拉法兰在临行前曾接受中国媒体的采访，直接谈到了抵制家乐福事件，他表示理解中国人民的感情，但不赞成任何形式的抵制，既反对抵制奥运，也反对抵制法国企业，"因为抵制就意味着决裂"。[②] 4月26日，拉法兰在北京召开新闻发布会，在会上，拉法兰作为总统特使转述了萨科齐总统致胡锦涛主席的私人信件的主要内容，首先，萨科齐表示法中关系没有变化，从戴高乐之后建立的关系没有发生变化，以后这种关系也有延续性。其次，法国支持中国开放政策，支持奥运会和世博会，让世界了解中国，法国支持中国的对外开放政策。最后，法国尊重中国统一问题。法国遵循一个中国政策。同时，拉法兰还表示回国后要向萨科齐传达这样的信息：中国领导人非常重视对法国的友谊；法中之间要全面贯彻战略伙伴关系；

---

[①]　《法国议长亲吻金晶总统来信表歉意》，法国中文网，http://www.cnfrance.com/。

[②]　《家乐福事件尾声：一个发展中大国的理智与情感》，2008年4月30日，http://gb.cri.cn/18824/2008/04/30/882@2038699_2.htm。

通过萨科齐总统向法国人民表达一个观点：没有人会伤害中法之间的关系。① 此外，拉法兰还希望中法青年增加彼此之间的了解，呼吁法国人重视中国青年目前的"失望情绪"，了解中国青年的爱国心。

身处中国民众抵制行动风口浪尖上的法国相关跨国企业也陆续发表声明。4月16日，家乐福中国区发表声明表示，家乐福集团的宗旨是促进各个国家和地区的经济和社会发展。家乐福集团从来没有，将来也不会做任何伤害中国民众感情的事情。声明指出，有关家乐福集团支持个别非法政治组织的传闻完全是无中生有和没有任何依据的。家乐福将保留对恶意制造和传播上述谣言的组织和个人采取法律行动的权利。声明进一步表示，家乐福集团始终积极支持北京2008年奥运会，在中国和法国倡议组织了形式多样的支持北京奥运的活动。目前，家乐福北京的各家超市正在为迎接奥运会而积极筹备。同时，作为北京市长国际企业家顾问单位，家乐福集团衷心祝愿北京2008年奥运会取得圆满成功，家乐福集团总裁和家乐福中国区总裁兼首席执行官将荣幸地亲临奥运会开幕式，成为这一历史时刻的见证者。②

之后，家乐福大股东路易威登集团董事长贝尔纳·阿尔诺在接受法国主流报纸《费加罗报》采访时宣称明确驳斥这些网络日志上妄称他们向某个政治或宗教事业提供支持的断言，他们集团的意愿自始至终是不参与任何宗教或政治事业。他指出，虽然有人可能对西藏发生的事感到不快，但看到对中国的

---

① 《拉法兰邀请中国网民浏览博客文章》，法国中文网，http://www.cnfrance.com/。

② 《家乐福声明支持北京奥运否认支持非法组织》，星岛环球网2008年4月16日，http://www.stnn.cc/society_focus/200804/t20080416_764106.html。

种种攻击也令人不快。中国在过去20年不论是在经济发展和面向世界的开放程度方面都取得了巨大进步。[①]4月17日，路易威登集团在中国发表声明，对中国部分民众和媒体的指责予以澄清。路易威登在声明中表示，路易威登公司对于最近在网上及个别媒体针对路易威登的失实报道深切关注，这些评论和指控是毫无根据的。声明表白，过去15年以来，路易威登坚持致力在中国市场的不断投入与拓展，全力为中国消费者提供最优质的品牌体验与服务，有目共睹。声明强调，路易威登一向尊重和支持中国的国家主权与统一，并深知社会稳定是中国经济可持续发展的重要因素。无论是本公司还是本公司的主要股东个人，他们从不支持任何与中国政府和中国人民利益相违背的组织与行为。声明最后表示，他们强烈谴责最近出现在网上及个别媒体针对路易威登的不实言论，并且在此重申他们对中国市场的长期承诺及信心。[②]

4月25日，家乐福进一步采取措施，取消了"五一"期间全国范围的促销活动，家乐福中国区媒体经理陈波称此举目的在于，想表示他们对中国广大民众和顾客现有情感的高度尊重和充分理解，表达他们的真诚和善意，因为家乐福永远都是中国人民的朋友。[③]家乐福中国区副总裁贝多拉29日下午在广州举行的记者见面会上解释说，因为理解中国人民的爱国热情和现在的心情，同时为保护顾客的安全，家乐福取消"五一"期

---

① 《路易威登公司老板否认支持达赖》，法国中文网，http://www.cnfrance.com/。

② 《家乐福大股东路易威登发表声明称未资助达赖集团》，中国新闻网2008年4月17日，http://news.xinhuanet.com/politics/2008-04/17/content_7996854.htm。

③ 《家乐福取消"五一"促销活动称表达真诚和善意》，2008年4月26日，http://news.sohu.com/20080426/n256530606.shtml。

间所有的促销宣传活动。家乐福为此要承受很大的损失，但企业愿意借此机会向中国民众表达真诚之意。①

在法方表明立场和表达善意的同时，中国政府也采取措施对民众抵制行动进行限制和引导。从4月19日开始，千龙新闻网、新华社陆续发表了《将爱国热情纳入理性轨道》《爱国，首先要从做好自己的事情开始！》等社评，呼吁民众理性爱国，认为做好自己的事情，办好奥运会，建设好自己的国家，就是对西方反华势力最好的回击。这些文章被各大网站纷纷转载，在网民中产生了很大影响。4月22日，中国商务部官员称，家乐福1995年进入中国市场，目前在华雇用4万多人，占全部员工的99%，年销售额近300亿元人民币，所销产品95%由中国制造，希望家乐福等外资企业要全力为中国消费者提供优质服务。该官员进一步指出，近期法方政府和企业做出了一些有利于改善和维护双边关系的举动，家乐福等一些企业表态反对"藏独"，支持北京奥运会，我们对此表示欢迎。②另外，政府还采取了相关限制措施，据报道称，4月29日，有网友报料，baidu、google、soso、sogou、yahoo五大搜索引擎都无法查找到家乐福的相关消息，这与此前上万条"家乐福"搜索结果大相径庭。据记者调查，由于"家乐福"最近成了热门词汇，相关信息大量涉及中法关系、"藏独"等字样，可能存在涉及不符合相关法律法规的内容，所以被屏蔽了。③"五一"前夕，

---

① 《家乐福：取消"五一"期间所有促销宣传活动》，2008年4月30日，http://news.0898.net/2008/04/30/376597.html。

② 《商务部就国内部分群众抵制家乐福表态》，2008年4月23日，http://politics.people.com.cn/GB/7152625.html。

③ 《北京市网监处称将"家乐福"在搜索引擎屏蔽》，京华时报2008年4月30日，http://bbs.imp3.net/thread-442781-1-1.html。

民众情绪开始回归理智和平静，抵制家乐福的行动逐步接近尾声。

## 二、"抵制家乐福"事件中的民意影响态势分析

### 1. 中国民意迫使法方改善中法关系

从"抵制家乐福"事件的整个过程来看，法国政府和相关企业改善中法关系的种种举措，应主要归因于中国民众的影响和压力。应该看到，法国高官的频繁访华、法国企业的立场声明均是以中国民众抵制家乐福的强烈呼吁为背景，并与抵制家乐福的行动渐入高潮相伴随的。而法国高官的表态和法国企业的声明也均提及中国民众的呼声和感情以及中国民众所关注的西藏问题。所以，可以说，中国民众通过抵制家乐福，既向法方传递了中国人民的愤怒，也展示了自身的力量，使法方从现实国家利益出发，不得不对中国民众的抗议予以回应，不得不通过调整对华外交、展现友好姿态，来安抚中国民众、修复对华关系裂痕。

### 2. 中国民意推动中国政府外交

在"抵制家乐福"事件中，中国民众抵制行动与政府的对法外交客观上形成了互相配合、互相推动的局面。西方媒体对西藏问题的歪曲报道以及奥运圣火传递巴黎受阻，使中国政府外交面临巨大的压力，在此背景下，中国民众挺身而出，逆势而起，借助互联网发起了抵制家乐福的强烈呼吁，这为4月15日中国外交部发言人姜瑜的强硬表态提供了强势的民意支持。同样，4月22日，中国商务部对法国政府及企业的褒扬也是在全国各地民众发起抵制家乐福运动、迫使法国政府高官和企业表达对华友好和善意的情况下做出的。

所以，中国民众抵制家乐福运动实际上为中国政府适当强

硬但不失弹性的应对选择提供了坚实的群众基础 ①。当政府外交面临困局、陷入进退维谷之时，中国民众抵制家乐福的呼吁为中国政府后续的对法强硬表态提供了有力支持，而当民众抵制家乐福运动迫使法方做出缓和的外交姿态、扭转了中法关系中的被动局面后，中国民意在政府引导下适时收手，又灵活有效地维系了与法国的战略伙伴关系。可以说，中国民意以杠杆作用撬动了中法关系，不但有力推动了政府对法外交，而且最大限度地维护了国家利益。

3. 中国政府对中国民意的支持与引导

随着中国经济的发展和社会力量的成长，中国民意已经逐步成为影响中外关系演变的一个重要因素。中国民意角色地位的变化使得中国政府不得不密切关注、审慎面对。在"抵制家乐福"事件中，中国政府对中国民意行为采取了默许与支持、安抚与引导相结合的应对举措，既给予民众从网络到现实足够的宣泄空间，默许其表达对法国的不满情绪，同时，也审时度势对民众情绪加以限制和引导。4月15日，外交部发言人姜瑜的强硬表态，不只是借民意对法国说事，而且也是引导中国民众依法表达他们的合理诉求。4月22日，商务部的明确表态既是对家乐福良好表现的肯定，其中也蕴涵了给日益高涨的民众抵制行动降温之意。此外，中国的官方主流媒体也不断对民众的爱国热情进行引导，提倡理性爱国，维护社会的团结与稳定，为成功举办奥运创造良好的条件。

应该看到，中国政府对中国民意的这些态度本身就折射了中国民意影响力增强这一基本事实。民意是一柄双刃剑，一方

---

① 王逸舟、谭秀英：《中国外交六十年（1949—2009）》，北京：中国社会科学出版社，2009年版，第193页。

面，它确实越来越深刻地影响着中外关系的演变，1999年的"炸馆"事件和2005年的反日"入常"事件中的民意作用已说明了这一点，因而面对"抵制家乐福"事件中慷慨激昂的民众，中国政府尊重民意，顺应民意，并以此作为对法交涉、实现国家利益的杠杆。另一方面，中国民意表达确实带有某些非理性的因素，对北京奥运会的成功举办所需要的良好国内环境和国际形象、对中国的和平崛起所依赖的稳定和谐的社会环境与友好互信的中外关系都可能造成不可预见的冲击，也有可能矛头倒转，质疑政府的外交政策，指责政府的软弱无能，因而，在给民意适度的表达渠道和空间的同时，也要适时对其进行约束和引导。

## 第三节　中国反西方民意的特点

### 一、中国反西方民意的理性色彩

在这一阶段，中国民意对中外关系产生影响的过程中所展现出来的一个最为明显的特点就是中国民意反西方斗争的理性特征。从anti-cnn网站对西方媒体歪曲报道的理性反击到海外华人大规模示威游行中爱国热情的理性表达再到"抵制家乐福"事件中理性爱国的呼吁，都以不同的方式为这一阶段的民意反西方斗争烙下理性的印记，而这不但折射了中国社会的进步，而且也标志着中国反西方民意斗争水平的提升。

籍籍无名的民间网站Anti-cnn之所以能在这次反西方斗争轰动一时，发挥巨大的作用，一个重要的原因在于它的理性斗争。anti-cnn的理性反映在很多方面，网站首页的题记有这样的理性表述，"我们并不反对媒体本身，我们只反对媒体的不客观报道。我们并不反对西方人民，但是我们反对偏见。"点击进入该网站论坛，在其"本版规则"中更可以感受到其反西方斗争的理性诉求。该"规则"明确宣示："不得捏造或歪曲事实"，"谢绝煽动性，或政治导向性的发言，严禁人身攻击，严禁煽动民族仇恨、民族歧视，破坏民族团结"等。[①] 当然还有前文所述 anti-cnn 在反西方斗争中的种种理性作为，在此不再赘述。

海外华人虽然举行了大规模的示威游行，但是都恪守和平的原则，理性表达爱国热情。在英国，伦敦警方曾建议示威华人到空间宽阔且警力充足的唐宁街门口抗议，但示威华人认为唐宁街是英国的政治中心，示威游行的目的并不是反对英国政府，而是抗议 BBC 的歪曲报道，所以不应该选择唐宁街作为示威游行的场所。示威游行期间，示威者都戴上了口罩，有的高举标语，有的手拉着手，但都以静默的方式表达着对 BBC 的愤慨。示威结束时，华人也是秩序井然，他们带走所有的标语、标牌，没有投掷一点垃圾。在法国，参加示威的旅法华侨代表强调，要以文明的形式来反对暴力，以和平的形式来捍卫友谊。[②] 他们在积极宣传北京奥运的同时，还张贴了"3·14"暴力事件的图片，以此抗议法国媒体的失实报道，并帮助法国民众了解"3·14"暴力事件的真相。在美国，8000 人到洛杉矶 CNN 门前集会抗议，抗议结束，8000 人散去，地面没有留下纸屑和其他杂物。

在"抵制家乐福"事件中，关于是否抵制家乐福的讨论异常激烈，尽管抵制家乐福的声音极为强势，但反对抵制的呼吁

---

① 郑保卫、樊亚平：《民众自发舆论传播的成功实践及其启示——从民众借助网络回击 CNN 等西方媒体不实报道说起》，《信息网络安全》，2008 年第 6 期。

② 《海外华人和平集会反对分裂支持奥运》，CCTV.com.［今日关注］2008 年 4 月 21 日，http://news.cctv.com/world/20080421/107229.shtml。

也并不少见，这与以往社会运动中民意倾向一边倒的情况大为不同。反对抵制的群体中，除了部分普通的网民和群众，还有学界专家和一些公众人物。著名学者薛涌在一篇博文中分析了抵制家乐福的民族文化心态，他写道：后发国家的经济崛起可分两种模式：一是自力更生模式，特点就是通过产业保护发展民族工业，并立足于本国市场。另一则是有求于人的模式，它强调进入世界体系，以国际市场为经济发展的基点。这两种模式，需要两种民族文化心态。一是干什么只图自己痛快，民族主义精神强烈。二是该弯腰时就弯腰，把别人接受自己当作发展的首要条件。中国已经放弃了第一种发展模式，但我们毕竟在其中发展了将近30年，有一套为这种模式所滋养的文化，即便是"80后"，也是被这种文化所培养。同时，再加上近代的惨痛历史，民族自尊心格外地强。动不动就有受辱的感觉，动不动就要给人家"一点颜色看看"。薛涌说："抵制加乐福就是这种心态的表现。"① 媒体人鲁宁则从全球化视野出发，就是否抵制家乐福算了一笔经济账：国内目前大约有80家家乐福门店，平均每家门店日销售在70至80万元之间，每年的销售额有数百亿元之巨。毫无疑问，法国资本藉此拿走了大把利润，但这只是硬币的一面。它的另一面还涉及到两个因素：一是中国政府的税收和数以万计的中国员工的饭碗；二是家乐福作为大卖场所，其99%的商品都系"中国制造"，剩余1%的商品，譬如各种品牌的洋酒，绝大多数也在中国境内贴牌灌装。如是，抵制家乐福其实就是抵制中国自己，最好的结局也无非是两败俱伤而已。所以，他呼吁开始融入世界的中国人，

---

① 《家乐福事件尾声：一个发展中大国的理智与情感》，2008年4月30日，http://gb.cri.cn/18824/2008/04/30/882@2038699_1.htm。

要逐步学会在全球化背景下作如何爱国的思考。[①] 中国青年报图片总监贺延光和中央电视台主持人白岩松则是这场抵制与反抵制争论中的焦点人物，之所以成为焦点，除了二人力排众议、旗帜鲜明地反对抵制家乐福外，还有一个重要的原因是二人的公众人物身份，贺延光是中国最著名的摄影记者之一，白岩松是中国最著名的电视人之一。4 月 14 日，贺延光在博客发表文章《我不赞成抵制家乐福》，他在收到抵制家乐福的短信和看到抵制法国游的消息后，表达了自己的忧虑，"这么大的情绪就像传染病一样快速蔓延，很令人担忧"，他认为："这些热血沸腾的人根本没有把问题搞清楚"，"面对奥运火炬传递史上前所未有的抗议者"，除了愤怒，还应"有点别的思考"。他呼吁大家理性爱国，提醒人们抵制家乐福会伤害中国自身，他说："我昨天刚巧去了那个超市，买回来的竟全是国货，那个超市养活着数百位中国职员，在那货架上数万种货物的背后，恐怕不会少于数百万的中国工人。如果这样的抵制能够实施，我们中国自己就先乱啦！"[②] 4 月 15 日，白岩松在搜狐网发表评论《不要拿别人的错误来惩罚自己》，他认为抵制家乐福是"拿别人的错误来惩罚自己，这等于太给别人面子"，同时，与其他反抵制者相似，白岩松也认为抵制家乐福会伤害中国职工自身，"家乐福里的职工大多是中国人，这不是另一种内讧吗？"他承认"在奥运火炬的传递中，的确有很多西方人，干得不漂亮干得很糟糕"，但是，他认为"奥运火炬并不是北京的，它属于世界也属于全人类，有人捣乱，它捣的也是全世界

---

① 《全球化背景下的爱国主义思考》，2008 年 4 月 22 日，http://www.chinanews.com/gn/news/2008/04-22/1227809.shtml。

② 《我不赞成抵制家乐福》，2008 年 4 月 14 日，http://heyanguang.blshe.com/post/188/187845。

的乱，我们完全可以更平静更从容一些。""继续执著地做好自己该干的事，继续在奥运火炬传递中点燃激情传递梦想，那么捣乱者就会被人们以小丑的方式来留在记忆深处。用我们的平静与大气，给他们一个这样进入历史的机会吧！"①虽然贺延光、白岩松二人的理性呼吁遭遇抵制者强大的反对声浪，并因此而被扣上"汉奸""卖国贼"的帽子，但他们利用公众人物的社会影响力所发出的理性声音，毕竟启迪、影响了部分网友的思想，或者应和了部分网友反对抵制家乐福的理性呼声，从而获得了部分网友的坚定支持。反对抵制家乐福不只停留在不同观点的争论，而且还体现在具体的反抵制行动中。比如，云南昆明网友马瑞彬就在4月17日与当地四名网友一起在昆明南屏街家乐福门口反对抵制家乐福，并且打出了"创建和谐，反对抵制"的标语。

总之，这些理性爱国的呼声及其行为表达为中国民众高昂的爱国激情注入了理性的因素，而理性力量的彰显，又使中国反西方民意斗争水平实现了质的飞跃，迫使西方政府和媒体不得不面对，不得不做出某些反应，中新网转发的一篇文章曾这样评价中国民意对西方媒体的影响，"中国人民和海外华侨华人理性的网络民意，理性的爱国情感，令西方传媒在妖魔化中国时，已再不能罔顾最基本的事实。"②因而，可以说，理性斗争在此阶段展现了其强大的威力和能量，成为中国反西方民意斗争进程中的一个标志性阶段特征，由此，中国反西方民意斗争的面貌焕然一新了。

---

① 《白岩松：不生气》，搜狐体育2008年4月15日，http://2008.sohu.com/20080415/n256300545.shtml。

② 郑保卫、樊亚平：《民众自发舆论传播的成功实践及其启示——从民众借助网络回击CNN等西方媒体不实报道谈起》，《信息网络安全》，2008年第6期。

## 二、中国民意表达渠道更为畅通

从民意影响中外关系的渠道来看，除了声势浩大的抵制行动，民众还充分运用网络和手机表达民意诉求。与1999年的"炸馆"事件和2005年的反日"入常"事件相比，中国民意在"抵制家乐福"事件中之所以对中外关系演变产生深刻的影响，应该说是与互联网和手机在中国的普及以及在"抵制家乐福"事件中的普遍应用密切相关的。据中国互联网络信息中心（CNNIC）发布的《第21次中国互联网络发展状况统计报告》显示，截至2007年12月，中国网民数量已增至2.1亿人，略低于美国的2.15亿，位于世界第二位。① 而据中国信息产业部统计显示，截至2007年12月，中国手机用户数约达5.47亿户，普及率达41.6%。② 互联网和手机在"抵制家乐福"事件中扮演了发起者、传播者、组织者的角色。

网络论坛是中国民众"抵制家乐福"事件的发源地，抵制家乐福的呼吁先是发起于人气旺盛的天涯论坛，然后被网友转帖具有同样影响力的猫扑，之后再扩散到了其他论坛。作为即时通讯工具的QQ、MSN以及手机则对抵制家乐福运动传播与组织发挥了关键作用。有一个比喻可以形容抵制家乐福运动中QQ的作用：门户网站和大型社区类似航空母舰，产生"主要内容"；中小型网站和博客类似护卫舰，产生"补充内容"；QQ群类似舰载飞机，它们"飞"出去，专门负责"传

---

① 《CNNIC第21次报告：网民数达2.1亿07年增7300万》，搜狐IT 2008年1月16日，http://it.sohu.com/20080116/n254698457.shtml。

② 《中国手机普及率达41.6%》，财讯网2008年1月29日，http://content.caixun.com/CX/00/7a/CX007abs.shtm。

播内容"。①据腾讯公司统计，目前，中国网民几乎每人都有自己的QQ号，由网民组建的QQ群也超过5600万个。抵制家乐福运动发生前，全国就有近2700万QQ网友通过"QQ火炬在线传递活动"表达了对北京奥运的支持。②抵制家乐福运动中，武汉、合肥等地民众抵制行动的浩大场面都与QQ的传播与组织密切相关。MSN"红心中国"的签名也在抵制家乐福运动中轰动一时。4月16日，国内许多MSN用户收到一条简短的信息，"名字前请加（L）China，支持2008北京奥运会"，在名字前加上（L）China之后，名字前便会显示一颗红心，MSN用户通过这种方式反击"藏独"、展现自己的爱国热情。据MSN的统计数字显示，截至当天下午3时，已有超过230万MSN用户挂上红心。截至晚10点，红心签名使用者已突破300万人。③

由于手机的普及率远远高于网络，因而作为民意表达的新兴渠道，其影响力有时会超出我们的想象，比如"抵制家乐福"事件中在全国手机用户间传递着这样一条短信，"5月8日—24日，正好是北京奥运会开始的前三个月，所有人都不要去家乐福购物，理由是家乐福的大股东捐巨资给达赖，支持'藏独'。那我们现在就来抵制家乐福，周期与北京奥运会同长，前后17天。让他们看看中国人和中国网络的力量。"④这

①　金微、王毅：《家乐福风波的迷思》，《大江周刊（城市生活）》，2008年第5期。

②　周华蕾、杨龙等：《为什么抵制家乐福》，《中国新闻周刊》，2008年第15期。

③　《网友抵制家乐福背后抗议演变成实际行动》，京华时报2008年4月17日，http://2008.huanqiu.com/relevant/2008-04/92244_2.html。

④　金微、王毅：《家乐福风波的迷思》，《大江周刊（城市生活）》，2008年第5期。

条短信的相互转发对民众抵制家乐福运动走向高涨发挥了重要作用。

## 三、反击西方的多元化方式

以多元化方式反击西方与西方国家的对华多面孔外交有某些相似之处。在2008年，西方与中国的交往中多面孔外交展现得淋漓尽致。当法国总统萨科齐努力缓和中法关系之际，巴黎市议会却反其道而行之，授予达赖"巴黎荣誉市民"称号；美国总统布什宣布参加北京奥运会，美国众议院议长佩洛西却到达兰萨拉与达赖见面；英国首相布朗亲自迎接奥运圣火，英国自由民主党人士却把"禁止运动员将赛场政治化"说成"向中国专制磕头"；欧盟委员会主席率豪华使团访华之际，欧洲议会却指责中国的非洲政策……[1] 这些看似彼此矛盾的多面孔外交加强了西方各国外交的灵活性、机动性，好处是很明显的，德国东亚研究中心中国问题专家海德勒尔在接受《环球时报》记者采访时谈到，仅从德国对华外交的复杂性来看，多副面孔同时出现对德国的对华政策有好处，因为这样能够增加政府的回旋空间和政策弹性，一旦打算或者需要进行调整时能借助已有的相应渠道，较快地完成调整。海德勒尔还认为，多种面孔的同时存在也部分表明德国已难以完全摆脱与中国的关系。截至2006年底，德国在中国的直接投资项目超过6000个。他表示，对德国的分析基本上也适合西方，因为在经济上西方出于利益考虑希望中国保持稳定和行动能力。[2]

与前两个阶段中国民意影响中外关系的方式相比较，在此

---

① 《审慎应对法国及西方对华多副面孔》，法国中文网，http://www.cnfrance.com/。

② 同上。

阶段中国民意影响中外关系的方式更为多元和多样。在第一阶段，中国民众通过示威游行、网络表达的方式影响中外关系，由于互联网在当时的中国还算新兴事物，普及率较低，网民有限，因而网络表达还是一种新兴的民意表达方式。在第二阶段，民意表达的方式虽然还是示威游行和网络抗议，但示威游行的规模更大，并且随着互联网的迅速普及，民众也更多使用网络表达民意。

而在此阶段，中国民众参与中外关系的方式，不但有网络表达，如草根网站 anti-cnn 的理性反击、中外华人的网络抗议，还有示威游行，如英、法、德、美等国华人的示威游行，以及抵制行动，如国内民众声势浩大的抵制家乐福运动，而且中国民众的参与不仅体现了网络内外的互动，而且还体现了海内外的互动。中国民众多形式的外交参与和中国政府外交有意或无意的形成了相互支持、相互配合的局面，最终形成为一种强大的声势和合力，使得西方反华势力不得不面对和正视，不得不低头认错或寻求外交妥协。

### 四、中国民意的影响更为显著

毫无疑问，在此次围绕西藏问题、奥运问题的中西方较量中，西方政客和媒体之所以最终不得不进行对华政策调整或纠正以往的不实报道，其根本原因在于中国政府、媒体和中国民众等多方力量的相互配合、共同施压，但其中，中国民众的自发斗争发挥了更为显著的作用，作出了更为突出的贡献。

首先，从反西方斗争的效果来看，中国民意对中外关系的影响是显而易见的。以 anti-cnn 为代表的中国网民反对西方媒体不实报道的网络抗议，虽然没有使西方媒体都能纠正相关的失实报道并致歉认错，但仅仅使"西方媒体向中国民意低头"

本身，已经可以说是中国反西方民意斗争的突破性成就了，因而可以说，中国民众拉开了利用互联网对西方媒体实施监督、挑战西方国家话语霸权的序幕。海外华人大规模示威游行和国内民众抵制家乐福运动则使西方政府、媒体以及相关跨国公司更为直接地感受到了中国民众的力量，迫使家乐福和路易威登先后发表声明，划清与"藏独"分子的界限，更使法国政府一周内先后派出三名特使赴华访问，缓和紧张的中法关系。

其次，从与前两个阶段反西方斗争的效果比较来看，中国民意对中外关系的影响程度显著加深。中国民众在"炸馆"事件后的网络抗议、尤其是示威游行所产生的最为明显的影响在于推动中国政府在对美交涉中采取更为强硬的立场和态度。2005年中国民众反日"入常"声势更为浩大，不管是几千万人的网络签名还是蔓延十几个城市的示威游行，都对日本"入常"计划的搁浅发挥了重要作用，但实事求是地说，日本"入常"计划的挫败是国际社会各种复杂因素综合作用的结果，中国反日民意表达只是其中一个重要因素。而2008年中国民众反西方斗争对中外关系的影响程度进一步显著加深，以 anti-cnn 为代表的网络抗议迫使西方媒体向中国民意低头，而海外华人大规模示威游行和国内民众抵制家乐福运动则分别在海外各国和中国国内面对面直接对相关各国政府、媒体以及企业施加压力，迫使其做出相应的政策调整或立场声明。可以说，"这次斗争最好的成果，就是广大人民站起来直接反对西方反动势力，教训和震撼了西方反动势力。""人民在这次斗争中展现出来的伟大精神和无穷力量，非常令人敬佩，令人振奋。"[①]

---

① 郑保卫、樊亚平：《民众自发舆论传播的成功实践及其启示——从民众借助网络回击 CNN 等西方媒体不实报道谈起》，《信息网络安全》，2008年第6期。

中国民意在此次反西方斗争中发挥了更为突出、更为明显、也更为关键的作用。

# 第五章
# 中外关系视野中的中国民意

## 第一节　中国民意的特点

### 一、中国民意的"应激性"

中国的反西方民意是内向的、防御性的，是对西方强权政治和霸权主义的外在压力而做出的反应。通观1999年到2009年中国反西方民意斗争的历程，中国的反西方民意正是在西方国家不断实施反华行为、屡次挑衅中国的主权和尊严，中国民众的屈辱感不断积累和加深而逐步形成的。在1999年到2003年，中美之间发生的"炸馆"事件、"撞机"事件都清晰无误地显示了美国对中国的敌意和肆无忌惮的霸权主义心态，中国的反美民意被迅速激发并在1999年的"炸馆"事件中掀起了第一次反西方（反美）斗争的高潮。在2003年到2008年，日本在参拜靖国神社、钓鱼岛争端、历史教科书等一系列问题上的我行我素和咄咄逼人，不但使中日关系跌入冰点，而且激起了中国民众强烈的反日情绪，针对2005年日本的"入常"要求，中国民众不但发动了千万人的网络签名，而且还在数十个城市举行了声势浩大的反日示威游行，从而将反西方（反日）斗争再次推向高潮。2008年西藏3·14暴力事件后，西方一些媒体针对中国发表了许多不负责任的报道和评论，引起了中国民众的强烈不满，而奥运圣火在西方传递中的接连受阻和某些西方政要将奥运政治化的言论，更是引爆了海内外民众强烈的反西方情绪。以 anti-cnn 为代表的网络理性斗争、海外华人在英、法、德、美等国举行的大规模的示威游行以及国内民众发起的抵制家乐福的行动均以各种形式表达了中国民众的愤怒和不平，这构成了中国民众反西方斗争的第三次高潮。

## 二、中国民意更加关注领土主权的完整和民族尊严的维护

中国的现实国家利益是多层面的，但是中国民意却对领土主权的完整、民族尊严的维护格外关注。这或许与中国近代割地赔款的屈辱历史密切相关，也与领土主权利益的损害比经济利益、文化利益的损害更为显性不无关系。实际上，在全球化和中国和平崛起的时代背景下，中国与西方各国，尤其是美、日、法、英、德等国的关系是复杂而多层次的，随着交往与合作的加深，矛盾和问题也是层出不穷，但是，一个明显的事实是，一些涉及领土主权和民族尊严的问题更能够引起中国民众的广泛关注，比如，中美之间的"炸馆"事件、"撞机"事件、中日之间的参拜靖国神社问题、历史教科书问题、钓鱼岛问题、日本"入常"问题，中国与法、英、德之间的西藏问题。甚至有些本是经济层面的问题，有时也会超出经济的范畴，上升到政治层面，比如，中日"高铁"事件中，中国民众开展了声势浩大的反对使用日本新干线技术的网络签名。

中国民意倾向的这种特点对于展现中华民族高昂的爱国热情、强大的民族凝聚力，对于打击西方反华势力的嚣张气焰、维护国家领土主权完整和民族尊严，具有重要的意义和价值，

因而成为中国政府外交的有力杠杆和支撑。但是，应该强调，经济发展也是中国的核心利益，维护和发展与西方各国的友好合作关系是中国和平崛起的重要前提，因而如果中国民众反西方斗争不能做到"有理、有利、有节"，就有可能冲击中西关系的合作底线，不利于中国经济利益的实现，因而也就有可能对以塑造和平环境服务经济发展为己任的政府外交构成束缚和压力。

## 三、中国民意对中外关系的深度参与

一般认为，各国民众大多关注与自身日常生活密切相关的国内问题，而对于与自身利益较为遥远的外交问题或国际关系问题则较少问津或参与，但这对于中国民众则是一个例外，从1999年到2009年，虽然秉承"外交无小事"的外交思维，中国政府仍然是中国外交政策的制定者和执行者，但是中国民众却较之以往更多地关注中国外交，更频繁、更深入地参与中外关系的互动进程，因而对中外关系的影响也不断扩大。从1999年以来中国反西方民意斗争的几个重大事件来看，1999年"炸馆"事件引发的中国民众网络抗议和示威游行，不但推动中国政府在对美交涉中采取强硬立场，而且迫使美国政府对中国不断道歉并赔偿，还对后续美国对华外交产生了影响。2005年中国民众反日"入常"声势更为浩大，不管是几千万人的网络签名还是蔓延十几个城市的示威游行，都对日本"入常"计划的搁浅发挥了重要作用。2008年中国民众反西方斗争更是从网络发展到现实、从海外蔓延到国内。以 anti-cnn 为代表的网络抗议最终迫使不可一世的西方媒体向中国民意低头，海外华人大规模示威游行和国内民众抵制家乐福运动则分别在海外各国和中国国内面对面直接对相关各国政府、媒体以及企业施加压力，迫使其做出相应的政策调整或立场声明。

中国民众关注和参与外交事务的原因可以从两个角度进行解读。从历史来看，中国民众向来关心国家大事，中国传统政治文化中的"天下兴亡，匹夫有责""位卑未敢忘忧国"等思想对他们的影响根深蒂固，而鸦片战争以后，中国命运多舛，百姓饱尝屈辱，也使中国民众将自身利益与国家的兴衰存亡密切相连。从现实来看，随着改革开放以来中国经济的迅速发展、综合国力的不断提升，尤其是20世纪末香港回归、澳门回归以及21世纪初的"入世"成功、申奥成功，中国民众的民族自豪感得到极大地增强，他们期望和平崛起的中国能够在外交领域一显身手，在国际事务中发挥更大的作用，取得与其国力相匹配的国际地位，因而对外交事务密切关注，外交参与意识逐步强化，对中国外交的影响力也不断增强。

### 四、中国民意的多元化倾向

中国民意的多元化特点是由多种因素促成的，由于经济地位不同、受教育程度不同、个人经历不同、信息来源不同、观察问题的角度不同，因而对同一外交问题的看法就会存在差异，甚至会出现截然相反的观点和争论。从群体角度而言，不同经济地位的群体对同一外交问题的看法就会不同，但同一群体内部也并非铁板一块，没有歧见和争论，比如中产阶级，他们对于国际事务虽然抱有浓厚的兴趣，但是对于某些具体的国际事务问题则政见不同、观点各异。"一部分中产阶级对自由贸易持开明态度，认为裁军协议是相对有益的，他们反对增加军费支出，对美国较为友善，相信相互依赖能够减少国家间的冲突。总之，他们对于国际关系往往持有较为温和的观点。但是，另一部分中产阶级则反对自由贸易，认为国际冲突是权力增长的不可避免的产物，他们支持增加军费支出，对美国缺乏好感。总之，他们对于国际关系持强硬的现实主义观点。"[1]

中国民意多元化倾向不只出现在中外关系良好的非危机时期，甚至还出现在中外关系紧张、恶化的危机时期，比如，2008年中法关系恶化，中国民众发起了"抵制家乐福"行动，期间抵制与反抵制的争论和较量就异常激烈，这在中国现代反西方斗争史上是非常罕见的。抵制者认为，西方国家抵制北京奥运会，将奥运政治化，甚至干涉西藏问题，中国民众自发表达自己的爱国热情，让西方国家感受中国人的不平和愤怒，是理所应当的。而反抵制者则认为，在全球化时代，中外之间经济上的相互依赖日益加深，抵制在伤人的同时，往往也会自伤，所以抵制并不明智。尽管伴随这场激情与理性的较量，部分民众发起了"抵制家乐福"行动，但是理性的声音依然高亢明亮，清晰可辨。"抵制家乐福"行动后期相关的民意调查结果也反映了民意的多元化特征。4月28日，中国青年报社会调查中心联合题客网的民意调查显示，公众认为"对待此类问题""最应该避免"这样三种情况："反应过激"（64.74%）、"使用方式不当"（56.95%）和"过分忍让"（46.49%）[2]。

## 五、中国民意的强硬性

应该看到，各国民众对于本国的外交政策往往均持有保守、强硬的偏好，但这个偏好在中国似乎更为突出，这种现象

---

[1]　Alastair Iain Johnston, "Chinese Middle Class Attitudes Towards International Affairs: Nascent Liberalization?", *The China Quarterly*, September 2004, No. 179, p.624.

[2]　《家乐福事件尾声：一个发展中大国的理智与情感（2）》，2008年4月30日，http://www.chinanews.com/gn/news/2008/04-30/1235575.shtml。

是与全球化、国际体系结构变迁、中国问题和互联网的特性等宏观、微观要素及其彼此间互动分不开的。[①] 尤其是"中国还是个发展中国家和转型中的国家，公共舆论的情绪化问题也相当突出，特别是在某些涉外问题上尤其如此。"[②] 近些年，中国民众与政府在反美、反日、台湾问题上的态度差异在增大，他们批评和指责政府在核心利益问题上的政策措施过于软弱，并且以强硬姿态亲自参与了中国外交实践。在1999年的"炸馆"事件和2005年的反日"入常"事件中都出现了中国部分民众围攻驻华使馆、焚烧对方国旗、砸烂对方汽车等极端行为，还有部分网民在"炸馆"事件中采取黑客攻击的手段，导致数十个美国政府网站被插上中国国旗，白宫网站也一度瘫痪不得不暂时关闭。2008年为了反击西方国家在西藏问题和奥运问题上的反华言行，中国民众更是发动了蔓延多个城市的抵制家乐福运动。虽然在中国近代史上，抵制外货曾是一种有力的反帝手段，但是在经济全球化的今天，抵制的结果往往是两败俱伤，并且在抵制家乐福的过程中，有些地方也出现了过激行为，比如合肥部分示威民众冲击了家乐福超市，一度造成了局面的混乱。

中国部分民众强硬的言行对中国外交的影响是明显的，当一项外交政策为民众所瞩目并成为关注的焦点时，外交决策者出于对原则性问题的考虑，往往会对民意诉求做出某些象征性的回应和安排，如在中美关系、中日关系问题上，外交决策者的立场和态度一直是明确的、坚定的，但是当更多的民众开始

---

① 王逸舟、谭秀英:《中国外交六十年（1949—2009）》，北京：中国社会科学出版社，2009年版，第191页。

② 杨洁勉等:《大磨合：中美相互战略和政策》，天津：天津人民出版社，2007年版，第372—373页。

参与其中，他们的立场和态度会随之更加坚定和强硬。此外，随着强人政治时代的远去，外交决策机制多元化趋势愈益明显，外交决策层内部会出现"强硬派"与"温和派"的争论，而民众的强硬言行必然会进一步增强"强硬派"的立场，扩大其在决策层中的影响，从而最终影响外交决策的制定和实施。

中国部分民众的非理性强硬言行还往往成为海内外学界将中国民意行为冠之以民族主义、乃至极端民族主义的最佳佐证。一位香港资深时事评论员曾表达了对中国民族主义的深刻忧虑："随着中国经济的迅速发展，中国国民的自信心不断增长，中国与世界强国国民之间的心理位置正处于迅速而微妙的调整阶段。但由于中国全民精神世界成熟未经历现代思想的洗礼，因此国民对于突如其来的这一调整缺乏准备，原本十分正面的国民自信心增长，很多时候竟演化为非理性的民族主义情绪膨胀。""正因其非理性，在中国崛起的背景下，这样的民族主义情绪很快就被其他国家解读为'中国威胁论'的一个有利佐证。"① 实际上，民族主义理论和视角并不能准确解读中国民意行为的复杂性和多面性。当然，中国民意行为中的非理性成分确实在客观上有损于中国的国际形象，并对良好的中外关系造成了一定冲击，因而中国政府、学术界以及媒体必须对中国民众适时进行教育和引导。

## 第二节　中国民意的表达渠道

中国民意要对中外关系产生影响必须有一个前提条件，即

---

① 《民族主义：中国和平崛起的隐忧（转载）》，2004年6月26日，http://www.tianya.cn/publicforum/content/no01/1/105908.shtml。

民意必须通过一定的渠道表达出来，没有表达出来的民意对中外关系不会产生任何影响。新中国建国后到改革开放前的一段时间，中国民意之所以一直处于潜性状态、对中外关系的演变无足轻重，除了当时高度集权的决策模式外，一个重要的原因在于民意缺乏有效的表达渠道，民众无法发声。改革开放以后，伴随着中国政治的进步、社会的开放以及网络信息技术的普遍应用，中国民意表达的渠道显示出多元化的发展趋势，因而中国民意也就逐步从中外关系的幕后走向前台，成为影响中外关系的显性因素。前文的案例分析也印证了这一点。中国民意在1999年到2009年逐步走向中外关系前台是与中国民意表达渠道的日益多元和通畅相伴随的，可以说，中国民意走向中外关系前台的十年也就是民意表达渠道大发展的十年。

通过前文的案例分析，我们可以将中国民意的表达渠道主要分为以下几类：

## 一、传统媒体

传统媒体是一个尽管作用有限但却正变得越来越重要的民意表达渠道。要讨论传统媒体对中国民意表达的影响和作用，必须要将政府因素加入其中，因为在中国民意表达过程中，传统媒体作用的发挥，在很大程度上取决于政府对媒体的角色定位和相应的管理政策的调整。

建国后到改革开放前，"媒体在很大程度上被看作是一个政府部门"[①]，其功能是党的"喉舌"、党的政策的宣传工具，因而其财政支出由政府负责，同时政府对其实行严格的管

---

① 蒋昌建、沈逸:《大众传媒与中国外交政策的制定》,《国际观察》, 2007年第1期。

理。传统媒体的新闻报道可以简化为这样的一个工作流程，即政府对传统媒体发出报道指示，传统媒体再对民意进行影响和塑造。政府、传统媒体、民意之间是一个单向度影响的关系，其中，政府是决定因素，传统媒体是桥梁或通道，而民意则是完全意义上的"受众"。在这种情况下，由于民意处于这个关系链条的末端，媒体也很少发表反映民意的文章，因而作为民意表达的渠道，传统媒体的作用微乎其微。

但改革开放以后，伴随市场化改革的深入，传统媒体的角色和功能被重新定位①（见表5–1）。

表5–1　传统媒体的角色和功能的变化

| 改革开放前 | 改革开放后 |
| --- | --- |
| 媒体是政府的"喉舌" | 媒体是政府的"喉舌"，也是一种产业 |
| 阶级斗争的工具 | 沟通交流的工具 |
| 以媒体自我为中心 | 以受众为中心 |
| 描述事实 | 影响公众舆论 |
| 重现事件本身 | 描述同时进行专业的分析 |
| 计划经济导向 | 市场经济导向 |
| 自我满足的媒体评价 | 激烈竞争的市场检验 |
| 有立场的 | 公正客观的 |
| 看重政治和社会利益 | 经济效益、社会效益和政治效益并重 |

"媒体更多的被看作是一个产业，而不是一个政府部门"②，政府对传统媒体的监管逐步放松，对多数媒体的财政资助也大幅削减乃至完全取消。于是，大多数媒体必须面对市

---

①　蒋昌建、沈逸：《大众传媒与中国外交政策的制定》，《国际观察》，2007年第1期。

②　同上。

场，在激烈的竞争中谋求自己的利益份额。为了提升民众关注度、增加销售量，许多传统媒体不得不重新建构与民众的关系，除帮助政府引导民意外，传统媒体开始更多反映民意，甚至塑造民意。一方面，传统媒体在民意表达和民意影响力传播中逐步发挥其重要作用，不但为民意表达提供了有效的渠道和平台，使民意通过广播、电视、报纸等多种形式表达出来，而且还通过对民意表达的大力传播，使外交决策者感受到来自民意的力量，从而影响到外交政策的输入和输出。另一方面，媒体不仅仅是政府与民意互动的桥梁和通道，而且还具有相对的独立性，它往往利用在信息获取方面的优势和强大的议程设置功能，根据自己的观点态度和利益判断，决定报道的时机、内容和方式，从而影响乃至左右民众的观点和想法，最终塑造出符合媒体意愿的民意。

这样，改革开放前，政府、传统媒体、民意之间的单向度影响关系模式被逐步改变，代之而起的是三者之间复杂的互动关系。这种互动关系可以用图显示，如图5-1所示，政府影响媒体，也影响公众舆论；媒体影响公众舆论，也影响政府；公众舆论通过媒体得到反馈，其反馈又相应影响政府。尽管在这些互动关系中，"各自的影响力度不同"①，但是，民意已经能够通过传统媒体进行表达，并且对政府产生一定的影响。

---

① 俞燕敏：《媒体在中国对外政策中的作用——以美国对伊拉克战争事件为个案》，载于郝雨凡、林甦：《中国外交决策——开放与多元的社会因素分析》，北京：社会科学文献出版社，2007年版，第109页。

**图5-1　政府、媒体、公众舆论之关系**

政府←——→媒体←——→公众舆论←——→政府

另外，互联网的竞争和提供的契机也是推动传统媒体转向的重要因素。随着互联网的普及和网民人数的增加，网络空间就敏感话题所展开的讨论已产生了越来越大的影响，这使得传统媒体不得不及时关注并跟进报道。同时，网络上的热点或焦点问题也丰富了传统媒体的议程设置，反日和反美的网络民意表达因而有机会得到传统媒体的报道，而传统媒体的介入和报道无疑进一步扩大了中国民意表达的影响力，加强了其在中外关系演变中的地位和作用。

从前文的案例分析来看，在中外关系危机时期，尽管传统媒体常常成为中国政府约束和引导中国民意的重要桥梁和手段，但是中国民意也在传统媒体获得了更多的表达空间，比如，"炸馆"事件、"撞机"事件中官方媒体都对中国反美民意表达进行了报道。可以预见的是，随着传统媒体市场化改革向纵深发展以及中国社会开放步伐的逐步加快，传统媒体作为民意表达的渠道，其作用和地位将日益突显，必然会成为中国民意表达的又一条主渠道。

## 二、互联网

自1987年9月中国第一个互联网电子邮件节点建成以来，互联网在中国有了迅速的发展。2009年1月发布的报告显示，截至2008年底，中国网民规模达到2.98亿人，较2007年增长41.9%，互联网普及率达到22.6%，略高于全球平均水平

（21.9%）。继2008年6月中国网民规模首次超过美国，成为全球第一之后，中国互联网的普及速度再次实现飞跃，迅速赶上并超过了全球平均水平。① 互联网在中国飞跃式的发展得益于政府对互联网事业的关心和重视，前国务院新闻办公室主任赵启正曾说："我们（中国政府）错失了几次工业革命的机遇，但是我们不希望错过信息革命。这次我们绝不再落后。"②

互联网在中国的迅猛发展对于中国民意表达及其影响力的发挥具有重大的推动作用和意义。表5-2是中国社会科学院社会发展研究中心所做的《中国12城市互联网使用状况及影响调查报告》（2003年9月发布）提供的一组数据：③

表5-2　互联网使用状况及影响

| 互联网作为汇集民意的通道 | 网民非常赞成或比较赞成的比例 | 非网民非常赞成或比较赞成的比例 |
|---|---|---|
| 可以有更多的机会表达观点 | 71.8% | 61.9% |
| 可以有更多的机会评论政府的工作 | 60.8% | 61.5% |
| 可以更加了解政治 | 79.2% | 77.4% |
| 政府官员可以更多地了解群众的看法 | 72.3% | 73.3% |

从上表可以看到，大部分被调查者，不论是网民还是非网民，都认为互联网已经成为中国民众了解政治、表达观点、发

---

① 《中国互联网络发展状况统计报告（2009/1）》，中国互联网络信息中心，http://www.cnnic.net.cn/uploadfiles/doc/2009/1/13/92209。

② 转引自洪浚浩：《网络舆论与中国的外交决策》，载于郝雨凡、林甦：《中国外交决策——开放与多元的社会因素分析》，北京：社会科学文献出版社，2007年版，第121页。

③ 《中国互联网上的民意表达》，http://www.sinoss.net/qikan/uploadfile/2010/1130/3109.pdf。

表评论和中国政府了解群众看法的重要通道。

互联网之所以被中国民众寄予厚望并成为中国越来越重要的民意表达渠道，是因为相较于传统媒体，互联网在开放性、匿名性、扩散性等方面具有明显的优势。

开放性是互联网最根本的特性。它意味着全世界任何人，不分国籍、民族、性别、职业、地位，相互之间可以通过互联网传送知识与情感，表达意见与见解。它意味着任何国家、政府和个人都不能对互联网实行完全的控制和垄断。事实上，世界上每一个国家都存在程度不等的封闭，国家对信息也实行程度不一的垄断，尤其在危机时期，国家更是往往以"安全"为旗帜，完全控制或封锁信息。在强大的国家面前，孤立的个人无力与之抗衡。但互联网的开放性却从根本上削弱了国家对信息的控制，人们只要有条件使用一台联网的计算机，只要不违反法律规定，就可以绕过为传统的表达渠道所设置的层层壁垒，直接在互联网上宣泄自己的情感、表达自己的观点。并且，互联网是自我发行的媒体，人们可以向全国或全世界其他的网络随时发布信息，这在互联网使用之前是不可想象的，由此，人们就从信息的阅读者转变为信息的发布者，从信息的消费者转变为信息的制造者。互联网使"人人皆媒体"变为可能。

同时，互联网又是匿名的。"在互联网上，没人知道你是一条狗。"就是互联网兴起之初对互联网匿名性最为精彩的描述。除了名人博客或一些商业站点使用或必须使用真实姓名以外，大多数网民在网站进行用户注册时（有些网站甚至不需要用户注册）都使用化名（用户名），以后参与任何网络活动都会使用化名。互联网匿名性的积极意义显而易见。"如果说言论传播途径的多样化使普通人能够通过网络有机会发表意见的话，那么，网络的匿名性则使他们敢于把这些意见充分表达出来。网络的匿名性带来的安全感，进一步鼓励了公众在网上发言，人们也从网络中了解其他人的舆论。"[1] 在现实世界里，由于身份的外显，民众情感或利益的表达往往是受到种种限制的，是不充分的。但是，互联网的匿名性却隐去了现实世界里的身份差异，使人们以一种平等的"电子人"的身份，在网络空间里自由、充分地参与讨论或表达民意，而不必担心情绪偏激或言语不当所带来的种种威胁。所以，互联网的匿名性为"公众提供了一个前所未有的自由讨论公共事务、参与政治的活动空间"[2]，这对于民意表达渠道的畅通和多元化发展具有重要的意义。

互联网的开放性和匿名性降低了中国民意表达的门槛，为民众讨论和参与国际事务和中国外交提供了便利条件。互联网进入中国之前，由于历史和现实的种种原因，中国民众很难找到一条对国际事务和中国外交问题可以直抒胸臆、任意评点的公开渠道，更不用说对中外决策者产生影响，并进而作用于中外关系的演变了。但互联网在中国的发展极大地改善了这种局面。应该看到，互联网在中国迅速普及的过程，恰恰是中国民众外交参与热情逐步高涨、其影响逐步显现的过程。由于互联网的开放性，以前在国际事务和中国外交问题上三缄其口的普通民众，似乎一夜之间变成了人人有话要说的外交参与者，从论坛到博客，从聊天室到 QQ 群，到处呈现人声鼎沸、众声喧哗的局面，这是在其他的民意表达渠道所难以见到的景象。同时，由于互联网的匿名性所带来的安全保护，中国民众对中国

---

[1]　孙聚成：《信息力——新闻传播与国家发展》，北京：人民出版社，2006年版，第341页。

[2]　《中国互联网上的民意表达》，http://www.sinoss.net/qikan/uploadfile/2010/1130/3109.pdf。

外交政策的批评建议和对其他国家的不满情绪得以毫无顾忌地表达和宣泄，由此，我们听到了来自民间的更多的声音、不同的声音，真实的民意、多元化的民意通过互联网得以彰显。

互联网的扩散性是与中国民意表达影响力的产生密切相关的一个特性。由于互联网改变了传统的单向传播模式，人们由被动的信息接受者转变为主动的信息处理者，人们不再被置于信息传播链条的末端，而是能够自主地选择、确定自己的位置，他们既可以充当信息的发布者，又可以扮演信息的传播者，还可以继续延续传统的受众角色，这样，由于人们在信息传播中角色地位的变化，使得互联网具有了传统媒体所无法比拟的扩散性。以网络论坛为例，我们在网络论坛里可以看到内容各异的各种帖子，这些帖子既有自我"原创"的，也有从其他网站转贴的，但不管哪种类型，一旦有帖子具有某种新闻价值、获得较高的点击率，往往就会被人们利用互联网的各种功能予以传播，比如论坛间的传播、博客传播、MSN 传播、QQ 群传播等等，由于上网民众人数众多、行业各异、地域有别，因而互联网就能在各类人群中产生极大的扩散效应。

中国民意表达产生越来越明显的影响力很大程度上得益于互联网扩散性的助推。民意要产生影响力必须要通过扩散形成一定的规模或达至某种强度，街头巷尾、茶余饭后小范围的议论不可能对本国决策者产生任何影响力，更不用说外国政府和民众了。但是互联网的扩散性却可以将中国民意迅速聚焦并放大，形成一种辐射全国乃至全球的影响力。比如，2008年抵制家乐福运动中，中国民众就是通过网络论坛、MSN 以及 QQ 群来传播抵制家乐福的民意、向法方传递中国人的愤怒的。互联网的扩散性扩张了中国民意的影响力，中国政府对抵制家乐福做出了正面回应，法国政府不得不在一周内三次派出高官访华，缓和中法关系，安抚反法民意，法国民众也从互联网上感受到了中国强烈的反法情绪，就中国民众抵制家乐福、抵制法国货，展开了是否抵制中国货的热议。

由于互联网的开放性、匿名性和扩散性便利了民意表达及其影响力的产生，所以互联网正在成为民众参与中国外交、影响中外关系的重要平台。可以看到，1999年以来，伴随互联网在中国的迅速普及，一旦中国外交面临危局或出现涉及中国重大利益的国际事务问题，民众就会在互联网上进行强烈的谴责或展开热烈的讨论，不管是官方网站还是非官方网站到处呈现一派"民意汹涌"的局面，而当民意表达形成一定规模、达至某种强度之后，传统媒体就会迅速跟进，与互联网交互作用，提炼出更具代表性的民意、民声，最终形成强大的民意压力。

中国政府对网络民意的态度既体现了对中国民意的尊重也凸显了互联网作为民意表达渠道的重要价值。目前，中央和政府的高层领导已经越来越重视通过互联网了解民意，外交部及其他部委也已开设了制度化的网络渠道与网民进行沟通和交流，"网络聊天室除了提供一个广阔的言论空间外，还创造了官方政策和公众舆论间直接对话的途径。如果过去政府可以隐藏官方收集的民意调查数据，网络聊天室这一开放空间使民意能迅速达致所有中国网民及其家人和朋友，甚至是全世界的中文网民，政府不可能再否认不同观点的存在，而且还必须面对不同意见。"[1] 互联网正在成为政府越来越重要的观察民意、吸纳民意、引导民意的重要窗口和平台。

---

① [美]唐文芳:《中国民意与公民社会》，胡赣栋、张东峰译，广州：中山大学出版社，2008年版，第85页。

### 三、示威游行

示威游行是中国民意表达中形式最为极端、强度最为激烈、效果最为明显的一种表达方式，它包括抗议型游行示威和展示型游行示威两种表现形式。抗议型游行示威目的在于宣泄情绪、表达民意，展示型游行示威则旨在展示成就或显示力量。前文所涉及的游行示威均属于抗议型游行示威，而以前国庆节所举行的游行示威活动则是展示型游行示威。

在西方国家，民众就国内外问题以示威游行方式表达民意是司空见惯的事，例如2003年，美国发动伊拉克战争之后，世界各地民众自发组织起了声势浩大的反战示威游行。根据法国学者Dominique Rcynie统计，在2003年1月3日至4月12日间，全球约有3600万人参与约3千场反战游行，其规模又以2003年2月15日的联合反战行动为最大。据BBC估计，在2月15日的全球反战行动中有超过60个国家，共约600至1000万人参与其中，其他方面的估计则达800万至3000万人之间，甚至在南极的科学家也参与到了反战游行之中。游行直接影响许多国家的决策，例如加拿大就随即决定不派兵至伊拉克。[①]美国前总统尼克松曾谈到游行示威的影响力："一位总统在白宫中工作到深夜，而同时成千上万的示威者的指责声响彻各个街道，即便堵上耳塞也不能挡住这些声音，没有人知道这对总统意味着什么。"[②] 尽管如此，美国政府也将其视为美国社会运行不可或缺的组成部分而积极看待，美国前总统杰佛逊曾做过

---

① 转引自任远喆：《国内舆论与中国公众外交："国家—社会"的研究视角》，外交学院学位论文，2009年。

② Leonard A. Kusnitz, Public Opinion and Foreign Policy, Westport, Connecticut. London, England: Greenwood Press, 1984, p.5.

一个比喻，正如大自然并不总是春光明媚的，一个社会偶尔出现一些动荡、抗议的事情是很自然的，这是健康社会的重要表现。近些年来，与中国民众就国内政治经济问题较之以往更多采取游行或集会表达情绪与诉求的同时，对外一旦出现中国外交陷入危机或发生损害中国重大国家利益的事件，中国民众也越来越频繁地走上街头，以示威游行的方式表达民意、参与外交、影响中外关系。"炸馆"事件、反日"入常"事件以及"抵制家乐福"事件都是中国民众以示威游行方式表达民意的典型案例。

实际上，1999年以后，中国民众示威游行的多发是与国内外形势的变化密不可分的。就国内而言，中国社会的逐步开放、民主化进程的不断推进以及建立在经济发展基础上的民众权利意识的觉醒，都使得民众越来越倾向于选择某种具体的行动来尽情宣泄自己的情感和表达自己的意愿；就国外而言，随着中国的迅速崛起和融入国际社会程度的不断加深，中国与日本、美国等西方国家的历史的、现实的矛盾和冲突也在不断加剧，这些国家就自然成为中国民众示威游行的目标对象国。

### 四、民意调查

民意调查也可称为民意测验，它是"运用系统性、科学性、定量性的步骤，迅速、准确地汇集公众对公共事务的意见，以检视公众态度变化的社会活动，其主要功能是真实反映各阶层民众对公共事务的态度，作为政府或相关单位拟订、修正、执行政策的参考"。[①] 有学者认为"民意调查作为一种特

---

① 王石番:《民意理论与实务》，台北黎明文化专业公司，1995年版，第24页。

殊的民意直接表达方式，既可以是政府采取的主动行为，也可以是政党、利益集团、大众传媒发起的，还可以是研究机构、社会精英、社区居民表达民意的手段"。① 实际上，民意调查就其功能或作用而言，总体上应该说是双向的，它既是自上而下了解民情、把握民意的工具，同时又是自下而上宣泄情感、表达民意的渠道。零点调查公司董事长袁岳在谈到中国民意调查兴起的背景时就表露了这样的思想，他指出："一方面是民众不满足仅靠媒体、人民代表表达诉求，还希望继续拓宽诉求渠道。一方面是政府开明了，愿意听到民意民声，使决策有更多民意基础。这两方面力量结合，推动了民意调查的产生。"②

民意调查的发展在西方起步较早。1824年美国《宾西法尼亚哈里斯堡报》就总统选举进行民意调查，从此，美国被誉为民意测验的发源地。③ 1936年，盖洛普组建的美国民意调查所对当年的总统选举进行了准确的预测，大大推动了民意调查活动在西方的发展。目前，民意调查已从最初的总统选举预测向更为广阔的政治、经济、文化、社会等多个领域发展，成为西方国家政治经济生活中不可或缺的重要组成部分。中国的民意调查起步较晚，尽管在1922年11月24日，我国留美归国的心理学硕士张耀翔在北师大校庆日期间进行了我国最早的一项现代意义上的民意调查。④ 但是，这次偶然的民意调查活动并

① 《论民意调查与我国政府决策》，http://www.srchina.org.cn/MookPage. aspx?infoId=347。

② 中国迎来民意调查时代》，2010年8月16日，http://style.sina.com.cn/news/p/2010-08-16/102966044.shtml。

③ 《论民意调查与我国政府决策》，http://www.srchina.org.cn/MookPage. aspx?infoId=347。

④ 中国迎来民意调查时代》，2010年8月16日，http://style.sina.com.cn/news/p/2010-08-16/102966044.shtml。

没有对整个行业的发展产生深远的影响，此后很长一段时间，中国的民意调查活动难寻踪迹。对于中国民意调查活动的发展情况，零点调查公司董事长袁岳等人曾在其所著《中国公共政策及政府表现评估领域的零点经验——独立民意研究的位置》一文中将其划分为三个阶段：1986年以前是第一个阶段，这一时期中国政府基本没有系统的利用民意进行评估的机制，所有政务信息依赖行政系统内部自下而上的报告机制，当时没有独立民意研究机构的存在。1986—1992年是第二个阶段，这一时期出现了在政府内部利用自身传统的网络和自己的研究人员进行的民意测验，间或有半官方半民间组织的测验形式。但这一时期的民意调查还是局部的、片断的和暂时性的调查研究。从总体上看，还不够全面、系统和连贯。1992年以后作为第三个阶段，是中国民意研究发展重要时期，在这十几年中，中国政府进行民意测验的数量开始增加，内容也更广泛，允许民间独立市场研究与民意测验机构合法注册，允许民间组织从事民意调查工作。在这一阶段，政府与独立民间调查机构开始合作进行研究与评估项目，如公众安全感的调查、中国大陆地级以上城市投资环境的评估等。[1]

近年来，中国各地的民意调查机构雨后春笋般不断涌现，以致被称为中国民意调查机构的"出生潮"。在2004年和2005年的交接之际，广西、湖南、福建等省（自治区）成立了民意调查机构，截至2009年底，已有23个省（直辖市）建立起省

---

　　[1]　转引自钱超：《论民意表达》，复旦大学学位论文，2008年；袁岳等：《中国公共政策及政府表现评估领域的零点经验：独立民意研究的位置》，《美中公共管理》，2004年第1期。

级社情民意调查机构。[①] 中国民意调查活动的发展大大拓展了中国民意表达的渠道，推动了中国的政治民主化进程，同时也为政府科学决策提供了重要的依据。

事实上，中国民意调查的飞速发展契合了十多年来中国划时代的社会变迁。"综观世界各国现代化发展的历史，人们不难发现，民意调查事业是与民主政治的发展和市场经济的发育相伴相生的。无论是民主政治也好，市场经济也好，它们都有一个共同的特征，即它们都是眼睛向下、以民意的好恶取舍为本位的政治或经济。而现代民意调查恰恰是保证这种政治和经济实现良性运作的关键性的一项支撑机制。从这个意义上可以说，民意调查事业在一个国家的兴旺程度和发达水平，可以在相当程度上标示着这个国家民主政治和市场经济的发育程度。"[②]

了解民众对中国外交和国际事务的看法和态度是中国民意调查的一个重要内容。近些年来该领域的民意调查逐步受到越来越多的重视。通过前文的案例分析，可以看到，随着改革开放步伐的加快和中国融入国际社会程度的日益加深，中国和西方国家的矛盾和冲突日益增多，一旦中外关系出现危机状态，中国民众就会密切关注，并通过多种渠道表达自己的看法和态度，其中民意调查已逐步成为民意表达的一条重要渠道。比如，在"炸馆"事件中零点调查公司对北京、上海、广州的市民进行的电话调查、在"抵制家乐福"事件中中国青年报社会调查中心联合题客网所做的民意调查，对于畅通民意表达渠道

---

① 《论民意调查与我国政府决策》，http://www.srchina.org.cn/MookPage. aspx?infoId=347。

② 喻国明：《解构民意——一个舆论学者的实证研究》，北京：华夏出版社，2001年版，自序。

和有关各方把握民意动态都起到了重要的作用。在这些民意调查中，调查的对象是部分中国民众，但就民意把握的科学性、准确性而言，较之于观察民意动态的其它渠道，还是具有自身明显的优势。

当然，全面、系统、高质量的民意调查意义更加重大，不但有利于中国民意全面、准确地表达，而且对于中国外交也具有重要的战略应用价值。对"这个领域进行系统调研既可以帮助我们了解和掌握中国民众对于国际问题的认识和态度，又有助于我们在对外工作领域里更加科学地决策，还有助于我们从真凭实据中获得对外交往的话语权，有助于中国软实力的提升。"[①]2007年，中国社会科学院国际学部组织的关于"中国民众的国际观"的国情调研活动就是该领域较具代表性的一次民意调查。这次调查以问卷和访谈形式进行，涵盖了中国民众看日本、中国民众看美国、中国民众看俄罗斯、中国民众看欧盟和中国民众看拉美五个子课题，分别由中国社会科学院日本研究所、美国研究所、俄罗斯东欧中亚研究所、欧洲研究所和拉丁美洲研究所承担。调查范围覆盖了中国大部分省份，问卷发放量和有效问卷回收量远远超过以往的调查，其中日本研究所从全国近200市县回收了3915份有效调查问卷，美国研究所从16省市中的18个大中城市回收了3559份，俄罗斯东欧中亚研究所从21个有代表性的省市回收2292份，欧洲研究所从5省市（北京、上海、湖北、广州、陕西）回收3715份，拉丁美洲研究所从34省市回收2648份，各研究所总共回收了16130份有效问卷。由于这次调研具备了一定的规模、较高的权威性和可信度，因而引起了国内和国际相关部门的广泛关注。外交部、商务部等国家部委表示了鼓励，并提出了意见和建议。相关对象国的驻华使馆、欧盟委员会对外总司等机构纷纷索要调研成果，作为制定对华政策的参考；日本研究所发往日本的问卷取得了很高的回收率，调查数据被国外媒体和研究机构广泛引述，成为日本了解中国，特别是了解中国民众国际观的一个重要窗口。[①]

虽然以上内容分别介绍了中国民意表达的几条重要渠道，但在现实的民意表达实践中，各渠道之间是互为补充、相互联系的。比如反日"入常"事件和"抵制家乐福"事件中，民意通过互联网汇集并扩散，互联网扮演着民众示威游行的发起者、组织者的角色，一旦网络民意达成共识并集结完自己的队伍，民意表达就从网络抗议延伸为现实的示威游行，而民众的示威游行反过来经由互联网的全方位传播、扩散，又带动了更多民众加入其中，示威游行的规模和强度进一步升级，反日或反法情绪就在互联网和示威游行的相互推动、相互影响中以一种最显性、最激烈的方式得以强势表达。

## 第三节　中国民意走向中外关系前台的多重因素分析

### 一、国内社会变迁推动中国民意的崛起

20世纪后期以来，随着全球化、信息化、民主化三大世界趋势的蓬勃发展和中国特色社会主义市场经济体制的逐步确

---

[①] 李慎明、周弘：《中国民众的国际观（第1辑）》，北京：社会科学文献出版社，2009年版，序一、序二。

立，中国在政治、经济、文化、社会等诸多方面经历了广泛而深刻的历史性变革。从中国区域发展差距的拉大到社会阶层分化的加快，从各类非政府组织的惊人增长到媒体自由化程度的不断提高，从形形色色的各种利益集团的纷纷涌现到中国社会矛盾的易发和多发，中国社会发生了翻天覆地的变化。应该看到，中国社会的变化不仅体现在物质层面，而且还反映在精神层面。在社会变迁的强力推动下，民众的主体意识、权利意识、平等意识不断增强，参与意识、责任观念、理性精神普遍提升，他们摆脱了传统社会中的"臣民"观念，逐步成为宪政社会中的自主公民。精神领域的变化反映在对外交往中就是民众外交参与热情的不断高涨以及影响外交决策过程意识的显著增强，他们开始积极表达自己的观点和主张，越来越渴望对外交决策结果乃至中外关系变化施加自己的影响。所以，可以说，中国民意的崛起既是中国国内社会变迁的重要组成部分，同时又是其不断发展的必然结果，而中国民意的成长和崛起则是其能够对中国外交和中外关系产生影响的首要的和最根本的因素。

## 二、中国政府对中国民意的尊重

中国政府对中国民意秉持民主、开放的态度，这是中国民意走向中外关系前台的一个重要原因。正如杨锦麟所言："中共新领导群体的执政为民、以民为先的施政理念，正在被悄然引进对外政策领域。"[①] 王逸舟指出："自1978年邓小平推动改革开放以来，……在外交领域，中国正在出现静悄悄的转

---

① 杨锦麟:《近看中国正在掀起的网络民族主义》,《南风窗》, 2003年第10期。

型与革命，其内容和演进的方向与全球进步的潮流是一致的，即……强调'以人为本、外交为民'的理念，与国内大力强调民生相一致，越来越注意对中国公民海外权益的保护；……在强调'国际关系民主化'之必要性的同时，自身也更加注重外交学习与制度创新，越来越认真地在国内推进外交决策民主化（特别是大众参与的进程）。虽然这些动向尚处于'进行时态'，有许多不尽如人意之处，中国外交转型无疑已进入新的长征征程。"①

胡锦涛总书记曾表示"我经常通过互联网了解国内外时事和民众对我们工作的意见和建议"。温家宝总理也曾在某次记者招待会上说："昨天我浏览了一下新华网，他们知道我今天开记者招待会，竟然给我提了几百个问题……他们的许多建议和意见是值得我和政府认真考虑的。"随着互联网在中国的迅速发展，中国政府开始利用互联网加强与民众的沟通和交流，这样既可以使民众更好地理解中国外交政策，取得民众对中国外交的支持，又便于政府观察中国民意的变化态势，必要时对其加以推动或引导。在这方面，中国外交部做了大量工作。中国外交部不但通过建立网站向民众发布有关中国外交部和中国外交的重要信息，并且还加强了与民众多形式的在线交流，比如，一般读者在登录外交部网站后，不但能在线浏览相关重要新闻，并且还能在新闻后跟帖发布反馈意见，甚至可以将自己撰写的文章上传网站，供别人浏览、讨论。中国外交部官员们也在外交部网站开通的"中国外交论坛"上与网民进行不定期的沟通和交流。2003年12月23日，中国外交部长李肇星与网

---

① 王逸舟：《中国外交新高地》，北京：中国社会科学出版社，2008年版，第3页。

民就中国外交问题进行在线交流是政府与民众互动的一个典型案例，这是中国高层领导第一次直接在网上与网民进行交流，被国内大众媒体称为中国领导人了解民意的新的有效渠道和中国政治民主化的巨大进步。<sup>①</sup> 在这次持续两个小时的交流中，40000名网民提出了2000个问题，李肇星对其中有代表性的问题进行了解答。有网友问："你觉得作为中国外交部长是多出访就够了还是应该像今天这样跟普通民众进行交流？"李肇星回答："我觉得多出访不够，少出访也不够，出访不出访是个形式问题，关键是是否给中国的老百姓带来了实实在在的利益。……我希望通过我们的交流，多从网友当中学到一些东西，使我的工作增添一点新意，特别是能够使老百姓得到实际好处的思路。"在回答网友"政府在外交问题的上的观点与民间言论有什么关系？中国政府的外交策略会受专家学者及民间观点的影响吗？"这一问题时，李肇星指出："外交官也是人民的一部分。中国政府的观点从民间言论中汲取丰富的营养，又反过来为人民和国家的利益服务。"在被网友问到"你个人经常上外交论坛或新华网等其它论坛吗？你觉得网民的观点对你的具体工作有启发吗？如有，可否举例？"时，李肇星回答："我非常希望能有更多的时间上网浏览。网上有许多观点很有参考价值，比如说，关于中国的外交'软''硬'之争就能促使我们经常反省和深思。"<sup>②</sup> 由于政府对民意的关注日益经常化、程序化，因而网民能有较多的机会与外交部的前任及现任各级官

---

　　① 洪浚浩：《网络舆论与中国的外交决策》，载于郝雨凡、林甦：《中国外交决策——开放与多元的社会因素分析》，北京：社会科学文献出版社，2007年版，第125页。

　　②《外交部长李肇星与公众网上交流》，2003年12月24日，http://www.people.com.cn/GB/shizheng/1027/2262087.html。

员在线交流，外交部的官员也经常上网查看公众对中国外交的观点和观感。

举办"公众开放日"活动是外交部为了使中国外交去神秘化、使外交走近民众的重大举措。2003年9月6日，外交部首次举办"公众开放日"活动，北京大学、清华大学、中国人民大学和北京理工大学的大学生以及其他一些关注中国外交事业的人士共计35人参加了这次活动。2004年6月20日，外交部举办第二个公众开放日，来自国内8省、市、自治区的108名公众参观了外交部，外交部长李肇星参加了此次活动，并对参观者说："欢迎大家到外交部来，外交部是人民的外交部，欢迎大家参观。""欢迎你们给祖国的外交工作提供智慧和建议，也希望你们给外交部工作以监督和帮助。"① 毫无疑问，这一机制的运行将会使越来越多的普通民众有机会参观外交部，并与外交官们当面交流。

此外，值得一提的还有外交档案的开放。自2004年1月16日开始，外交部将保存的新中国成立以来的部分外交档案正式对外开放，其中不乏鲜为人知的绝密级档案。目前，外交档案的开放逐步制度化、常态化，每两年开放一次，查阅程序规范简约，开放力度不断加大。当然，不是所有的档案都会开放，凡是涉及国家利益（尤其是安全利益）、影响与他国关系、涉及个人隐私、影响民族团结的档案都不会开放。对于外交档案开放的目的，时任外交部档案馆馆长廉正保解释说，是为了"保障公民知情权的需要，也是我国与国际接轨、依法行政的

---

① 《快评：外交部是人民的外交部》，新华网2004年6月21日，http://news.xinhuanet.com/comments/2004-06/21/content_1537457.htm。

表现"。① 外交档案的开放体现了中国外交自信心的增强，提升了中国外交的关注度和透明度，便利了民众客观、理性地了解和参与中国外交，丰富了外交部门与民众间制度化的交流互动渠道。

通过以上种种举措可以看到，面对民意的崛起，政府正在以一种民主开放的姿态积极应对，正如日本著名的《朝日新闻》所言："改革开放使国民的权利意识逐渐增强，政府当局也意识到了舆论的新动向，开始努力寻求民众对政策的理解。"②

当然，从客观上来说，中国外交面临纷繁复杂的国内外形势，也需要中国民众的理解和支持。一方面，冷战后的国际环境里出现了大量不确定因素，多极化、全球化进程带来的国际政治、经济突发事件激增，③ 尤其是伴随中国融入国际社会程度的加深，中国在国际交往中的矛盾和摩擦日渐增多。另一方面，由于中国正处于社会转型期，社会矛盾增多，加之民族主义情绪高涨，外交问题、外交政策可能成为社会不满情绪爆发的导火索和宣泄口。其结果不仅可能对社会稳定带来不利影响，而且可能对外交政策的施行带来干扰。④ 因而，中国外交不但肩负为实现现代化营造良好国际环境、在国际社会发挥负

---

① 《中国外交档案解密过程揭密》，2006年5月18日，http://news.sina.com.cn/c/2006-05-18/00298952840s.shtml。

② 王逸舟：《全球政治与中国外交——探寻新的视角与解释》，北京：世界知识出版社，2003年版，第164页。

③ 林甦：《中国对外政策公共讨论的空间及影响》，载于郝雨凡、林甦：《中国外交决策——开放与多元的社会因素分析》，北京：社会科学文献出版社，2007年版，第188页。

④ 张沱生：《社会变迁带给中国外交的机遇与挑战》，《国际政治研究》，2006年第1期。

责任大国作用等重任，而且还要目光向内，维护国内政治稳定和政府权威。[①] 在这种情况下，加强对中国民意的引导和塑造、取得民众对外交政策的理解和支持，对于中国外交战略目标的实现具有重要的作用和意义。

### 三、媒体（尤其是互联网）的大发展

中国民意走向中外关系前台是与中国民众信息获取和表达渠道的日益畅通密切相关的。20世纪90年代中期以前，中国民众获取有关外交事务方面的信息，渠道是十分有限的，民众能够接触到的仅有《参考消息》《参考资料》《世界知识》《半月谈》《瞭望》《世界经济与政治》《西欧研究》《美国研究》等寥寥数种报纸和刊物，而传媒的作用更多的也只是宣传，其在政府和民众之间扮演着桥梁的角色，一般是政府通过媒体阐明自己的立场和态度，然后由媒体引导和塑造民意取向。如果媒体、公众和决策者三者之间存在着相互影响的话，那么更多的是政府影响媒体，媒体进而影响公众舆论，而非相反。[②] 由于政府对国际新闻报道的严格管理和限制，也由于媒体宣传的千篇一律和舆论一致，民众很难对外部信息和外交事务有一个全面、深入的了解，也更难以形成独立的见解和进行有效的民意表达。

20世纪90年代中期以后，随着市场经济运行机制在中国新闻出版领域的逐步推广，这种局面有了根本的改观。首先媒

---

① 王缉思：《中美外交决策的国内环境比较》，《国际政治研究》，2006年第1期。

② 俞燕敏：《媒体在中国对外政策中的作用——以美国对伊拉克战争事件为个案》，载于郝雨凡、林甦：《中国外交决策——开放与多元的社会因素分析》，北京：社会科学文献出版社，2007年版，第107页。

体的数量迅速增加。1975年全国书籍出版数量为13716种，期刊476种，报纸180种，出版社35家，[①]一般百姓还很难拥有电视，电视台也是屈指可数，但2003年相应的数字则发展为书籍出版190391种，期刊9074种，报纸2119种，出版社1123家，电视台2262家。[②]其次，媒体对国际关系和中国外交更加关注。一批定位于国际关系和中国外交报道的报纸和杂志纷纷涌现，象《人民日报》社主办的《环球时报》、中国新闻社创办的《中国新闻周刊》、中国国际广播电台推出的《世界新闻报》、以及新华社《参考消息》报主办的《国际先驱导报》等等。[③]它们依托自身的资源优势，积极面向市场，在报道的广度、深度和报道风格的生动性、趣味性方面满足了社会的需要，创造了良好的经济效益和社会效益。同时，中央和地方的电视台、广播电台还专门开辟了国际频道或国际新闻时段，设立了具有较高专业水准的节目主持人，定期或不定期邀请专家学者就民众关注的国际热点和中国外交问题发表评论，像清华大学的阎学通和楚树龙就经常担任中央电视台的节目评论员，北京大学的贾庆国和中国人民大学的金灿荣也经常见诸各种媒体。这些专家学者的观点对于普通民众具有重要的影响。再次，媒体言论出现多样化。[④]余燕敏在《媒体在中国对外政策

---

① 林甦：《中国对外政策公共讨论的空间及影响》，载于郝雨凡、林甦：《中国外交决策——开放与多元的社会因素分析》，北京：社会科学文献出版社，2007年版，第185页。

② 张清敏：《社会变迁背景下的中国外交决策评析》，《国际政治研究》，2006年第1期。

③ 林甦：《中国对外政策公共讨论的空间及影响》，载于郝雨凡、林甦：《中国外交决策——开放与多元的社会因素分析》，北京：社会科学文献出版社，2007年版，第186页。

④ 王存刚：《政治文明与中国外交》，《国际观察》，2004年第3期。

中的作用》一文中将媒体间的差异分为两种类型："真实差异"和"适度差异"。真实差异源于每个媒体不同的宗旨和目的。由于中国引入市场经济体制，政府对多数媒体的财政资助大幅度削减，有的则完全取消，因而不同媒体也就有了不同的生存法则，继续享有政府财政资助的少数媒体，像作为党的喉舌的《人民日报》，就不必考虑财政问题，其主要目的就是把党的声音迅速直接地传达给中国公众。但其他大多数媒体则必须在优胜劣汰的激烈竞争中为增加发行量、争取实现财政自给乃至更大盈利而奋斗，为此他们不得不寻求更为多样化的内容和形式，以满足更多读者的需要。适度差异则由于带有政治和意识形态色彩，所以更为敏感和引人注目。比如，对于伊拉克战争的报道，中国政府和官方媒体的立场就是反战的，但是有不少新闻媒体认为这是一场民主自由与专制暴政之间的战争，对伊拉克人民来说，战争或许意味着暴政的结束和自由生活的来临。所以这些媒体发表了一些与政府立场相左、口径不一的文章和评论，《中国新闻周刊》中38.3%、《南方周末》中27.3%、《环球时报》中21.5%和《人民日报》中5.8%的文章、评论和新闻报道对美国及其主导的伊拉克战争持支持态度。[①] 多元化的报道必然塑造多元化的民意，而民意的多元化恰恰昭示着中国民意的真正崛起。

　　互联网在中国的迅速普及和广泛应用是推动中国民意走向中外关系前台的最重要的媒体因素。根据中国互联网络信息中心的统计，1997年10月第一次调查结果显示，中国有62万上网用户人数，截至2002年12月31日，我国网民数量已经达

---

　　① 俞燕敏：《媒体在中国对外政策中的作用——以美国对伊拉克战争事件为个案》，载于郝雨凡、林甦：《中国外交决策——开放与多元的社会因素分析》，北京：社会科学文献出版社，2007年版，第106—108页。

到5910万，已是当初的95.3倍，我国WWW站点数为37.16万个。1994年，中国实现了与国际互联网的TCP/IP（传输控制／网际互接协议）连接，开通了互联网，开始提供互联网的全功能服务，成为第71个正式加入互联网的国家。中国开通互联网后，上网人数以几何倍数增长，其中宽带接入用户达到2000万户，互联网站60万个，上网计算机3660万台，CN域名注册总量40.5万个，互联网国际出口带宽超过60G。2001年6月，上网人数2560万人；到2002年6月，上网人数4580万人；2003年6月，上网人数6800万人；2004年6月，上网人数8700万人；2005年6月，上网人数10300万人；2006年6月，上网人数12300万人；到2007年底，这一数字为2.1亿人。这个群体仍以每年数千万之巨扩张。到2008年2月止，我国网民数已达2.21亿人，超过美国居全球首位。①

互联网的开放性、匿名性以及扩散性从根本上改变了中国民众信息获取和民意表达的传统方式，为中国民众参与、影响中外关系提供了技术平台。首先，互联网开辟了中国民众获取国际事务和中国外交相关信息的新的重要渠道。如果说在互联网进入中国之前，对外部信息的垄断还是体制内一定级别的官员们的特权的话②，那么随着互联网在中国的广泛应用，这种垄断已经变得不再可能或者说是很难做到了。实际上，伴随中国融入国际社会步伐的加快和互联网在中国爆炸式的增长，中国民众已经能够较为容易地通过互联网来获取外部信息了。中

---

① 转引自齐建华：《影响中国外交决策的五大因素》，北京：中央编译出版社，2010年版，第244页。

② 郝雨凡：《影响中国对美决策的社会因素》，载于郝雨凡、林甦：《中国外交决策——开放与多元的社会因素分析》，北京：社会科学文献出版社，2007年版，第12页。

国共青团中央、全国学生联合会与新生代市场监测机构所作的
调查表明，互联网正取代传统的报纸和电视，成为中国高校学
生获取信息的首要渠道。调查显示：中国大学生的上网率为
84%，北京高校师生的上网率更是高达97.6%；56.4%的大学
生以互联网为获取信息的主要渠道，55.1%的学生从报纸上获
取信息，还有49.8%的学生从电视上获取信息。[1]信息渠道的
畅通和多元与中国民意的崛起之间存在着必然的联系或者说前
者是后者的必要条件。从历史上看，建国后的很长一段时间，
民众获取信息的渠道较为单一和闭塞，民意与外交政策就高度
统一。改革开放以来，伴随信息渠道的畅通和多元，民众对国
际事务和中国外交的立场和看法就有了一定的分化，逐步出现
了与现行外交政策不同的争论和声音。这时的民意因为有了独
立的思考和意志才称得上是真正意义上的民意，民意的崛起也
由此开始。其次，互联网还为中国民众就国际事务和中国外交
问题发表观点和看法乃至组织示威游行提供了重要平台。互联
网在中国的大发展对于中国的民意表达具有革命性的意义和影
响，"几十年来，中国没有公众表达观点、参与政治和公众事
务的系统渠道。""在传统的大众媒体上，大规模的公众讨论是
不可能的，尤其是涉及外交政策的讨论更不可能。"[2]但是，互
联网在中国的发展却使中国民众更有条件发声了，事实上，中
国民众已经越来越习惯于在互联网上发表自己的观点，尤其

---

[1] 转引自俞燕敏：《媒体在中国对外政策中的作用——以美国对伊拉克战争
事件为个案》，载于郝雨凡、林甦：《中国外交决策——开放与多元的社会因素分
析》，北京：社会科学文献出版社，2007年版，第111页。

[2] 洪浚浩：《网络舆论与中国的外交决策》，载于郝雨凡、林甦：《中国外交
决策——开放与多元的社会因素分析》，北京：社会科学文献出版社，2007年版，
第136页。

是在出现涉及中国重大利益的国际问题或中国外交陷入困境时。在前文分析的"炸馆"事件、反日"入常"事件、以及"抵制家乐福"事件中，中国民众或在网络论坛发帖、转帖表达民情民意，或发起、组织声势浩大的网络签名，或将网络民意转化为示威游行，中国民众已经学会运用西方发明的互联网技术来反击西方了。

## 四、中国民意的崛起与西方反华行径之间矛盾的发展

一直以来，在某些西方人的眼中，中国民众是一些沉默、冷淡、没有思想的顺民，中国不存在真正的民意，但随着互联网在中国的发展，他们惊讶地从中发现中国民众具有强烈的政治参与意识、公平正义感以及高涨的爱国主义热情。其实，中国民众素来关心国内外大事，只不过近些年中国民意的影响和作用日益显现罢了。中国民意的崛起与中国政治文化有着千丝万缕的联系。按照美国政治学家杰里尔·罗赛蒂的定义，政治文化是指"人们如何看待自己及他们的与世界其它地区相关的国家"。[①] 这个定义包含着两个层面的涵义，即"人们如何看待自己"和"人们如何看待他们的与世界其他地区相关的国家"。毫无疑问，这二者存在着密切的联系，并且对民意的形成具有重要的影响。中国政治文化中的"受害者心理"、大国观念等内容就在很大程度上影响着中国民众反西方民意的形成和表达。西方列强对中国的侵略和掠夺不但使中华民族遭受百年屈辱，而且还使中国民众形成了"受害者心理"。他们认为，近代中国的积贫积弱、命运多舛都是西方的殖民侵略所造成

---

① ［美］杰里尔·A.罗赛蒂：《美国对外政策的政治学》，周启朋等译，北京：世界知识出版社，1996年版，第372页。

的，尽管中国赢得了独立，并在改革开放后迅速崛起，但"帝国主义亡我之心不死"，总是千方百计遏制中国的发展。另一方面，上世纪90年代以来，随着中国经济的迅速发展、综合国力的大幅提升，中国民众的自信心也在逐步增强。处在上升期间的国家和人民对自己、对别人、对世界都产生了新的看法和诉求。学者们将这种心态称为"大国心态"或"大国情绪"。不允许西方给自己的祖国抹黑，不是中国人脾气大了，而是中国人更爱自己的国家。英国广播公司国际台（BBC WORLD SERVICE）每年都要进行国家影响力调查，该项调查主要采用面对面访谈、电话访谈等规范的调查方式，在被调查国家进行抽样调查，其数据基本可靠。下面的表呈现了三年来一些大国国民对自己国家的认同程度。

**表5-3　三年来世界大国对自己国家的认同程度**

| 被调查国家地区 | 2008年 | | 2007年 | | 2006年 | |
|---|---|---|---|---|---|---|
| | 正面 | 负面 | 正面 | 负面 | 正面 | 负面 |
| 中国 | 92 | 6 | 90 | 4 | 81 | 6 |
| 俄罗斯 | 82 | 2 | 78 | 4 | 78 | 2 |
| 德国 | 80 | 4 | 75 | 10 | - | - |
| 法国 | 72 | 13 | 63 | 16 | 74 | 14 |
| 英国 | 63 | 23 | 60 | 27 | 55 | 32 |
| 美国 | 60 | 31 | 56 | 36 | 57 | 28 |
| 印度 | 51 | 7 | 59 | 7 | 55 | 14 |
| 日本 | 41 | 11 | 36 | 15 | - | - |

此表所采用数据皆为 BBC 五年来所公布的调查数据；以上数据为百分数；平均数不含被调查国的自我评价；划"-"者当年无数据；在正面看法数据、负面看法数据之外，是被调查者在调查中未回答问题或对被调查国家未做正面、负面评价的数据，本表未做专门体现。

　　从上表中，我们可以看出，在接受调查的国家中，中国人更爱自己的国家，中国人对本国的认同远远高于其他国家，世界最高。中国人是所有被调查国家中，每年都对自己国家正面看法最高、负面看法最少的国家。① 许多中国民众认为，中国是世界四大文明古国之一，为人类文明的发展作出了突出的贡献，伴随着中国的迅速崛起，那个积贫积弱、任人宰割的时代已经一去不复返，强大的中国应该得到国际社会的广泛尊重，并在国际事务中扮演重要的角色。

　　但是，与人们的期望恰恰相反，在上世纪90年代出现的一系列中美冲突事件，明白无误地显示出中国目前在国际上的地位远非想象的那么重要。② 经济方面也是如此。当人们满怀期望进入世界市场的时候，突然发现这个市场远不如想象的那样理想，发现其中存在着不合理的国际经济秩序。③ 非但如此，随着中国和平崛起步伐的加快和融入当今国际社会程度的加深，中国与西方国家的矛盾和摩擦也日渐增多，从政治上来看，西方某些国家在东欧剧变、苏联解体后并没有摒弃冷战思维，对中国仍然抱持遏制、敌视的态度。中美之间的"炸馆"事件、"撞机"事件、中日之间的参拜靖国神社问题、历史教科书问题、钓鱼岛问题以及中法之间的法国政要将奥运政治化的言行、奥运火炬传递巴黎受阻等等，都显示出西方国家反华政策的本质和咄咄逼人的挑衅姿态。从经济上来说，中国经济与世界经济日益密切的联系在使中西方彼此受益的同时，也带

　　① 侯东合等：《西方不痛快：中国崛起所面对的真实西方》，北京：中国广播电视出版社，2009年版，第8、14—15页。

　　② 任丙强：《中国民族主义的重新兴起：原因、特征及其影响》，《学海》，2004年第1期。

　　③ 同上。

来了越来越多的现实利益冲突尤其是贸易摩擦。为了本国工业的生存和发展，西方国家高筑贸易壁垒，以反倾销、贸易配额等多种方式限制中国廉价商品的进入，中国则以世贸规则为利器进行反击，频繁发生的贸易摩擦不仅恶化了中国与西方国家间的关系，也加剧了中国民众对西方国家的不满情绪。其实，通过中西间的这些矛盾和冲突，我们能够清晰地感受到西方国家对中国的敌意和不友好。BBC 国家影响力的数据印证了这一点，下表展示了五年来被调查西方国家对中国的看法。

表5–4　五年来被调查西方国家对中国的看法

| 被调查国家地区 | 2008年 | | 2007年 | | 2006年 | | 2005年 | | 2004年 | |
|---|---|---|---|---|---|---|---|---|---|---|
| | 正面 | 负面 | 正面 | 负面 | 正面 | 负面 | 正面 | 负面 | 正面 | 负面 |
| 澳大利亚 | 47 | 37 | 60 | 28 | 43 | 39 | 43 | 38 | 56 | 28 |
| 英国 | 39 | 42 | 48 | 38 | 49 | 34 | 40 | 44 | 46 | 34 |
| 美国 | 32 | 52 | 33 | 54 | 34 | 44 | 35 | 53 | 39 | 46 |
| 加拿大 | 31 | 58 | 45 | 40 | 46 | 42 | 36 | 44 | 49 | 39 |
| 西班牙 | 29 | 54 | 43 | 32 | - | - | 45 | 32 | 37 | 33 |
| 法国 | 22 | 70 | 35 | 46 | 32 | 59 | 31 | 53 | 49 | 33 |
| 意大利 | 21 | 68 | 35 | 50 | 25 | 58 | 22 | 55 | 42 | 40 |
| 德国 | 11 | 69 | 28 | 59 | 30 | 53 | 31 | 44 | 34 | 47 |
| 日本 | 8 | 59 | 12 | 59 | - | - | - | - | 22 | 25 |
| 世界平均 | 39 | 40 | 47 | 32 | 42 | 32 | 45 | 27 | 48 | 30 |

　　此表所采用数据皆为 BBC 五年来所公布的调查数据；以上数据为百分数；平均数不含被调查国的自我评价；划"-"者当年无数据；在正面看法数据、负面看法数据之外，是被调查者在调查中未回答问题或对被调查国家未做正面、负面评价的数据，本表未做专门体现。

　　从上表可以看出，在所有进行调查的五年中，西方国家对中国的正面看法，大部分都低于当年所有被调查国家（含发达国家和发展中国家）对中国正面看法的平均值，而对中国的负面看法则高于所有被调查国家对中国看法的平均值。这说明，从整体上来说，西方国家对中国的正面评价偏低。[①]

　　总之，日益崛起的中国民意与西方根深蒂固的反华情结、反华政策之间存在着难以克服的矛盾和冲突。如果说鸦片战争时的中国民众受制于国力的衰弱，还无力表达自己意愿的话，那么在20世纪末21世纪初面对已然迅速崛起的中国，自信满满的中国民众必然要对不合理的国际政治经济秩序、西方国家的霸权主义反华行径表达自己的不满，甚至采取直接的行动，从这个角度来讲，中国民意从后台走向前台、直接影响中外关系的演变，应该说是一种历史的必然。

---

　　[①]　侯东合等:《西方不痛快：中国崛起所面对的真实西方》，北京：中国广播电视出版社，2009年版，第8—9页。

# 第六章　中国民意对中外关系的影响

## 第一节　中国民意在中外关系演变中的作用

通过前文的案例分析，我们发现中国民意在中外关系互动中的作用和影响是多方面的，大致而言可以归纳为以下四种情况：

### 一、为中国政府外交提供支持

中国民意对中国政府外交的支持是多方面的。首先，为政府的对外行为提供合法性支持。正如国家政权的合法性来自国内民众的认可一样，政府外交政策的合法性也需要得到民意的支持。显而易见的是，得到民意支持的对外政策往往是自信而强大的，而为民意所强烈反对的对外政策则常常脆弱而难以持久。汉斯·摩根索曾说："政府可能对于外交政策的需要和支持它们的国内政治的需要有着正确的理解，但是，如果它不能引导公共舆论支持这些政策，它的努力将是无效的，并且国家能够夸耀的其他国家权力资源都将不能得到最充分的运用。"[①]

---

① ［美］汉斯·摩根索：《国家间政治：权力斗争与和平》，徐昕、郝望、李保平译，北京：北京大学出版社，2006年版，第187页。

中国民意外交影响力的日益增强，既是中国国内变革不断深入的结果，反过来又为中国政府外交提供了强大的民意基础。其次，弥补政府外交不足，为政府外交提供补充。政府外交必须讲求言行的规范、得体和权威，在对外交往中必须谨言慎行，因为他要对自己的言行负责，但中国民众未必受这样的约束，他们完全可以以一种简洁、直白、激情的方式表达自己对某一外交事务的好恶，这样既可以将政府不愿表达或不便于表达的意图以民间的方式予以表达，又可以将这种表达的效果发挥到某种极致而不用承担任何外交责任。中国在与西方国家的交往中，常常会面对王缉思教授所说的"一个国家对一个社会"，即政府作为国家的代表以一己之力对抗一个西方社会的不利局面，但随着中国民意的崛起，中国民众支持并参与中国外交，这就弥补了政府外交的不足，在主观或客观上与政府外交相互补充，相得益彰，从而取得良好的外交效果。前文所述"炸馆"事件、反日"入常"事件以及"抵制家乐福"事件中的民意作用已充分说明了这一点。

应该指出，从外交政策目标和内容而言，如果民意倾向与政府意图一致，那么民意对政府外交的支持自不待言；如果与政府意图存在某些差异，也未必就是一件坏事，因为这种差异的存在虽使政府面对民意的压力，但同时这种民意倾向也可以增加政府的回旋余地，成为政府实现国家利益的杠杆或筹码。须知，外交的本质在于妥协，在利益博弈各方讨价还价的过程中，谁的筹码多、谁能得心应手地运用这些筹码，谁就能在外交博弈中获得更多的优势和利益。

## 二、对中国政府外交施加压力

民意是双刃剑，它既能给政府外交提供助力，也能对政府外交施加压力。西方学者对民意对政府的约束和限制作用有不少有见地的论述。威尔逊曾说"公共舆论对于精英的冒险行为可以起到一个刹车的作用，使政策制定者由于害怕失去大众支持而不去走极端"。[①] 兰普顿也曾指出："公共舆论有助于划定一个领导者可以相对自由决策的空间，尽管这个空间很大，但并不是无限的。因此，许多问题和许多国内情况，使得领导者的决策空间比较有限。领导者明白哪些问题是非常敏感的，以至于处理不当会造成社会的不稳定。这样就有了一个'可允许的界线'的模糊观念。"[②] 事实上，由于公众与政府对外交事务的看法和角度不同，对相关信息的掌握、理性思考的程度有别，因而在外交政策目标、实现手段上就存在态度上的分歧和差异，这在各国都是一个普遍的现象。但是，如果这些分歧和差异过大，就会给政府外交带来巨大的压力，甚至造成外交政策的不稳定。近些年，随着互联网技术在中国的迅速普及以及中国经济发展所带来的民族自信心的增强，中国民众对中国外交的关注程度呈上升之势，并在某些涉及中国核心利益问题上形成了不同于政府的看法。由于中国外交提倡"外交为民"，而且与其他国家相比，中国外交决策者更加关注民众意见，因而那些意见集中、言辞强硬的民众呼声必然被纳入外交决策者的考虑范围之内，从而对政府外交决策产生重要的影响和作用。

比如，2001年4月1日中美之间发生了"撞机"事件，事发初期，中国政府、外交部对待此事的态度并不明确，官方新

---

① 《我国网络民意的成长、政治意蕴及政府回应》，2010年8月27日，http://bbs.qstheory.cn/viewnews-1909.html。

② David M. Lampton, eds, *The Making Of Chinese Foreign and Security Policy in the Era of Reform, 1978-2000*, Stanford University Press, 2001, p.14.

闻机构（如《人民日报》）也没有在第一时间报道。[①] 但中国民众却通过网络表达了强烈的反美情绪，这给中国政府外交带来了很大的压力，使得中国政府对此问题的国内外表态出现了矛盾，一方面，中国驻美国大使在接受《华盛顿邮报》记者采访时断言中国无意与美国对抗；另一方面，在国内，中国在南海进行了军事演习，当时的国家主席江泽民就此事发表了态度强硬的讲话。一些学者认为，国家领导人的这种强硬态度主要是考虑到网络公众舆论而作出的反应。[②]

再比如，在钓鱼岛问题上，中国民间"保钓"言行给中国政府外交带来了巨大压力。早些年只是港台的一些民间人士乘船到钓鱼岛宣示主权，但自2003年开始，大陆民间人士也积极加入了保钓运动的行列。2004年3月24日，16名民间"保钓"人士到达钓鱼岛，但其中7人被日本警察拘留。这在网络上引起了大规模的"保钓行动"。中国政府最初对此非常低调，一些民间力量批评政府过于软弱，互联网中反日网站因应剧增。网络内外的舆论让政府陷入困境：一方面，如果对"保钓"事件过于低调，则得不到大众的理解，如果对民间"保钓"采取压制行为，则会激起民怨、激化社会不满；另一方面，外交部等机构如果采取高调而强硬的做法，则会激化该问题，进而影响中日关系。但在两天后，中国政府要求日本政府认清形势的严峻性，无条件释放被捕中国公民，否则问题会变得越来越复杂，进而损害中日关系，由此引发的后果必须由日

---

① 鲁新安:《互联网时代的外交部》，载于郝雨凡、林甦:《中国外交决策——开放与多元的社会因素分析》，北京：社会科学文献出版社，2007年版，第146页。

② 同上。

本承担。①

由此可见，中国外交决策者正在面临纷繁复杂的外交决策环境，他们已不能仅仅单纯地关注政府间的高层往来，而且还必须小心谨慎地考虑和面对国内的民意动向，必须在中外关系和国内民意之间适时保持平衡，必要时作出合理的倾斜。所以，在这个意义上讲，外交决策者已在无意中与民众共享了曾经自我垄断的外交决策权，中国的外交决策模式正在悄然间发生巨大变化。

### 三、对对象国政府外交施加压力

在全球化时代，民意不只是通过支持或施压本国政府外交对中外关系产生影响，而且已经具备了超越国界、直接对对象国产生影响和压力的能力和条件了。

全球化推动的物质、信息、人员的加速流动使得被地理空间与民族国家隔绝的世界政治日益融合在一起，这一现象被著名地理学家戴维·哈维概括为"时空压缩"。在时空压缩条件下，信息无障碍的加速流动不仅使普通民众能够较为便捷地了解中国外交和国际事务的相关信息，而且可以使民众对相关问题的态度立场和意见看法在全球广泛传播。可以说，全球化通过时空压缩赋予了普通公民更大的参与政治与外交活动的空间、信息资源。另一方面，全球化又通过跨国相互依赖的深化破解了外交领域的"国家中心主义"。相互依赖的实质是非国家的跨国行为体之间互动。相互依赖的行为主体在很大程度上并不是抽象的作为整体的国家（及其政府），而是社会中的企

---

① 王逸舟、谭秀英：《中国外交六十年（1949—2009）》，北京：中国社会科学出版社，2009年版，第194页。

业、集团和个人。伴随着跨越国界的商品、资金、技术、信息和人员的交往和流动，在相互依赖的国家内部必然形成某种跨国性的利益共存结构，这种利益结构会打破国家主权和利益单一性和完整性，并通过国内政治过程对国家间的政治和外交关系产生影响。[①] 以上两种因素的叠加和相互作用为民意影响对象国政府提供了现实的物质基础和可能性，民众由此可以绕过本国政府在国际关系舞台上独立表达自己的意愿和想法，民众也从外交活动的被告知者转变成了外交活动的积极参与者，并且以此为背景，不同国家的国民的冲突和以前的国家利益的冲突有了明显的不同。前全球化时代的直接冲突是政府性质的，而全球化时代的直接冲突则更多的是民间性质的。[②] 因而，全球化背景下，国际关系视野中的民意的作用和影响力日益突显了。

2008年，围绕西藏问题、奥运火炬传递问题而展开的反西方民意斗争可以说是全球化时代中国民意影响中外关系的一个经典案例。西方媒体对中国西藏问题的歪曲报道、奥运火炬在西方传递的接连受阻，尤其是藏独分子在巴黎对火炬手金晶的袭击，激发了海内外中国民众强烈的爱国主义情绪。我们看到，草根网站 anti-cnn 是利用网络信息的无障碍传播反击西方媒体的污蔑，并向西方民众澄清事实的。发生于英、法、德等国的华人游行示威则直接向所在国政府和媒体表达了国人的愤怒，对其形成了压力。身处国内的中国民众也没有将问题诉诸政府，而是选择了法国在中国的跨国企业家乐福作为抵制的对象、向法方传递中国民众的正义呼声。总之，全球化为中国民

---

① 　余万里：《全球化时代的民间外交》，《国际观察》，2008年第5期。

② 　《如何理解全球化时代的理性爱国主义》，2008年4月19日，http://www.china.com.cn/review/txt/2008-04/19/content_14979447.htm。

众提供了与西方反华势力直接过招的机会和手段，中国民众借此登上了中国外交的前台，成为了影响中外关系的重要因素。

## 四、对对象国民众产生刺激

全球化时代的中国民意表达也可能对对象国民众产生直接的影响和作用，尤其是两国关系陷入危机时期，中国部分民众的情绪化言行往往会在对象国民间引起相应的情绪反弹，对象国民众的过激言行反过来可能会进一步刺激中国民众的情绪，两国民间的敌对情绪恶性互动，从而在根本上恶化了两国关系的基础。

2008年4月，中国民众发起了抵制家乐福运动，法国各大主流媒体，如法国晚报、法国《快报》杂志、《新观察家》杂志，纷纷发表了《中国网民号召抵制家乐福》的文章，一时间在法国网络论坛上引起了一场是否要抵制中国和中国货的大辩论。有部分极端法国网民用红色字体和惊叹号标出"抵制中国和中国产品"的字样。在 denonciation.com 网站上，有人贴出了一则《是否应该抵制中国》的帖子，就有网民回应与其抵制奥运会，不如抵制中国的产品，并停止在中国的投资。[1] 同样，中国网民发出的抵制法国游的呼吁，在传到法国后，也引起了法国民众的反感，有网民在论坛表示"中国人要真不来法国，巴黎的公交车会安静很多、路上垃圾会少一些……"[2] 这些言论经国内媒体报道，使本来因国家间关系紧张而对立的民间情绪更加雪上加霜，双方的恶意进一步加深。

---

① 《法国网民呼吁抵制中国货》，2008年4月16日，http://news.sina.com.cn/s/2008-04-16/024815365507.shtml。

② 章淑婧：《国际危机管理中的国内因素研究——基于对中国知识精英和普通民众的分析》，华东师范大学学位论文，2009年。

## 第二节　中国民意影响中外关系的路径分析

通过对中国民意影响中外关系的三个典型案例的观察和分析，可以发现，中国民意影响中外关系至少存在两条路径：（1）对象国辱华行为——媒体报道——中国民意形成、表达——中国政府表态——中外关系变化（2）对象国辱华行为——媒体报道——中国民意形成、表达——对象国媒体报道——对象国政府及民众反应——中外关系变化。两条路径的区别在于第一条路径是中国民意通过助推或施压中国政府影响中外关系的变化，第二条路径则是中国民意绕过中国政府，直接对对象国政府及民众施压来影响中外关系的变化。为了表述上的方便，本书将中国民意影响中外关系的上述路径划分为以下四个阶段：

### 一、媒体对对象国辱华行为关注和报道的阶段

这是中国民意影响中外关系的首要环节，因为中国民众必须对对象国的辱华行为有所关注和了解，才能形成民意，并对中外关系产生影响，而民众了解对象国的主要渠道就是媒体。以中国民众对日本的了解为例，2005年，复旦大学新闻学院的顾炜程、侯静慧曾对中国人的"日本观"做过问卷调查。调查数据显示，在了解日本的渠道中，大众传播手段占据了绝对的优势，电视（78.6%）、报纸（67.6%）和书籍（47.5%）是三种最具影响力的大众传播手段；相比较之下，通过亲身体验、亲朋好友或是与日本人交往等人际渠道则寥寥无几。并且，研究者还将中国人现在（2005年）和十年前的了解日本的主要渠道进行了一番对比，以呈现这些主要渠道在十年间的

变化。①

表6-1　中国人了解日本所采取的主要渠道

| 选项（复数回答） | 十年前（1995）% | 现今（2005）% |
|---|---|---|
| 1、报纸 | 69.2 | 67.6 |
| 2、广播 | 47.8 | 31.1 |
| 3、电视 | 25.4 | 78.6 |
| 4、网络 | / | 39.2 |
| 5、电影 | 47.3 | 40.1 |
| 6、书本 | 59.55 | 47.5 |
| 7、现在或曾经在日本的朋友 | 15.3 | 10.5 |
| 8、与在华的日本人交谈 | 15.2 | 6.2 |
| 9、在日本的亲身体验 | 13.8 | 12.9 |
| 10、其他 | 5.2 | 3.2 |

　　其实，中国民众了解世界其他国家的主要渠道也是媒体，媒体是中国民众的主要信息来源。面对信息时代浩如烟海的各种信息，正是媒体对对象国辱华行为的议程设置以及后续的高密度、高强度的报道，才使对象国辱华行为进入中国民众的视野，引起更多的关注。当然媒体不应概而论之，还应该对媒体作进一步的细分并观察其影响和作用，换句话说，传统媒体和网络媒体在对对象国辱华行为的报道中分别扮演了不同的角色，发挥了不同的作用。相关信息有时是传统媒体首先进行报道，网络媒体继而迅速跟进；有时是传统媒体与网络媒体竞相报道，相互推动，互为补充；有时是网络媒体先行，传统媒体跟踪报道，深度挖掘；也有时传统媒体"集体失语"，而网络媒体独领风骚。比如，美国为首的北约轰炸中国驻南联盟大使

---

　　① 顾炜程、侯静慧：《2006中国传播学论坛论文集（Ⅰ）》，2006年。

馆的消息，就是由传统媒体首先进行播报的，但是，随着互联网在中国的迅速普及，网络媒体的影响作用呈现出后来居上的态势。2001年"撞机"事件发生初期，中国政府、外交部对待此事的态度并不明确，官方新闻机构（如《人民日报》）也没有在第一时间报道。但是，在几个主要网站尤其是个人网站上，这一消息迅速传播开来，发表评论的帖子铺天盖地。[①] 另外，奥运圣火传递巴黎受阻、火炬手金晶受到"藏独"分子袭击的消息也是首先在网络论坛里发布并传播的。网络媒体作用的愈益突显应该归因于两个方面的因素：其一，互联网传播的迅捷性、无边界性使网络媒体比传统媒体消息更灵通、反应更迅速；其二，传统媒体尤其是官方传媒受宣传纪律的约束，不便进行报道，而网络媒体尤其是个人网站则受到较少的管制和约束。

## 二、中国民意形成、表达阶段

对象国的辱华行为经过媒体播报为中国民众知晓后，中国民意进入形成、表达阶段。由于中国特殊的媒体环境，中国民众对于利用网络媒体表达意见、宣泄情感往往青睐有加，并逐步习以为常。他们利用网络论坛、新闻跟帖、聊天室、QQ群组等网络功能，发表个人见解，参与群组讨论。由于每个人受教育程度不同、社会阅历不同、社会地位不同，因而对于对象国的辱华行为就会产生不同的反应、抱持不同的观点和看法，各种观点经过复杂的全方位的交流、争鸣、碰撞，最终形成占压倒性优势的共识或泾渭分明、难分高下的歧见，即民意。应

① 鲁新安:《互联网时代的外交部》，载于郝雨凡、林甦:《中国外交决策——开放与多元的社会因素分析》，北京：社会科学文献出版社，2007年版，第146页。

该指出，在民意的形成过程中，意见领袖的作用至关重要。意见领袖是指对公共事件反应敏锐，并以深刻见解影响他人的人。意见领袖不同于传统意义上的政治精英，他们所依赖的资源不是身份、地位、名誉，而是通过对事件的深入思考和理性分析，显示其强烈的公共意识和公共责任感，他们在民众政治参与中主要发挥着启蒙作用和引导作用。① 比如，"抵制家乐福"事件中的水婴就是意见领袖。他在猫扑网站发布的帖子《抵制法国货，从家乐福开始》在网民中产生了巨大影响，不仅促进了抵制家乐福民意的形成，而且推动了抵制家乐福运动的兴起。

中国民意形成后，通过全方位、立体化的表达方式，极大地膨胀了自身的影响力。互联网是中国民意表达的首要渠道，中国民众可以依托网络论坛、博客、QQ、MSN 等网络传播工具，将民意传达到互联网延伸到的每一个角落。手机短信在近些年也越来越成为中国民意表达的重要手段，抵制家乐福之所以形成规模浩大的声势，手机短信的组织、推动可以说居功甚伟。正是不经意间的一条短信将对家乐福事件了解或不了解的各行业民众联系在了一起，或开始关注、或亲身参与抵制家乐福运动。传统媒体的关注、报道也是民意影响力扩张的主要推动力。虽然传统媒体不是中国民意表达的首要渠道，但是传统媒体的突出优势在于它的公信力和权威性，它对对象国的辱华行为以及由此激发的中国民意的报道，尤其是与网络媒体的整合互动报道将在中国社会引起更为广泛的关注，从而对于民意的表达、民意影响力的提升、乃至对象国辱华事件的最终解决

① 陈剩勇、杜洁：《互联网公共论坛：政治参与和协商民主的兴起》，《浙江大学学报（人文社会科学版）》，2005 年第 3 期。

均具有重要的意义。民众的示威游行是民意表达最直接、最激烈的、最引人注目的一种方式，在"炸馆"事件、反日"入常"事件、"抵制家乐福"事件中，中国民众都以这种方式表达了反西方民意。

### 三、对象国媒体对中国民意表达的报道阶段（此阶段只在第二条影响路径中存在）

媒体尤其是对象国媒体对中国民意表达的报道，是中国民意影响对象国政府及其民众的重要途径。虽然中国媒体在近些年的国际政治斗争中逐步展现了自身的影响力，比如 anti-cnn 网站迫使西方媒体向中国民意低头，但总体而言，中国媒体还没有在国际传媒竞争中争取到话语权，因而也就很难对对象国政府及其民众产生深刻、持久的影响，所以，对象国政府，尤其是对象国民众更多的是接受本国媒体的影响。

从对象国媒体对对象国政府的影响来看，本书认为，媒体主要从两个方向对政府产生影响。其一，直接对政府决策者产生影响。与普通民众一样，美国政府的决策者也是通过媒体获取第一手信息，《华尔街日报》《纽约时报》《华盛顿邮报》《今日美国报》《时代周刊》《新闻周刊》、三大广播公司（ABC、CBS、NBC）及 FOX 和 CNN，都是美国政府官员关注的对象，而绝大多数官员一天的工作也通常是从浏览这些报刊、观看电视台的早间新闻或浏览互联网上的新闻网站开始的①。其二，通过影响普通民众间接影响决策者。美国是一个民主国家，民众的态度和意见影响国家政治生活的方方面面，所以由媒体引

---

① 林牧茵:《声音的力量——解析美国媒体与政治的互动》,《社会观察》,2006年第10期。

导、塑造的民意必然会在政府态度或政策上有所折射。"炸馆"事件后，美国媒体对中国民众示威游行的报道就曾进一步强化了美国民众的消极中国观，并由此影响着美国政府的对华态度和政策。必须强调的是，虽然这里论证了美国媒体报道对美国政府决策的影响，但实际上这种情况同样普遍存在于其他西方国家。

对象国媒体对对象国民众的影响更为直接、影响力度也更大。美国等西方国家的民众主要通过本国媒体获取信息，他们往往对于与其自身生活密切相关的国内信息予以更多关注，对于外部世界信息则或者漠不关心，或者由于不精通外文，而完全受制于本国媒体的报道，这在客观上为媒体塑造和操控民意提供了便利。

既然对象国政府和民众均受本国媒体的影响，那么媒体对中国问题的报道所产生的影响就是可以预见的，但是，令人尤其关注的是，西方媒体对中国问题的报道往往完全抛弃了它们所标榜的客观、公正原则，采取负面、歪曲或不报道的方式。西方媒体驻华记者在中国问题的报道中，一般都采用六分负面、四分正常报道，但当稿件到总编室时，那四分正常报道常常会被删掉，这样负面报道就成为中国问题的主要表现形式。[①] 对"炸馆"事件、反日"入常"事件以及"抵制家乐福"事件中中国民意表达的报道，西方媒体就极尽歪曲、污蔑之能事，在中西关系的互动中扮演了极其不光彩的角色。需要说明的是，西方媒体对中国问题的另眼相看主要基于这样几个原因：其一，对中国历史和现状的不了解；其二，价值观念、意

---

① 《西方媒体对中国问题报道的失准与失衡》，2009年8月18日，http://www.qstheory.cn/zl/ztck/xwzyymtzr/200908/t20090818_9914.htm。

识形态的差异使它们对中国抱持偏见；其三，中国迅速崛起使它们因丧失优越感而心态失衡。

### 四、中国民意影响力显现阶段

中国民众全方位、立体化的民意表达必然会产生一定的民意影响力，这些影响力或作用于中国政府，推动或迫使其作出符合民意的表态或出台相应的政策，或通过对象国媒体作用于对象国政府及其民众，引起对象国政府及其民众的政策回应和情绪反弹。实际上，中国民意影响力本身也经历了一个历史的发展过程，在以往的中外较量中，中国民意或者作用微乎其微、或者仅仅通过中国政府产生影响，但随着经济全球化、信息全球化的迅猛发展，中国民意除了继续影响中国政府外，而且已经能够对对象国政府及其民众产生作用，所以中国民意的影响路径更为多元，影响力也有了很大的提升。

以上内容只是从理论上简要梳理了中国民意影响中外关系的两条路径，但在现实的中外关系实践中，中国民意往往是通过两条路径同时发挥作用，比如"抵制家乐福"事件中，中国民众对家乐福的抵制既直接向法方施加了压力，又推动了中国政府表态，因而中国民意在这场中法较量中发挥了显而易见的重要作用。

## 第三节　中国民意影响力分析

中国民意对中外关系的影响力究竟如何？或者说如何衡量中国民意对中外关系的影响力？本书认为可以从历史与现实、或者说纵向与横向两个角度进行分析和研究。历史的角度是指通过对1949年到1999年的中国民意影响中国外交的历史进程的回顾，在纵向的论述分析中观察1999年以后中国民意的外交影响力。现实的角度则是指在确立相对科学的衡量指标的前提下，结合1999年以后中国民众参与中外关系的各种事件，以衡量指标横向评估1999年以后民意外交影响力的大小。

## 一、1999年以前中国民意影响力分析

从1949年新中国建立到1978年中国改革开放再到90年代中国的迅速崛起，中国民意和中国外交从毫不相干的两件事发展到二者间出现联系和交叉，中国民众的外交参与经历了从沉默到孕育的逐步发展过程。下面以改革开放为界，将1949年到1999年中国民意的发展历程划分为两个阶段，简要描述和分析中国民意对中国外交的影响和作用。

第一个阶段是1949年新中国建立到1978年改革开放前。由于外交决策的高度集权，独立的民意难以形成，因而民意对中国外交的实质影响无从谈起。

这一阶段，中国共产党借鉴苏联的斯大林模式，在政治上实行高度中央集权的政治体制，"党和国家通过各种方式，整合、控制社会与个人，大众处于高度的政治动员状态，舆论高度一致，根本不存在相对于国家而独立的社会公共领域与私人空间，国家与社会关系是高度一体化的。外交决策和话语权完全由党内的少数高层精英掌握。这种外交决策体制是导致当时外交决策非科学化，并深受意识形态、毛泽东个人因素影响的重要原因。"[①] 所以，在这种外交决策体制下，民意不可能得到

---

① 杨光斌、李月军：《中国国内政治经济与对外关系》，北京：中国人民大学出版社，2007年版，第13页。

外交决策者的关注，更不可能被纳入外交政策制定程序之中。

从民众层面来讲，无论是中国外交、国际事务相关信息的获取，还是就相关信息形成正确的认知和判断，乃至表达对中外关系的看法和建议，中国民众都不具备相应的条件和能力。作为民众信息获取渠道的中国媒体大多都是官方媒体，其主要功能还在于政治宣传和统一思想，信息来源的单一使民众很难对外部世界有一个清晰、全面的了解。再者，由于建国以来政治运动多发，经济、文教事业偏废，民众不但为生计奔波、无暇他顾，更胆怯于冷暖不定的政治氛围，因而民意的表达既缺乏经济基础又缺乏政治前提，民众很难就中国外交或国际事务形成自己的观点，更难以对政府的外交决策产生实质性的影响。

但是，我们并不能说中国民众是中国外交的缺席者，在这一阶段，由于高度的政治动员，加之中国共产党巨大的政治权威，中国民众给予了中国政府外交充分的信任和支持，"无论联苏反美或联美抗苏，或者以血肉之躯和无数物资援助朝越抗美战争和支持第三世界，人民都几十年如一日地牺牲自我全力支持国家的外交政策。"[1] 所以，这一阶段的中国民众虽不能独立影响中国外交，但却是中国外交政策的积极拥护者和坚定支持者。

第二阶段是从1978年改革开放到1999年"炸馆"事件以前。随着改革开放的逐步推进和中国民意的日趋觉醒，民意的外交影响力开始逐步显现。

1978年确立的改革开放政策对中国社会各个领域都意味

---

① 《中国对外政策中的民意因素》，联合早报网2010年3月20日，http://www.afinance.cn/new/xzgd/201003/260072_2.html。

着一场深刻的革命。从外交领域来看，最为明显的变化莫过于外交决策机制的变革。一方面，"由于党和国家领导人的代际更替，领袖的超凡魅力影响在对外政策中逐渐减弱，对外政策的决策不再像原来那样为少数最高层精英掌握，而是集体决策，多部门参与其中。"①另一方面，外交决策科学化、民主化问题也被逐步提上议事日程。早"在80年代初期，邓小平提出决策要科学化、民主化，要加强中国国际问题研究的能力，培养自己的对外研究专家，为此成立了国际问题研究中心负责统一安排"。②之后，专家学者在国际问题和中国外交领域的研究成果不断涌现，引起了中国外交决策层的高度重视，并被逐步纳入中国外交决策程序。

改革开放也对中国民意的形成和发展产生了重要的影响。随着改革开放的不断深入，在国家对个人的控制逐步放松、人们的思想不断解放的同时，国家的经济实力有了迅速的增强、人民的物质生活水平也有了极大的提高，这就为中国民众关注中国外交和国际事务提供了重要的思想基础和物质基础。而且，在这一阶段，人们获取外部信息的渠道相比于改革开放前也有了迅速的增加。由于媒体商业化运作的逐步展开，各媒体不但大大增加了自己的信息量，而且内容和形式也出现多样化的发展，同时，随着对外经济、文化、人员交流的日益频繁，中国民众出国工作、旅游、留学的机会也在不断增加，因此民众就能够获取更多、更直观的外部世界相关信息了。

---

① 杨光斌、李月军：《中国国内政治经济与对外关系》，北京：中国人民大学出版社，2007年版，第15页。

② 林甦：《中国对外政策公共讨论的空间及影响》，载于郝雨凡、林甦：《中国外交决策——开放与多元的社会因素分析》，北京：社会科学文献出版社，2007年版，第173—174页。

西方国家的一系列反华行为是刺激中国民意觉醒的外部因素。这一时期，随着中国经济的迅速发展，国际地位的逐步提升，西方国家，尤其是美国与日本对中国的不友好举动日渐增多，中国民众的反美、反日情绪日益积聚并寻机爆发。美国方面，布什政府在1989年"6·4"事件后宣布的五项对华制裁措施、1992年在知识产权、市场准入、纺织品贸易等问题上采取的对华强硬措施以及向台湾出口150架F–16战斗机，克林顿政府在中国最惠国待遇问题上附加种种政治条件、制造"银河号"事件、反对中国"申奥"、阻挠中国"入世"、允许李登辉访美以及出台《考克斯报告》等等，这些反华政策和反华行为都激起了中国民众的反感，反美情绪在中国日益走向高涨。在此背景下，《中国可以说不》恰逢其时的出版"为当时复杂的社会情绪提供了一个集体宣泄的出口"①，同时其超乎想象的销量又折射了中国民众反美情绪的强烈。美国政府敏锐地觉察了中国民意的反美动向，并采取了积极主动的应对姿态。比如，美国大使馆官员邀请《中国可以说不》作者座谈交流，克林顿总统1998年访华时也曾同中国普通民众进行直接接触和沟通，并在北京大学发表演讲。

日本方面，中日关系先热后冷，90年代中日在历史问题、钓鱼岛问题、台湾问题以及日美安全同盟问题上出现的一系列政治摩擦，尤其是在历史问题和台湾问题上日本表现出的蛮横强硬的对华态度，使得中国民众的对日情感由友善、亲近转为冷淡、厌恶，中国民众的反日情绪潜流暗动。1998年江泽民主席的访日是中国国家元首首次对日本进行的国事访问，原本

---

① 林甦:《中国对外政策公共讨论的空间及影响》，载于郝雨凡、林甦:《中国外交决策——开放与多元的社会因素分析》，北京:社会科学文献出版社，2007年版，第177页。

这可能为两国关系的改善带来某种契机，然而"民意的强大压力使得江泽民很难对日本之行做出妥协，东京也没有做出让步，最终这次峰会没有取得多少成果"。①

总之，1949年新中国建立到1999年"炸馆"事件之前的50年，随着中国社会的变迁、国家综合实力的提升以及中外关系的发展演变，中国民意从默默无闻到日益觉醒，从对中国外交的被动参与到主动关注，乃至在中美、中日关系互动中小试身手、产生初步的影响，中国民意经历了漫长曲折、逐步发展壮大的过程。但总体而言，中国民意对中国外交的影响较为隐性，中国民众也还没有以独立的姿态登上中外关系的前台，因而对中外关系的发展演变也就难以产生深入、持久的影响，但是中国民意影响中国外交的趋势已日益明显，中国民意的外交影响力也已逐步显现。

## 二、1999年以后中国民意影响力分析

本书认为，可以使用四项指标来观察和评估1999年以后中国民意对中外关系的影响力：第一，政府对中国民意是否关注和重视；第二，中国民意是否影响到政府的对外表态或外交政策调整；第三，中国民意是否影响到对象国政府对华态度转变或政策调整；第四，中国民意是否在对象国民间引起同向或逆向的情绪反应。

第一项指标是政府对中国民意是否关注和重视。在中外关系危机时期，如果政府对民意表达抱持某种态度或采取某些措

---

① Joseph Fewsmith and Stanly Rosen, The Domestic Context of Chinese Foreign Policy: Does "Public Opinion" Matter?, *The Making of Chinese Foreign and Security policy in the Era of Reform, 1978-2000*, David M.Lampton, eds. Stanford University Press, 2001, p.163.

施，或默许、支持，或约束、限制，在中外关系非危机时期，如果政府对民意倾向积极寻求沟通和交流，或了解、把握，或引导、塑造，都可视为中国民意得到了政府的关注和重视。

从1999年以后中国民意表达实践来看，中国政府对中国民意的关注和重视确实呈逐步增强之势，这不仅体现在中外关系危机时期，比如，"炸馆"事件、反日"入常"事件以及"抵制家乐福"事件中政府对民意表达的态度以及采取的相应措施，而且更为值得注意的是，在非危机时期，政府也加强了与民众的沟通和交流，力争把握民意动态，引导和塑造民意。比如，2002年马立诚在《战略与管理》第6期发表《对日关系新思维——中日民间之忧》一文，这被认为是政府对公众情绪的一种试探。该文呼吁超越历史问题，为中日两国未来的和平与发展而努力。由于作者观点与部分中国公众持有的反日民族主义观点大相径庭，所以在中国社会引起轰动，招致了一部分人的谴责。该文之所以被视为是政府的一种试探行为，主要原因在于作者的行政背景以及文章发表的时间。马立诚曾担任《人民日报》编辑部主任、高级评论员，而《人民日报》是中国共产党的官方报纸。并且文章发表的时间也很敏感，正是中国共产党第十六次全国代表大会召开后不久。江泽民总书记在大会报告中强调中国要同周边国家发展友好合作关系，显然也包括日本在内。中国驻日本的记者在采访马立诚时问到发表这篇文章是出于何种动机——自己的想法还是另有原因？马立诚并未给以明确回答，只是说"十六大"之后中国在外交政策和国内生活领域都要推进改革，该文的发表和"十六大"有关。这些线索反映出中国政府，包括外交部在内，再也不能无视民意，在外交政策制定的过程中十分慎重地考虑到了公众因素。[①] 此外，中国政府高层领导的纷纷"触网"、外交部各级官员与网民的在线交流、公共外交处的设立、部分外交档案的开放等等，都体现了政府在非危机时期的努力。

第二项指标是中国民意是否影响到政府的对外表态或外交政策调整。如果政府本来不表态、政策倾向不明朗，而民意表达推动了政府的明确表态或出台相应外交政策，或者是政府态度和民众意愿不一致，而民意的表达使得政府对外表态或政策调整出现与民意偏好部分或全部一致，都可以理解为中国民意对政府态度或外交政策产生了影响。从案例分析来看，反日"入常"事件和"抵制家乐福"事件中的民意强势表达都推动了政府清晰、明确地表态，并采取更为强硬的立场和姿态。在京沪高铁事件中，民意偏好与政府倾向出现较大差异，但是在民众表达了反对采用日本新干线技术的强烈意愿后，政府就向日方做出了要进一步听取"广泛的国民意见"的表态，可见，民意表达导致了政府对日政策的改变。

第三项指标是中国民意是否影响到对象国政府对华态度转变或政策调整。这是在全球化和中国崛起的时代背景下出现的新的研究命题。新中国建立后很长一段时间，中国民众或者是外交事务的被动参与者，对中外关系不能产生任何实质性的影响和作用，或者是通过对政府形成助力或阻力，影响中外关系的演变。那么，在新的时代背景下，除去传统的影响模式，中国民意是否能对对象国政府形成直接的压力，迫使其转变对华态度或政策，从而对中外关系产生更为深刻、更为显性的影响

---

① 鲁新安：《互联网时代的外交部》，载于郝雨凡、林甦：《中国外交决策——开放与多元的社会因素分析》，北京：社会科学文献出版社，2007年版，第147—148页。

呢？本书认为衡量中国民意是否对对象国政府产生影响，主要观察中国民意表达是否能使对象国政府做出相向或相反的态度或政策变化，不管是这种变化的结果与中国民意倾向出现一致，还是引发对象国政府强烈的态度或政策反弹，使变化结果与中国民意倾向出现更为明显的差距，都可印证中国民意影响力的存在。本书对"抵制家乐福"事件所作的分析研究验证了中国民意的此种影响力。中国民众对家乐福的抵制给法国政府造成了极大的压力，为了缓和日益紧张的中法关系，法国政府一周内三次派出高官访华，通过转交法国总统萨科齐致金晶道歉信，以及与中国高层领导人会晤等方式，展示法国政府对中国民众的友好姿态，表达法国政府对中国领土主权完整的充分尊重。

第四项指标是中国民意是否在对象国民间引起同向或逆向的情绪反应。由于国际关系既包括各国政府间的关系，也包括各国民众间的关系，并且民间关系又是政府间关系的基础和前提，所以各国民众间的好恶亲疏不但本身就是国际关系的重要内容，而且还会影响到各国政府间关系的性质。因而，观察中国民意是否对对象国民众产生影响也就成为评估中国民意外交影响力的一个重要方面。本书认为，中国民意无论引起对象国民众怎样的情绪反应，即不管是同向的，还是逆向的，换句话说，不管是友善的，还是厌恶的，都可以视为对对象国民众产生了影响。从本书研究的几个案例来看，"炸馆"事件、反日"入常"事件和"抵制家乐福"事件中的中国民意表达都在对象国民众间引起了逆向的情绪反应。1999年中国民众反美游行示威经过美国媒体的歪曲报道，在美国民间产生了负面影响，进一步强化了其消极中国观。2005年中国民众反日游行示威同样经过日本媒体不负责任的煽动报道，在日本民间激起强烈的反华情绪，甚至部分极端分子采取野蛮行动，攻击、破坏了中国驻日本的大使馆、领事馆等外交机构。2008年中国民众对家乐福的抵制，则引发了法国网民关于是否抵制中国和中国货的大辩论。中国网民抵制法国游的呼吁也在法国产生了不友好的回应。作为政府间关系的基础，民间情绪的对抗对中外关系产生了深刻的影响。

总之，通过对1999年以后中国民意对中外关系影响力的评估，可以发现，中国民意确实对中外关系产生了明显的影响，它不但引起中国政府的关注和重视，推动了政府的对外表态或外交政策调整，而且借助全球化创造的条件和便利，还对对象国政府及其民众产生了影响和作用，这些变化均标志着中国民意的崛起和民意影响力的提升，也预示着中国民意对中外关系的影响进入了新的历史阶段。

# 第七章 结论

## 第一节 研究结论

通过前文的论述，我们可以看到20世纪末21世纪初中国民众对中外关系展现出前所未有的关注和参与热情，不仅积极参与和影响本国政府外交，而且还多次施压他国驻华机构或企业，或者在驻华外交使领馆前抗议示威，或者对他国在华企业实施商业抵制，或者直接在他国进行群众集会或示威游行，展示了中国人民捍卫主权完整和民族尊严的坚定意志，表达了增进中外人民友好相处的善良愿望。中国民众之所以具有如此强烈的外交参与意识，并以实际行动影响着中外关系的变化，既因中国改革开放以来政府尊重、顺应民意的外交理念与实践的不断推动，以及媒体多样化的发展、尤其是互联网的广泛应用畅通了民意表达渠道，也是因为冷战结束后，西方某些国家仍然抱持冷战思维，对和平崛起的中国采取遏制和敌对的立场和政策，激发了中国民众的愤恨和不满。民众深知"天下兴亡、匹夫有责"的道理，明白中国的和平崛起关乎自身的前途与命运。所以，每当涉及中国切身利益的外交会议召开或外交事件出现，中国民众就会自发地通过各种方式表达意愿，并力图影响政府外交政策的制定及中外关系的变化。

一、中国民众对中外关系的参与体现了自发、理性、平民化的发展趋势。中国民意一旦形成就具有相当的稳定性，对于中外关系的影响也较为稳定和持久。

通过前文的案例分析，可以发现，中国民众在参与中外关系的过程中，逐步展现出了自发、理性、平民化的发展特点和趋势。从其参与的自发性来看，"炸馆"事件中，中国民众参与外交虽有自发性的一面，比如不少游行示威是大学生自发组织的，但是政府的背景和色彩依然浓厚，比如政府批准了游行示威，不少游行示威是由团委或学生会出面组织的。然而，在反日"入常"事件和"抵制家乐福"事件中，中国民意表达则更多是民众自发、主动参与其中的，民众完全以独立的意志和姿态介入和影响中国外交的进程。从其外交的理性参与来看，在"炸馆"事件和反日"入常"事件中，我们看到了中国民众很多情绪化、非理性的言行，比如，部分民众在网络上漫骂和攻击对象国政府及其民众，在游行示威中围攻对象国使馆、焚烧对象国国旗、损毁对象国商铺等，但是到了2008年，中国民众的反西方斗争已经包含了更多的理性成分，比如，部分民众利用 anti-cnn 网站揭露真相、正本清源，海外华人合法、有序地进行游行示威，"抵制家乐福"事件中反抵制的理性呼吁等，中国民众理性斗争的趋势已然逐步显现。从其外交参与的平民化倾向来看，"炸馆"事件中民意表达的主体是以大学生为主的少数民众，但在反日"入常"事件和"抵制家乐福"事件中，除了大学生以外，其他各界民众也纷纷踊跃参与，从而使得中国民众反西方斗争带有了日益浓重的平民化、大众化色彩。

中国民意具有相当的稳定性，一旦形成很难轻易改变，

"除非发生重大的足以引起公众普遍关注的事变，……公众舆论总是倾向于沿着它的已经形成的意见的方向惯性地发展。在没有重大事变的前提下试图引导和改变整体的公众舆论，即使不是不可能的，也是相当困难的，其过程将是缓慢而长期的。"①

中国民意的稳定性必然对中外关系产生稳定而持久的影响。既然中国民意是影响中外关系的一个重要因素，那么它的某些具有稳定性的倾向必然会持续影响中外关系的性质状态。

## 二、中国民众主要通过互联网和示威游行（有时是网络内外联动②）来影响中外关系

正如前文所言，中国民意表达渠道是多元的、多样的，但从具体应用来看，中国民众更多是通过互联网和示威游行来影响中外关系。尤其需要关注的是，与其他国家相比，互联网对于中国民意表达具有非常特殊的意义。有西方研究者基于下列原因，认为互联网是社会运动组织的强有力因素：1. 它促进了所谓的"中央动员"（跨越一个没有固定等级组织形式的宽广的地理范围，实现运动网络之间的高度联合）；2. 只需很少资源就可制造高度冲击；3. 反主流媒体报道的可能性，因为网络为运动参与者提供"编辑控制"；4. 相对地缺乏规制，允许绕开国家的控制。这些为社会运动的细胞性组织提供了机

---

① 袁小红：《公众舆论与美国对华政策（1949—1971）》，长沙：湖南大学出版社，2008年版，第341页。

② 王逸舟、谭秀英：《中国外交六十年（1949—2009）》，北京：中国社会科学出版社，2009年版，第190页。

动性、加速反应和可能性。这一切在中国变成了现实。[1]

王军教授曾就中国大学生在中国国家利益受到挑战和损害时的回应方式在几所大学进行过问卷调研（590份问卷）。调查结果显示，大学生采取网络行动进行回应的意愿比较高。譬如，当问及中国国家利益受到他国的挑战与侵犯时，您会通过互联网做出直接回应吗？53.9%的大学生表明"肯定会"，另有32.9%的同学选择"视情况而定"，只有4.6%的同学明确表示"不会回应"，另有7.5%的人选择"不清楚、不回答"。又譬如，当问及如果通过互联网了解到北京2008奥运圣火海外传递受到各种反华、侮华势力的阻碍这一情况后，是否愿意在互联网上采取行动时，71.4%的大学生表示"愿意"，15.4%的大学生表示"不愿意"。譬如，通过网络媒体获知民族分裂分子、反华势力阻挠和破坏圣火传递的信息后，62.9%的大学生表示有意愿在网络外采取行动，7.8%的学生表示不会，并有22.5%的人采取了网外行动。[2]

本书的研究结论也印证了上述调研问卷的结果。互联网不但扮演着中国民意表达主渠道的角色，而且还为中国民众从网络表达走向示威游行提供了重要的组织和协调平台。在1999年到2009年的中国民意走向中外关系前台的十年中，一旦出现威胁或挑战中国国家利益的重大事件，互联网就会成为中国民情宣泄、民意表达最为活跃的场所。民众采用新闻跟帖、论

---

①　转引自邹军：《虚拟世界的民间表达——中国网络舆论研究》，复旦大学学位论文，2008年；Scott A&Street J (2000). From media politics to E-Protest: the use of popular culture and new media in parties and social movements. Information, Communication & Society, 3:23000, pp.215–240.

②　王逸舟、谭秀英：《中国外交六十年（1949—2009）》，北京：中国社会科学出版社，2009年版，第190—191页。

坛发帖、网络签名等形式所营造的巨大声势，通过互联网的无边界传播，对本国政府、对象国政府及其民众都产生了不可忽视的影响，并且如果某些重大事件侵犯了中国的核心利益，超越了民众心理承受的最底线，那么网络抗议就会转化为更为激烈的示威游行，从而对中外关系产生更为深刻的影响。

### 三、中国民意与中国政府的互动越来越经常化、稳定化，与对象国政府及其民众的互动则初露端倪

美国加州大学圣迭戈分校全球冲突与合作研究所主任、著名中国问题专家谢淑丽曾在一次论坛对话中提到："在美国以及其他民主国家，除非是在进行选举之前，否则外交政策的制定者并不是很关注公众对外交政策持有什么样的想法。这与中国面临的情况不同，中国外交政策的制定者似乎时时在关注公众的观点。"[①] 事实上，中国外交的决策、执行机构不只是时时关注中国民意的动向，而且与中国民意的互动也越来越经常化、稳定化，尤其在中外关系危机时期，中国政府与民意的互动几乎成为政府处理危机事件的一种常规性做法。从互动内容和方式看，面对民众的反西方网络抗议或示威游行，政府或者对民众行为表示理解和肯定，或者对民意进行限制和引导，或者以民意向外交对象国施加压力，双方互动的内容和方式愈益丰富和多元，而这已经成为中国外交转型的一个重要特征。

当然，我们也应该看到，中国民意与中国政府的互动还存在着诸多缺陷和问题，还远没有出现民意与政府的良性互动模式。就目前而言，民意与政府的互动还没有进入规范化、机制

---

① 《公众舆论与外交决策（对话）》，环球时报2004年1月16日，http://www.people.com.cn/GB/paper68/11158/1010350.html。

化的阶段，双方的互动表现出明显的不对称的权力关系和相互制约关系，也就是说，双方互动的主导权在于政府，它可以选择性地回应民意，也可以以民意为杠杆，甚至还可以引导和塑造民意，但民意并不能有效制约政府，他们更多是以表达权的方式体现自身的作用，在互动中还很难对政府产生持久而深刻的影响和约束。

由于全球化、信息化的深入发展，中国民意已经能够对对象国政府及其民众产生直接影响和作用，这是中国民意崛起的重要表征，也是中国外交决策所面临的新环境、新课题。西方政府出于现实国家利益的考虑，面对中国民意诉求所做出的相应政策或姿态调整，表明中国民意在中外关系演变中已经能够发挥独立性作用。尽管民意与国外政府及其民众的直接而有效的互动还极为少见，似乎只有抵制"家乐福"事件可作为较有说服力的案例支撑，但它毕竟一定程度上展现了中国民意的强大影响力，预示着中国民意与西方政府及民众直接对话、有效互动序幕的开启。

**四、中国民意确实对中外关系产生了日益明显的影响，但其影响力总体而言不应被高估**

通过对中国民意走向中外关系前台三个发展阶段的描述以及对中国民意对中外关系影响力的测量，可以发现，中国民意确实对中外关系产生了影响，并且其影响力呈现不断增强的趋势，但是总体而言其影响力还不应被过分夸大。

首先，尽管政府对民意或主动或被动地予以关注，并适时与之沟通、交流，但对于外交政策的制定和执行，民意因素还不能产生深刻的、制度化的影响力，民意对中国外交的作用更多地体现在民意对政府外交的支持、配合以及推动政府对外采取较为强硬的态度方面，而在影响、乃至改变政府决策方面，似乎只有中日"高铁"事件可以作为唯一的例证。由此，可以得出一个尝试性的结论：只有与政府外交意图一致的民意才能在中外关系中发挥更大的作用和影响，换句话说，民意与政府外交意图的一致是民意产生影响力的基础和前提。

其次，就其国外影响力而言，相比于对中国外交的影响，中国民意对西方政府及其民众的影响要小很多。从中国民意影响中外关系的十年发展历程来看，中国民意对西方政府及其民众的影响，从整体而言，无论是影响的频次，还是影响的强度，都还是比较有限的。尽管日本"入常"计划的最终搁浅，中国民意的作用居功甚伟，但是中国民意毕竟只是众多压力因素中的一个。2008年围绕西藏、奥运问题的反西方斗争，中国民意确实对西方政府、社会产生了深刻的影响，展现了强大的威力，但也是迄今为止的唯一个案，这种影响力是否是常态的、持久的，还有待进一步观察。

一般而言，影响民意作用发挥的因素大致可以分为政府和民众两个层面。从政府层面看，尽管"当前中国外交政策制定的结构正在经历多元化、分权化、制度化和专业化等几个潜移默化但却意义深远的变化"[①]，但是，就整体而言，"在事关国家中央政府核心管理权力的外交、对外关系决策权方面，到目前为止，还不像国内政治、经济、文化等领域变化这么大"。[②] 中国外交决策机制的开放程度还较为有限，这使得中国民意很难进入中国外交决策程序。从民众层面看，由于外

---

① 郝雨凡：《影响中国对美决策的社会因素》，载于郝雨凡、林甦：《中国外交决策——开放与多元的社会因素分析》，北京：社会科学文献出版社，2007年版，第11—12页。

② 张历历：《外交决策》，北京：世界知识出版社，2007年版，第217页。

交事务和国际关系并不直接关乎民众切身利益，也由于主客观原因中国民众对相关信息并不能完全了解和把握，再加之受教育程度不同中国民众的表达能力参差不齐，因而在涉及中国重大利益的外交问题上，部分中国民众的立场和观点及其行为表达，往往表现出天真、简单、情绪化、非理性等特点，看待外交问题缺乏系统、客观的衡量标准，评价外交政策目标，缺乏宏观、长远的意识和眼光，所以，其意志诉求往往很难成为决策者的考量依据，此外，民意还往往受到外交决策者和大众传媒的影响和塑造，因为民众获取外交信息的主要渠道是媒体，因而对媒体形成了很强的依赖性，决策者可以以媒体为中介引导和塑造民意。民意的这些负面因素无疑会影响中国外交决策者对其外交价值的评估，也不可避免地抑制了自身影响力的发挥，所以民意尚处于中国外交决策体系中的边缘化位置。

总之，随着中国民意的崛起和中国融入国际体系程度的加深，中国民意对中外关系的影响呈逐步增强之势，尽管其现有影响力还不应予以高估，但谁都不能怀疑和否认中国民意蕴含的强大能量及其广阔的发展前景。中国民意影响力在今后的进一步发挥主要取决于中国民众外交参与能力的提高和政府多元化、民主化外交决策机制的改进，尤其是后者。从目前的状况来看，虽然面对民众的外交参与，政府的因应举措还有"不如人意之处"，但"的确较过去更加开明和接近国际标准"[①]，政府与民众互动的频次和层次也有了显著的提升，因而民意将必然被越来越多地纳入中国外交决策程序，从而成为影响中外关系互动状态、演变进程的重要因素。

---

① 王逸舟：《市民社会与中国外交》，《中国社会科学》，2000年第3期。

# 第二节 政策建议

毫无疑问，随着中国经济社会的持续发展，中国民意对中外关系的发展将会产生越来越大的影响。这种影响关系到中国外交战略目标的实现，关系到中国和平崛起的顺利完成，因而，如何认识和评估中国民意的战略价值和作用，如何构建和完善中国民意表达的多元机制，如何促进和推动民意与中外关系的良性互动，对于中国外交工作而言尤为必要和迫切。笔者认为，至少以下几点应该予以重视。

## 一、充分尊重民意

中国民意的崛起已是不争的事实，它既是中国崛起的重要标志，同时又是中国崛起的重要推动力量。政府应该充分尊重民意，鼓励民众更多参与外交实践。首先，从民意的初衷和目的来看，中华民族近代以来经历的百年耻辱和中国崛起所带来的国际地位的提升，使得中国民众对国家的前途和命运有了更多的关注，这种关注往往体现了民意对维护国家利益的追求，包含着对外交部门维护国家主权和民族尊严的期待和厚望。所以，民意的初衷和目的永远是正确的、崇高的，应该给予民意充分的认可和尊重。其次，从政治权力的合法性来看，任何政权的长期维持都要讲求政治合法性，政治合法性来源于选举和／或民意，外交和内政其实是密不可分的，外交的成功有赖于民众的支持，"在一个民主的国家中，没有公众的理解和支

227

持，外交政策就不可能成功地执行。"①而成功的外交也会反过来增加政府的合法性。其次，从外交决策的民主化、科学化来看，民众的外交参与、民意表达是政府决策科学化、合理化的重要条件，与政府外交决策目的的实现有着内在的、本质的、必然的联系。民意表达有利于决策者更充分地接触相关信息，更好地借鉴和吸收民众的集体智慧，有利于决策更好地贴近民众利益，更好地得到民众的认同与拥护，从而使决策更为科学、更符合实际，也更有利于决策的高效率实施。最后，从民意的外交影响和作用来看，伴随着全球化的深入发展和中国的迅速崛起，中国国家利益的内涵变得更为丰富和多元，中国国家利益的边界也正在突破传统的地理界限而向世界拓展，与此同时，中国社会的多元化发展趋势愈益明显，中国民意正在经历着从草根到主流的崛起历程，民众的外交参与意识和参与能力不断提升和增强，在此背景下，政府垄断外交事务的局面逐步被打破，民意频繁介入外交事务并展现出愈益多样化的外交作用和愈益强劲的外交影响力。

重视民意的外交战略价值是尊重民意的题中应有之义，在以民意谋求国家利益方面，世界上一些国家的做法或许会给我们一些启示。2004年9月21日，日本众议院议长河野洋平在接受《瞭望东方周刊》特约记者陈言采访时强调，"现在日本的媒体认为修改宪法的时机已经成熟。各种民意测验的数据都表明国民希望修改宪法。"②可见，日本政府企图以民意为借口达成"修宪"的目的。对于日本首相参拜靖国神社、篡改历史

---

① ［美］汉斯·摩根索：《国家间政治——为权力与和平而斗争》，杨歧鸣等译，北京：商务印书馆，1993年版，第658页。

② 《日本的媒体、舆论及其对对华政策的影响》，2005年7月21日，http://www.xdj.gov.cn/info_show.asp?SortID=006002&ID=510。

教科书等挑衅行径，韩国民众则采取了到日本国会外绝食、示威游行等方式，与政府的严正交涉密切配合，从而给日本政府造成了极大的外交压力。

有时西方国家和社会还打"民意牌"，直接损害中国的国家利益。比如，美国在处理与中国关系的时候，总是利用民意做借口。给中国施加人权压力时，总说"民意使然"。当中国要求美国更改不合理的对台政策时，美国政府的回复往往是，"我们是民主国家，国会议员会反对，老百姓不让做。"唐家璇在《劲雨煦风》中提到，就小泉纯一郎参拜靖国神社，日方曾派出密使访问北京，这位密使就曾以所谓民意为小泉开脱，"小泉首相已经就参拜问题多次作出明确承诺，他必须向日本民众有所交代"。另外，西方国家的一些非政府机构，也经常会利用所谓的民调来抹黑中国，这些带有偏见和误导性的民调，经过媒体渲染放大后，往往会起到妖魔化中国的效果。

事实上，在近些年的中国对外交往中，如前文所述几个案例所示，中国政府已经开始有意或无意地打"民意牌"，利用民意实现国家利益，但总体而言，中国民意在中外关系中的影响力的发挥还较为有限。因而，面对崛起的中国民意，政府应该进一步充分认识其外交战略价值和作用，最大限度地支持民意独立和自主地成长和发展，允许其通过各种途径发出自己的声音，甚至对外极端言论也允许发声和表达，要让国际社会意识到中国的民意表达不但与政府的外交政策不总是一致的，而且民意表达自身也不是一种声音在说话，中国的国家意志和政策宣示是中国各种民间意志的综合，政府尊重民意，但并不代表某一种民意，应该看到，多元与差异的民意表达才能更好地彰显自身的真实性和威慑力。

## 二、建立与民众信息交流和反馈的有效机制

建立与民众信息交流和反馈的有效机制对于中国外交工作的开展具有重要的意义。一方面，民众对中国外交和国际事务相关信息的全面了解是民意与中外关系良性互动的基本前提，但在很多情况下，由于主客观因素的综合作用，中国民众对中国外交和国际事务相关信息的获取无论从广度上还是深度上都受到了很大的限制，这不但影响了他们对中国外交政策和相关国际事务的准确理解和判断，而且还使他们对中外关系的解读不可避免地带有某些片面性，甚至是非理性，所以其言行有时就会对中外关系造成某些冲击和负面影响。对此，政府已采取措施，加强与民众的沟通和交流，以取得民众的理解和支持。比如，外交部召开新闻发布会、外交部高层领导与网民在线交流、开放部分外交档案等等，均受到了民众的欢迎和支持，但是，总体而言，政府还需要进一步向公众开放某些外事活动，需要将外事信息的提供与外交政策的阐释经常化、制度化，使民众明白政府是如何认识和判断国际形势和国家利益的，政府在重大外事问题上的立场和态度是什么，政府为什么选择这样的外交政策而不是那样的外交政策。另一方面，民意态度和倾向如何也会影响外交政策的实施和外交政策目标的实现，所以政府在制定外交政策时，应向公共外交相关负责人咨询并了解民意所向：民众如何看待某个外交事件，什么政策措施能得到民众认可和支持，如何能不招致民众的抵制和反对等等，政策制定者应在此基础上制定切实可行的对外政策。

## 三、拓展民意表达渠道，提高民意的外交影响力

加强制度构建，打造多元且畅通的民意表达渠道，是发挥

民意外交影响力的重要一环。从实际情况看，目前中国民意表达最充分、最便捷的渠道是互联网，但正如互联网的优势有目共睹一样，它的劣势也是显而易见的，其在真实性、代表性、权威性等方面存在的缺陷无疑是影响民意作用发挥的短板，而且民意表达对互联网过度依赖本身也恰恰说明了民意表达渠道的匮乏和不畅。

民意表达渠道的拓展需要在"畅通"和"多元"上动脑筋、下功夫。首先，加强媒体的国际传播力。一方面，原有的传播媒体尤其是面向海外的媒体在继续传播政府政策立场和主张的同时，可以增加时段、开辟专栏，最大限度地反馈民众对中外关系的态度和意见，让中国民众原始、多元的声音更直接、更真实地在海外传播。另一方面，逐步打造能与美国有线电视新闻网、英国广播公司等比肩的具有国际影响力的中国媒体，这些媒体可以由政府和民间合作创建，但经营主体应该是某些非政府组织，而且其传播的内容，不管与政府的观点相符还是相悖，更多的也应来自民间。其次，更好地发挥人大代表的作用，人民代表大会制度是中国民意表达最为重要的制度性安排，为民意代言是人大代表的职责所在，但目前人大代表就中外关系问题为民意代言、为民众抗争的事例还少之又少，所以应鼓励人大代表就某些国际问题大胆放言、敢于发声，将反映民众观点的谈话内容通过媒体及时传播出去，这应该成为人大代表的核心工作之一。再次，更好地发挥各级军官的作用，中国军事力量的动向历来为西方国家所关注，中国军方的信息发布也一直为世人所瞩目，基于此，可以进一步放开各级军官的言论，让世界听到中国军人的声音。

## 四、塑造民众理性爱国意识

发挥民意在中外关系中的推动性、建设性作用，必须培养和塑造民众理性爱国意识。所谓理性爱国包括对内和对外两个指向，对内是指依据宪法和法律规定，行使公民权，参与政治活动。对外则是指以开放性的心态、建设性的方式参与涉外活动，在尊重中外共同利益的基础上妥善解决彼此间的矛盾。前文已经提及，"炸馆"事件、反日"入常"事件中的民意表达都存在某些非理性的言行。2008年反西方民意斗争虽然总体而言理性斗争水平有了很大提升，但对家乐福的抵制却是非理性的，因为它在伤人的同时也造成了自伤，同时在抵制中也出现了某些带有暴力色彩的不和谐画面。这些非理性言行不但往往对中外关系的良好维系形成冲击，而且也不利于中国现代化建设所需要的社会稳定，不利于中国作为负责任大国的国际形象塑造。

培养民众的理性爱国意识必须要多管齐下。首先，学校是进行全民教育，尤其是青少年教育的主阵地。一方面，学校要在宏观上联系国内外形势的发展，让学生理解全球化背景下的西方国家的对华战略以及中国和平崛起的发展方略，教育学生既要对西方反华势力保持警惕，对其反华行为予以回击，又要以博大的气度和胸怀，与西方国家求同存异，谋求合作与发展。另一方面，学校还要在微观上讲授一些具体的理性爱国方面的知识，比如普及必要的外交常识，让学生知道国际法关于一国人民生命、财产及驻外使领馆在他国受保护的规定，告知学生如在涉外事件中情绪失控，冲击驻华使领馆、外侨商店，或者损害外人的生命财产，都会为他国干涉中国事务提供借口，给中国外交招致不必要的麻烦。其次，民众理性爱国意识的培养也离不开政府的大力引导，霍尔巴赫曾说："再也没有什么东西能够像政府那样对人民的风俗习惯产生如此直接的影响，在不道德的国王统治下，恶德本身也变得高尚起来。"①政府应积极发挥自身的主导优势，采取合理、有效的措施，将民众理性爱国意识的培养渗透到日常工作中，未雨绸缪、防患未然，使民众的爱国激情转化为推动中国和平崛起的源源不断的动力。再次，提高专家学者等精英群体的话语地位。精英群体在外交事务中起着政府与民众间的桥梁纽带作用，他们既可以扮演外交决策咨询者的角色，向外交决策者提出政策建议，又可以扮演公众外交实践者的角色，向民众解释或宣传中国外交、国际事务的相关事宜，因此，塑造民众理性爱国意识应充分发挥精英群体的话语影响力，在赋予他们更多话语空间自由表达见解的同时，还要进一步拓展和丰富他们与普通民众交流沟通的渠道，使民众在与精英的互动中加深对中国外交和国际事务的理解，提升其理性参与中国外交的意识和能力。最后，媒体的导向功能也不可忽视。媒体是民众获取中国外交和国际事务相关信息的主要渠道，媒体报道的内容和方式会直接影响民众对相关外交事件的关注和了解，可以说，媒体的议程设置功能深刻影响着民意的塑造，所以，我们可以利用媒体的力量，引导民众对相关外交事件的认识，借助媒体的议程设置功能，影响舆论议题的设置和理性民意的建构。比如，在中日关系问题上民意带有明显的非理性情绪化特点，这对中国的外交决策会带来某些负面的影响，正如资深媒体人白岩松所言："如果我们依然情绪性的关注现在的日本，也许我们能从情感上得到一些抒发，但是在实际利益和对对方的实际了解上，我

---

① ［法］霍尔巴赫:《自然政治论》，北京:商务印书馆，1989年版，第330页。

们有可能失去一些东西，会导致我们作出一些错误的判断，尤其要是导致作出错误的决策就更麻烦了。爱和恨放一边，先去了解它。"[1] 因此，媒体应更为客观、全面地介绍日本，既要关注日本的过去，更要报道日本的现在，尤其要着重报道日本在环保、防灾、科技、老龄化问题、传统文化保护等领域的成功经验，让中国民众了解二战结束以来日本的现代化发展情况，帮助民众全面理性地看待中日关系问题。

---

[1]　白岩松：《岩松看日本》，北京：华艺出版社，2007年版，第27页。

# 主要参考文献

## 一、中文著作与论文

### （一）著作

[1] 叶自成、李红杰：《中国大外交：折冲樽俎60年》，北京：当代世界出版社，2009年版。

[2] 王逸舟、谭秀英：《中国外交六十年（1949—2009）》，北京：中国社会科学出版社，2009年版。

[3] 袁小红：《公众舆论与美国对华政策（1949—1971）》，长沙：湖南大学出版社，2008年版。

[4] [美]汉斯·摩根索：《国家间政治——权力斗争与和平》，北京：北京大学出版社，2006年版。

[5] 王先谦：《庄子集注》，上海：上海书店，1987年版。

[6] 刘建明：《穿越舆论隧道：社会力学的若干定律》，北京：中央党校出版社，2000年版。

[7] 喻国明：《解构民意——一个舆论学者的实证研究》，北京：华夏出版社，2001年版。

[8] 吴顺长：《民意学》，天津：天津人民出版社，1991年版。

[9] 郝雨凡、林甦：《中国外交决策——开放与多元的社

会因素分析》，北京：社会科学文献出版社，2007年版。

[10] 宋强、张藏藏、乔边等：《中国可以说不》，北京：中华工商联合出版社，1996年版。

[11] 楚树龙、金威：《中国外交战略和政策》，北京：时事出版社，2008年版。

[12] 房宁、王炳权、马利军等：《成长的中国—当代中国青年的国家民族意识研究》，北京：人民出版社，2002年版。

[13] 陶文钊、何兴强：《中美关系史》，北京：中国社会科学出版社，2009年版。

[14] 高秋福：《中国愤怒了：中国驻南使馆被炸之后》，北京：新华出版社，1999年版。

[15] [美]杰里尔·A.罗赛蒂：《美国对外政策的政治学》，北京：世界知识出版社，1997年版。

[16] 张沱生、[美]史文：《对抗·博弈·合作——中美安全危机管理案例分析》，北京：世界知识出版社，2007年版。

[17] [美]陶美心、赵梅：《中美长期对话（1986—2001）》，北京：中国社会科学出版社，2001年版。

[18] 邓鹏、李小兵、刘国力：《剪不断理还乱——美国外交与美中关系》，北京：中国社会科学出版社，2000年版。

[19] 刘继南、周积华、段鹏：《国际传播与国家形象——国际关系的新视角》，北京：北京广播学院出版社，2002年版。

[20] 李智：《国际政治传播：控制与效果》，北京：北京大学出版社，2007年版。

[21] 李希光、刘康等：《妖魔化与媒体轰炸》，南京：江苏人民出版社，1999年版。

[22] 赵鼎新：《社会与政治运动讲义》，北京：社会科学文献出版社，2006年版。

[23] 金熙德:《21世纪初的日本政治与外交》,北京:世界知识出版社,2006年版。

[24] 李大玖:《海外华文网络媒体——跨文化语境》,北京:清华大学出版社,2009年版。

[25] 黄菊芳:《大事件下的中国传媒》,北京:中国民主法制出版社,2009年版。

[26] 杨洁勉等:《大磨合:中美相互战略和政策》,天津:天津人民出版社,2007年版。

[27] 孙聚成:《信息力——新闻传播与国家发展》,北京:人民出版社,2006年版。

[28] [美]唐文芳(Tang,W. F.):《中国民意与公民社会》,胡赣栋、张东峰译,广州:中山大学出版社,2008年版。

[29] 王石番:《民意理论与实务》,台北黎明文化专业公司.1995年版。

[30] 李慎明、周弘:《中国民众的国际观(第1辑)》,北京:社会科学文献出版社,2009年版。

[31] 王逸舟:《全球政治与中国外交——探寻新的视角与解释》,北京:世界知识出版社,2003年版。

[32] [美]杰里尔·A.罗赛蒂:《美国对外政策的政治学》,周启朋等译,北京:世界知识出版社,1996年版。

[33] 侯东合等:《西方不痛快:中国崛起所面对的真实西方》,北京:中国广播电视出版社,2009年版。

[34] 杨光斌、李月军:《中国国内政治经济与对外关系》,北京:中国人民大学出版社,2007年版。

[35] 张历历:《外交决策》,北京:世界知识出版社,2007年版。

[36] [法]霍尔巴赫:《自然政治论》,北京:商务印书馆,

1989年版。

　　[37] 杨洁勉:《后冷战时期的中美关系——危机管理的理论和实践》, 上海：上海人民出版社, 2004年版。

　　[38] 韩召颖:《美国政治与对外政策》, 天津：天津人民出版社, 2007年版。

　　[39] 熊志勇:《百年中美关系》, 北京：世界知识出版社, 2006年版。

　　[40] 陶文钊:《中美关系史（1972—2000）（下卷）》, 上海：上海人民出版社, 2004年版。

　　[41] 韩玉贵:《冷战后的中美关系》, 北京：社会科学文献出版社, 2007年版。

　　[42] 楚树龙:《冷战后中美关系的走向》, 北京：中国社会科学出版社, 2001年版。

　　[43] 刘连第、汪大为:《中美关系的轨迹——建交以来大事纵览》, 北京：时事出版社, 1995年版。

　　[44] 潘占林:《战火中的外交官——亲历北约炸馆和南联盟战火》, 北京：当代中国出版社, 2006年版。

　　[45] 王立:《回眸中美关系演变的关键时刻》, 北京：世界知识出版社, 2008年版。

　　[46] 金熙德:《21世纪的中日关系》, 重庆：重庆出版社, 2007年版。

　　[47] 梁云祥:《日本外交与中日关系》, 北京：世界知识出版社, 2012年版。

　　[48] [美] 查尔斯·蒂利:《社会运动, 1768-2004》, 上海：世纪出版集团、上海人民出版社, 2009年版。

　　[49] [日] 星野昭吉:《全球化时代的世界政治：世界政治的行为主体与结构》, 刘小林、梁云祥译, 北京：社会科学文

献出版社，2004年版。

[50] 赵可金：《公共外交的理论与实践》，上海：上海辞书出版社，2007年版。

[51] 王振海：《公众政治论》，济南：山东大学出版社.2005年版。

[52] 刘建飞、林晓光：《政治文化与21世纪中美日关系》，北京：解放军出版社，2006年版。

[53] 尚晓援：冲击与变革：《对外开放中的中国公民社会组织》，北京：中国社会科学出版社，2007年版。

[54] 王逸舟：《中国外交新高地》，北京：中国社会科学出版社，2008年版。

[55] 王军：《网络民族主义与中国外交》，北京：中国社会科学出版社，2011年版。

[56] 齐建华：《影响中国外交决策的五大因素》，北京：中央编译出版社，2010年版。

[57] 张楠：《东亚区域合作中的民间外交》，北京：世界知识出版社，2014年版。

[58] 白岩松：《岩松看日本》，北京：华艺出版社，2007年版。


（二）论文

[1]　任丙强：《中国民族主义的重新兴起：原因、特征及其影响》，《学海》，2004年第1期。

[2]　章百家：《中国内政与外交：历史思考》，《国际政治研究》，2006年第1期。

[3]　王存刚：《政治文明与中国外交》，《国际观察》，2004年第3期。

[4] 张清敏：《社会变迁背景下的中国外交决策评析》，《国际政治研究》，2006年第1期。

[5] 袁小红：《公众舆论与美国对外政策》，《理论探索》，2005年第1期。

[6] 谭笑、惠春琳：《公众舆论与外交政策——现实主义与自由主义的比较》，《太平洋学报》，2010年第9期。

[7] 王鸣鸣：《公众舆论与美国对外政策》，《世界经济与政治》，2002年第5期。

[8] 王来华、林竹、毕宏音：《对舆情、民意和舆论三概念异同的初步辨析》，《新视野》，2004年第5期。

[9] 钱超：《论民意表达》，复旦大学学位论文，2008年。

[10] 单之卉：《民意何来，民意何去——点击民意研究关键话题》，《数据》，2006年第9期。

[11] 金永万：《试论社会主义现代化建设和民间外交》，《延边党校学报》，1999年第1期。

[12] 吴重远：《回眸申办2000年奥运会》，《体育文史》，2000年第5期。

[13] 何振梁：《中国申办2000年奥运会的前前后后》，《武汉文史资料》，2008年第8期。

[14] 吴白乙：《中国对"炸馆"事件的危机管理》，《世界经济与政治》，2005年第3期。

[15] 清华大学课题组：《新闻构架与国家利益——中美媒体关于中国驻南使馆被炸和学生示威报道的比较分析》，《国际新闻届》，2000年第1期。

[16] 林哲元：《五八学生运动北京传真》，《海峡评论》，1999年第6期。

[17] 倪学新：《建国以来中国人日本观的变迁》，《福建师

大福清分校学报》，1993年第1期。

[18] 刘柠：《京沪线项目该不该给日本？》，《凤凰周刊》，总第120期。

[19] 蒋立峰：《中国民众对日本很少有亲近感》，《日本学刊》，2002年第6期。

[20] 蒋立峰：《中国民众对日本的不亲近感显著增强》，《日本学刊》，2004年第6期。

[21] 蒋立峰：《培育两国人民的亲近感对巩固中日友好的根基意义重大》，《日本学刊》，2006年第6期。

[22] 王伟：《第四次中日舆论调查报告》，《日本学刊》，2009年第2期。

[23] 赵国臣：《从中日民间事件透视网络民族主义》，中国传媒大学学位论文，2005年。

[24] 金微、王毅：《家乐福风波的迷思》，《大江周刊（城市生活）》，2008年第5期。

[25] 周华蕾、杨龙等：《为什么抵制家乐福》，《中国新闻周刊》，2008年第15期。

[26] 郑保卫、樊亚平：《民众自发舆论传播的成功实践及其启示——从民众借助网络回击 CNN 等西方媒体不实报道谈起》，《信息网络安全》，2008年第6期。

[27] 蒋昌建、沈逸：《大众传媒与中国外交政策的制定》，《国际观察》，2007年第1期。

[28] 杨锦麟：《近看中国正在掀起的网络民族主义》，《南风窗》，2003年第10期。

[29] 张沱生：《社会变迁带给中国外交的机遇与挑战》，《国际政治研究》，2006年第1期。

[30] 王缉思：《中美外交决策的国内环境比较》，《国际政

治研究》，2006年第1期。

[31] 王存刚：《政治文明与中国外交》，《国际观察》，2004年第3期。

[32] 余万里：《全球化时代的民间外交》，《国际观察》，2008年第5期。

[33] 章淑婧：《国际危机管理中的国内因素研究——基于对中国知识精英和普通民众的分析》，华东师范大学学位论文，2009年。

[34] 顾炜程、侯静慧：《2006中国传播学论坛论文集》，2006年。

[35] 陈剩勇、杜洁：《互联网公共论坛：政治参与和协商民主的兴起》，《浙江大学学报（人文社会科学版）》，2005年第3期。

[36] 林牧茵：《声音的力量——解析美国媒体与政治的互动》，《社会观察》，2006年第10期。

[37] 王逸舟：《市民社会与中国外交》，《中国社会科学》，2000年第3期。

[38] 覃柳：《舆论、传媒及其对中美关系的影响》，外交学院学位论文，2004年。

[39] 何英：《冷战后美国媒体对华负面报道的建构主义分析》，复旦大学学位论文，2004年。

[40] 余建军：《美国公众的中国观与美国对华政策(1990-2002)》，《美国研究》，2004年第2期。

[41] 刘建华：《论意外事件对中美关系的影响》，《世界经济与政治》，2006年第7期。

[42] 余逊达、陈旭东、朱纪平：《中美关系：来自民众的看法》，《世界经济与政治》，2001年第6期。

[43] 钱皓、钱晓明:《大众话语中的美国形象与中美关系》,《国际经济评论》, 2003年第2期。

[44] 李彦冰:《从反CNN网站的建立看网络时代个人在国际传播中的地位和作用》,《东南传播》, 2008年第8期。

[45] 黄倩妮:《浅谈民间网络媒体的影响力——anti-cnn网站案例分析》,《新闻世界》2009年第5期。

[46] 沈惠平:《海外学者论当代中国民族主义》,《贵州民族研究》, 2007年第4期。

[47] 任远喆:《国内舆论与中国公众外交:"国家—社会"的研究视角》, 外交学院学位论文, 2009年

[48] 鲁义:《中日关系现状与两国媒体的作用》,《日本研究》, 2006年第1期。

## 二、英文著作与论文

### (一)著作

[1] Suisheng Zhao, *Chinese Foreign Policy: pragmatism and strategic behavior*, New York: M.E.Sharpe , Inc., 2004 .

[2] David M. Lampton, eds, *The Making Of Chinese Foreign and Security Policy in the Era of Reform, 1978-2000*, Stanford University Press, 2001.

[3] David M.Lampton, *Same Bed, Different Dreams, Managing U.S.-China Relations,1989—2000*, University of California Press,2001.

[4] Bruce Russett, *Controlling the Sword:The Democratic Governance of National Security*, Cambridge, Massachusetts: Harvard University Press, 1990.

[5] George Gallup and Saul Forbes Rae, *The Pulse of Democracy: The Public-Opinion Poll and How it Works,* New York: Simon and Schuster, 1940.

[6] Ole R. Holsti, *Public Opinion and American Foreign Policy*, University of Michigan Press, 2004.

[7] Gabriel A.Almond, *The American People and Foreign Policy*, New York and London:Frederick A.Praeger, 1960.

[8] Peter Hays Gries, *China's new nationalism: pride, politics, and diplomacy*, University of California Press, 2004.

（二）论文

[1] Suisheng Zhao, "China's Pragmatic Nationalism: Is it Manageable?", *The Washington Quarterly* , Winter2005/ 2006.

[2] Gabeiel A. Almond, "Public Opinion and National Security Policy", *Public Opinion Quarterly*, Summer1956,No.2.

[3] Jessica Chen Weiss, "A Tale of Two Crises: Anti-American Protest and U.S.-China Relations in 1999 and 2001", Prepared for delivery at the 2008 Annual Meeting of the American Political Science Association, August 28-31, 2008, Boston, MA.

[4] Alastair Iain Johnston, "Chinese Middle Class Attitudes Towards International Affairs: Nascent Liberalization?", *The China Quarterly*, September 2004, No. 179.

[5] Peter Hays Gries, "Chinese Nationalism: Challenging the State?", *Current History*, Sep 2005.

[6] Simon Shen, "Nationalism or Nationalist ForeignPolicy? Contemporary Chinese Nationalism and its Role in ShapingChinese Foreign Policy in Response to the Belgrade Embassy Bombing",

*Politics*: 2004 Vol 24 (2).

[7] Allen S. Whiting, "Chinese Nationalism and Foreign Policy after Deng", The China Quarterly, No. 142 (Jun., 1995).

[8] Suisheng Zhao, "Chinese Nationalism and Its International Orientations", *Political Science Quarterly*, Vol. 115, No. 1 (Spring, 2000).

[9] TG Suresh, "Rediscovering Nationalism in Contemporary China", *China Report* 38:1 (2002).

[10] Yinan He, "History, Chinese Nationalism and the Emerging Sino-Japanese Conflict", *Journal of Contemporary China* (2007), 16 (50), February.

## 三、媒体资源

[1]《科索沃危机与后冷战时代中国的民族主义》, http://www.chinaelections.org/newsinfo.asp? newsid=61282，2004-9-29。

[2]《试析国际关系中的舆论因素》, http://www.chinacpx.com/zixun/21874.html。

[3]《民意》, http://baike.soso.com/v7857932.htm。

[4]《论民意调查与我国政府决策》, http://www.srchina.org.cn/MookPage.aspx?infoId=347。

[5]《民意的概念》, 2009年7月6日, http://www.my12340.cn/article.aspx?ID=782。

[6]《中国城市青年评价1994〈中国青年报〉社会调查中心（2）》, 毕业论文网, 2010年5月16日, http://www.csscipaper.com/edu/communistyouthleague/76568_2.html。

[7] 《"爱恨交融"中的反美主义》，http://wenku.baidu. com/view/91d0a97101f69e31433294d2.html。

[8] 《"撞机事件"激怒网民 民情民意网上尽现》，中国新闻网2001年4月10日，http://news.sina.com.cn/c/227382. html。

[9] 《网络论坛对中国的影响力日益强大作用不可忽视》，南方周末2003年6月10日，http://bbs.feedtrade.com.cn/ viewthread.php?tid=4436。

[10] 《9·11恐怖袭击后的24小时 [1]》，强国论坛2005年11月28日，http://academic.mediachina.net/article.php?id=3237。

[11] 《胡锦涛温家宝也上网》，爱国者同盟网2004年7月20日，http://bbs.1931-9-18.org/viewthread.php?tid=133323。

[12] 《市民反美情绪普遍增强，要求政府展开强硬外交》，1999年5月11日，http://www.chinavista.com/experience/ lingdian/b5diaocha268.html，

[13] 《中共中央政治局常委、国家副主席胡锦涛发表电视讲话》，人民日报1999年5月10日。

[14] 《资深议员出身的尚慕杰大使（连载十九）》，东南早报2005年12月28日，http://www.qzwb.com/gb/ content/2005-12/28/content_1921309.htm。

[15] 《科索沃危机与二十一世纪中国的民族主义》，2006年12月17日，http://www.aisixiang.com/data/detail.php?id=12242。

[16] 《为什么中国不敢"妖魔化"美国？》，http://www. wyzxsx.com/xuezhe/lixiguang/ShowArticle.asp?ArticleID=57。

[17] 《超过半数美国人认为中国威胁美安全利益》，1999年10月21日，http://www.zaobao.com/zaobao/special/china/sino_ us/pages/sino_us211099.html。

[18]《"爱恨交融"中的反美主义》，http://wenku.baidu.com/view/91d0a97101f69e31433294d2.html。

[19]《中国人日本观的变化》，搜狐网2007年4月25日，http://news.sohu.com/20070425/n249683748.shtml。

[20]《草根抑或主流——国内民间对日情绪的传播及其影响分析》，2008年7月25日，http://chinaelections.net/newsinfo.asp?newsid=126760。

[21]《京沪高速铁路撞上民族主义浪潮》，国际先驱导报2003年8月1日，http://news.sohu.com/95/55/news211695595.shtml。

[22]《网络民族主义掀开中国民族主义新篇章》，国际先驱导报2003年9月18日。

[23]《中国互联网上的民意表达》，http://www.sinoss.net/qikan/uploadfile/2010/1130/3109.pdf。

[24]《北大教授评保钓：理智民间行动可起到积极作用》，2003年6月26日，http://news.sohu.com/03/78/news210487803.shtml。

[25]《"保卫钓鱼岛"行动全程：民间保钓船宣誓主权》，2003年7月2日，http://news.sina.com.cn/c/2003-07-02/00111259652.shtml。

[26]《外交部就日遗弃毒剂致中国公民死亡提出严正交涉》，新华网2003年8月22日，http://news.xinhuanet.com/newscenter/2003-08/22/content_1040588.htm。

[27]《外交部就一日本旅行团涉嫌集体嫖娼事向日方提出交涉》，中华人民共和国外交部2003年9月29日，http://www.mfa.gov.cn/chn/gxh/mtb/lsxw/t26414.htm。

[28]《反对日本成联合国常任理事国新浪签名创世界

纪录》，新浪网2005年3月25日，http://tech.sina.com.cn/other/2005-03-25/1540561865.shtml。

[29]《外交部：网民签名是要求日本正视历史问题》，中国新闻网2005年3月24日，http://news.sina.com.cn/c/2005-03-24/23305455750s.shtml。

[30]《外交部发言人刘建超在例行记者会上答记者问》，人民网2005年3月29日，http://politics.people.com.cn/GB/1027/3279302.html。

[31]《外交部发言人秦刚就日教科书问题等答记者问》，外交部网2005年4月5日，http://news.sina.com.cn/w/2005-04-05/21305565279s.shtml。

[32]《温家宝：亚洲人民反日入常示威应引起日本反省》，中国新闻网2005年4月12日，http://news.sina.com.cn/c/2005-04-12/16165629838s.shtml。

[33]《唐家璇：中日关系严峻复杂 正处在十字路口》，新华网2005年4月16日，http://www.chinanews.com/news/2005/2005-04-16/26/563679.shtml。

[34]《公安部就京沪等地发生涉日游行示威活动表态》，2005年4月21日，http://news.sina.com.cn/c/2005-04-21/17385714946s.shtml。

[35]《中国公布关于联合国改革问题的立场文件》，2005年6月7日，http://www.fmprc.gov.cn/ce/ceun/chn/hyyfy/t199100.htm。

[36]《外交官作中日关系报告会 合作双赢符合两国利益》，中国新闻网2005年4月20日，http://www.chinanews.com/news/2005/2005-04-20/26/565222.shtml。

[37]《李肇星作形势报告 分析中日关系呈复杂局面肇

因》，中国新闻网2005年4月19日，http://mil.news.sina.com.cn/2005-04-19/2221282368.html。

[38]《中国反日 日本也反华》，2005年4月13日，http://www.zaobao.com/special/china/sino_jp/pages1/sino_jp050413.html。

[39]《中国外交学会打〈民意牌〉》，美国中文网2010年11月9日，http://www.sinovision.net/index.php?module=news&act=details&news_id=152866&articlepage=2。

[40]《把脉中日关系"政冷"困局》，2005年3月29日，http://longhoo.net/gb/longhoo/news2004/special/gjgn/node11790/node11794/userobject1ai340868.html。

[41]《舆论调查：对中国游行的对应措施表示不理解者占9成》，读卖新闻2005年5月17日。

[42]《欧洲媒体广泛关注中国反日示威》，2005年4月22日，www.xys.org/forum/db/90/194.html。

[43]《德国主流媒体批评日本对历史不做真诚反省》，2005年4月18日，http://world.people.com.cn/GB/41219/3329817.html。

[44]《透视联合国改革背后的大国角力》，2005年7月5日，http://www.bjqx.org.cn/qxweb/n6218c67.aspx。

[45]《巴拒绝支持日"入常"安南呼吁日本先取信邻国》，2005年4月8日，http://news.sohu.com/20050408/n225096380.shtml。

[46]《上海反日示威游行率性随意 有人向日领馆掷鸡蛋》，星网2005年4月16日，http://www.newstarweekly.com/phpcode/web/view_detail.php?news_art_id=60968。

[47]《中国互联网络发展状况统计报告（2005/1）》，中国互联网络信息中心，http://www.cnnic.net.cn/

download/2005/2005011801.pdf。

[48]《留日博士祁景滢：在网络上追寻中日关系深层奥秘》，2006年9月16日，http://www.chinaqw.com/lxs/xzfc/200609/16/45163.shtml。

[49]《中国互联网络发展状况统计报告（1999/1）》，中国互联网络信息中心，http://www.cnnic.net.cn/download/2003/10/13/93056.pdf。

[50]《西藏问题引发网络世界人民战争》，[德]德国之声2008年4月6日，http://blog.163.com/jiu-miao/blog/static/70315074200836605888886/。

[51]《anti-cnn》，搜搜百科2009年8月6日，http://baike.soso.com/v5271723.htm。

[52]《反CNN网站："洪水式攻击"涌向服务器》，国际先驱导报2008年4月15日，http://it.sohu.com/20080415/n256318063.shtml。

[53]《西方媒体向中国民意低头》，2008年4月2日，http://news.21cn.com/today/topic/2008/04/02/4554661.shtml。

[54]《CNN反华言论 大陆要求道歉》，联合早报网2008年4月16日，http://www.zaobao.com/special/newspapers/2008/04/taiwan080416e.shtml。

[55]《史上最大规模华人抗议潮震动西方媒体》，2008年4月20日，http://news.sohu.com/20080420/n256410072.shtml。

[56]《法国就北京的旅游限令向中国施压》，2008年6月13日，http://bbs.taoyo.cn/thread-43706-1-1.html。

[57]《中国否认阻止法国游 称从未干涉个人旅游》，慧聪网2008年6月12日，http://info.sport.hc360.com/2008/06/12082729359.shtml。

[58]《外交部发言人姜瑜：法国应反思"抵制家乐福"》，2008年4月16日，http://news.sohu.com/20080416/n256319335.shtml。

[59]《法国议长亲吻金晶 总统来信表歉意》，法国中文网，http://www.cnfrance.com/。

[60]《家乐福事件尾声：一个发展中大国的理智与情感》，2008年4月30日，http://gb.cri.cn/18824/2008/04/30/882@2038699_2.htm。

[61]《拉法兰邀请中国网民浏览博客文章》，法国中文网，http://www.cnfrance.com/。

[62]《家乐福声明支持北京奥运 否认支持非法组织》，星岛环球网2008年4月16日，http://www.stnn.cc/society_focus/200804/t20080416_764106.html。

[63]《路易威登公司老板否认支持达赖》，法国中文网，http://www.cnfrance.com/。

[64]《家乐福大股东路易威登发表声明 称未资助达赖集团》，中国新闻网2008年4月17日，http://news.xinhuanet.com/politics/2008-04/17/content_7996854.htm。

[65]《家乐福取消"五一"促销活动 称表达真诚和善意》，2008年4月26日，http://news.sohu.com/20080426/n256530606.shtml。

[66]《家乐福：取消"五一"期间所有促销宣传活动》，2008年4月30日，http://news.0898.net/2008/04/30/376597.html。

[67]《商务部就国内部分群众抵制家乐福表态》，2008年4月23日，http://politics.people.com.cn/GB/7152625.html。

[68]《北京市网监处称将"家乐福"在搜索引擎屏蔽》，2008年4月30日，http://bbs.imp3.net/thread-442781-1-1.html。

[69]《CNNIC 第21次报告：网民数达2.1亿 07年增7300万 》，搜狐 IT2008年1月16日，http://it.sohu.com/20080116/n254698457.shtml。

[70]《中国手机普及率达41.6%》，财讯网2008年1月29日，http://content.caixun.com/CX/00/7a/CX007abs.shtm。

[71]《网友抵制家乐福背后 抗议演变成实际行动 》，京华时报2008年4月17日，http://2008.huanqiu.com/relevant/2008-04/92244_2.html。

[72]《海外华人和平集会 反对分裂 支持奥运》，CCTV.com. [今日关注] 2008年4月21日，http://news.cctv.com/world/20080421/107229.shtml。

[73]《全球化背景下的爱国主义思考》，法制日报2008年4月22日，http://www.chinanews.com/gn/news/2008/04-22/1227809.shtml。

[74]《我不赞成抵制家乐福》，2008年4月14日，http://heyanguang.blshe.com/post/188/187845。

[75]《白岩松：不生气 》，搜狐体育2008年4月15日，http://2008.sohu.com/20080415/n256300545.shtml。

[76]《审慎应对法国及西方对华多副面孔》，法国中文网，http://www.cnfrance.com/。

[77]《中日民意调查：中国民众对中日关系看法相当理性》，新京报网络版2005年8月24日，http://www.southcn.com/news/international/specialreports/zrgx/polity/200508240059.htm。

[78]《民意调查：民众认为中美关系对中国的影响最大 》，2006年12月31日，http://business.sohu.com/20061231/n247369505.shtml。

[79]《日本人看"和服母女"事件：嫌日依旧但舆论渐多

元 》，2009年3月26日，http://www.chinanews.com.cn/gj/fxpl/news/2009/03-26/1618800.shtml。

[80]《民族主义：中国和平崛起的隐忧（转载）》，2004年6月26日，http://www.tianya.cn/publicforum/content/no01/1/105908.shtml。

[81]《中国互联网络发展状况统计报告（2009/1）》，中国互联网络信息中心，http://www.cnnic.net.cn/uploadfiles/doc/2009/1/13/92209.doc。

[82]《中国迎来民意调查时代》，2010年8月16日，http://style.sina.com.cn/news/p/2010-08-16/102966044.shtml。

[83]《外交部长李肇星与公众网上交流》，外交部网站2003年12月24日，http://www.people.com.cn/GB/shizheng/1027/2262087.html。

[84]《快评：外交部是人民的外交部》，新华网2004年6月21日，http://news.xinhuanet.com/comments/2004-06/21/content_1537457.htm。

[85]《中国外交档案解密过程揭密》，2006年5月18日，http://news.sina.com.cn/c/2006-05-18/00298952840s.shtml。

[86]《我国网络民意的成长、政治意蕴及政府回应》，2010年8月27日，http://bbs.qstheory.cn/viewnews-1909.html。

[87]《如何理解全球化时代的理性爱国主义》，2008年4月19日，http://www.china.com.cn/review/txt/2008-04/19/content_14979447.htm。

[88]《法国网民呼吁抵制中国货》，2008年4月16日，http://news.sina.com.cn/s/2008-04-16/024815365507.shtml。

[89]《西方媒体对中国问题报道的失准与失衡 》，2009年8月18日，http://www.qstheory.cn/zl/ztck/

xwzyymtzr/200908/t20090818_9914.htm。

[90]《中国对外政策中的民意因素》，联合早报网2010年3月20日，http://www.afinance.cn/new/xzgd/201003/260072_2.html。

[91]《公众舆论与外交决策（对话）》，环球时报2004年1月16日，http://www.people.com.cn/GB/paper68/11158/1010350.html。

[92]《日本的媒体、舆论及其对对华政策的影响》，2005年7月21日，http://www.xdj.gov.cn/info_show.asp?SortID=006002&ID=510。

[93]《2000—2010：民意成长十年史》，2010年2月18日，http://www.chinaelections.org/NewsInfo.asp?NewsID=169388。

[94]《理解中国外交政策：以民族主义为线索》，2004年12月3日，http://www.aisixiang.com/data/4816.html。

[95] Publics of Asian Powers Hold Negative Views of One Another, http://pewglobal.org/2006/09/21/publics-of-asian-powers-hold-negative-views-of-one-another/.

[96] "U. S. Deeply Regrets Bombing of Chinese Embassy", Joint Statement, May 8, 1999, http://www.usconsulate.org. hk/uscn/others/1999/0508.htm.

[97] Remarks on Departture From Tinker Air Force Base, Oklahoma, http://frwebgate1.access.gpo.gov/cgi-bin/waisgate.cgi?WAISdocID=623040148392+6+0+0&WAISaction=retrieve.

[98] "Letter to Minister of Foreign Affairs of the People's Republic of China", http://secretary.state.gov/www/statements/1999/990508.html.